能源经济分析

孟 明 ◎ 编著

清华大学出版社
北京

内 容 简 介

本书主要介绍能源经济分析中的常用方法，包括影响关系模型、因素分解模型、空间效应模型、多元统计分析方法、能源市场分析方法、能源投入产出分析方法、季节性能源需求预测模型和中长期能源需求预测模型。此外，本书的附录还提供了对MATLAB软件的介绍，以满足数据计算及可视化的需要。考虑到能源经济分析具有交叉学科的特征，本书试图通过理论分析、模型介绍、例题展示和综合案例讨论等方式，使不同专业背景的读者能够迅速掌握相关知识，提高分析和解决能源经济问题的能力。

本书既可作为普通高校能源与经济管理类专业高年级本科生和研究生的教学用书，也可作为从事相关工作的高校师生、科研人员、企业管理者以及政府部门工作人员的参考资料。

版权所有，侵权必究。举报: 010-62782989, beiqinquan@tup.tsinghua.edu.cn。

图书在版编目(CIP)数据

能源经济分析/孟明编著. -- 北京: 清华大学出版社，2025.3. -- ISBN 978-7-302-67953-0

Ⅰ. F426.2

中国国家版本馆CIP数据核字第2025AA0975号

责任编辑: 汪汉友
封面设计: 何凤霞
责任校对: 王勤勤
责任印制: 丛怀宇

出版发行: 清华大学出版社
网　　址: https://www.tup.com.cn, https://www.wqxuetang.com
地　　址: 北京清华大学学研大厦A座　　邮　编: 100084
社 总 机: 010-83470000　　邮　购: 010-62786544
投稿与读者服务: 010-62776969, c-service@tup.tsinghua.edu.cn
质量反馈: 010-62772015, zhiliang@tup.tsinghua.edu.cn
课件下载: https://www.tup.com.cn, 010-83470236

印 装 者: 涿州汇美亿浓印刷有限公司
经　　销: 全国新华书店
开　　本: 170mm×230mm　　印 张: 17　　字 数: 307千字
版　　次: 2025年3月第1版　　印 次: 2025年3月第1次印刷
定　　价: 89.00元

产品编号: 093914-01

前 言

近年来,能源以及与之相关的经济与环境领域的很多问题已成为各国学术界、企业界、政府机构和社会公众所关心的热点。中国是全球最大的发展中国家和能源消费国,存在部分能源品种自给率低、大范围地区生态环境脆弱等问题,这使得能源经济问题在国内尤为受到重视。

社会关注度的提升以及企事业单位对相关工作岗位需求的增加,吸引了越来越多的本科生、研究生和其他相关人员学习能源经济管理领域的知识。然而,这个领域的研究内容非常宽泛,涉及经济学、管理学、理学、工学等多个专业的知识,具有明显的交叉学科特征,专业背景单一的人员很难通过零散的资料进行系统学习。鉴于此,编写能源经济管理的相关教材就非常有必要。实际上,能源经济管理的知识可以粗略地分为理论和方法两部分。从 1975 年 Merklein 的《能源经济学》出版以来,虽然出现了一些可以满足能源经济理论学习的教材,但是对于能源经济分析方法,却一直没有比较合适的教材,这是作者决定编写本书的主要原因。

相对于能源经济理论,能源经济分析方法涉及的领域更为分散,相关的学科更多。由于相关参考资料缺乏,作者在构思本书内容时比较纠结,经过反复斟酌,最终选择了一些在当前能源经济研究中应用较广泛的方法,并在附录中介绍了 MATLAB,使本书更具实用性。此外,为了便于学习和掌握书中内容,还在必要的地方加入了例题和综合案例。

尽管作者为此投入了大量精力,但受自身的能力和时间所限,书中难免存在遗憾,对于书中的错误和疏漏,恳请不吝赐教,以便修订和完善。

在本书的编写过程中,参考了很多前辈的工作成果,在此表示深表感谢。此外,本书在写作和出版过程中得到了华北电力大学和清华大学出版社的帮助,在此一并表示谢意。

希望本书能够为广大读者在能源经济管理领域的学习和研究提供帮助。

作 者

2024 年 10 月

学习资源

CONTENTS >>> 目 录

第1章 绪论 ··· 1
  1.1 能源经济学 ··· 1
  1.2 能源经济学的起源与发展 ··· 2
  1.3 能源经济分析方法的演进 ··· 3
  1.4 本书的主要内容 ··· 4

第2章 影响关系模型 ··· 6
  2.1 Kaya 恒等式 ·· 6
  2.2 环境库兹涅茨曲线 ··· 7
    2.2.1 EKC 简介 ··· 7
    2.2.2 EKC 的实证效果及改进 ··· 7
  2.3 综合案例：基于 EKC 的我国碳排放峰值预测 ······················ 10
    2.3.1 数据选择及预处理 ·· 10
    2.3.2 参数估计及预测结果 ··· 11
    2.3.3 主要 MATLAB 程序 ·· 13
  2.4 IPAT 模型及扩展 ··· 14
    2.4.1 IPAT 模型 ··· 14
    2.4.2 IPAT 扩展模型 ··· 15
  2.5 偏最小二乘方法 ·· 16
    2.5.1 多重共线性的影响及识别 ······································ 16
    2.5.2 PLS 参数估计方法 ··· 18
    2.5.3 PLS 辅助分析方法 ··· 22
  2.6 综合案例：基于 STIRPAT 模型的我国碳排放特征分析 ··········· 23
    2.6.1 数据选择及预处理 ·· 23
    2.6.2 PLS 参数估计结果 ··· 25

2.6.3　样本及变量分析 ·· 27
　　2.6.4　主要 MATLAB 程序 ·· 28

第 3 章　因素分解模型　31
3.1　因素分解模型的基本原理 ·· 31
3.2　Divisia 指数分解模型 ·· 32
　　3.2.1　AMDI 分解模型 ·· 33
　　3.2.2　LMDI 分解模型 ·· 34
3.3　Laspeyres 指数分解模型 ·· 36
　　3.3.1　原始的 Laspeyres 指数分解模型 ···························· 36
　　3.3.2　改进的 Laspeyres 指数分解模型 ···························· 37
3.4　结构分解模型 ·· 39
　　3.4.1　结构分解的基本原理 ·· 40
　　3.4.2　基于极分解平均法的多因素分解模型 ······················ 40
3.5　主要分解模型的比较 ·· 42
3.6　综合案例：中国 30 个省能源效率的分解分析 ····················· 43
　　3.6.1　分解算法 ·· 43
　　3.6.2　数据选择及预处理 ··· 45
　　3.6.3　分解结果及讨论 ·· 48
　　3.6.4　主要 MATLAB 程序 ·· 52

第 4 章　空间效应模型　55
4.1　空间数据 ··· 55
　　4.1.1　数据分类 ·· 55
　　4.1.2　空间权重矩阵 ·· 56
　　4.1.3　空间滞后 ·· 61
4.2　空间依赖性 ··· 62
　　4.2.1　空间依赖与空间自相关 ······································ 62
　　4.2.2　全域空间自相关 ·· 63
　　4.2.3　局域空间自相关 ·· 65
　　4.2.4　Moran 散点图 ·· 67
4.3　综合案例：中国省域能源强度的空间相关性分析 ················· 68
　　4.3.1　数据来源 ·· 69

	4.3.2 空间相关性结果分析	71
	4.3.3 主要 MATLAB 程序	73
4.4	空间异质性	75
	4.4.1 空间异质性的基本解释	75
	4.4.2 空间异质性的度量	75

第 5 章 多元统计分析 … 79

5.1	聚类分析	79
	5.1.1 相似度衡量方法	79
	5.1.2 系统聚类	80
	5.1.3 动态聚类	81
5.2	综合案例：华北五省终端能源消费特征的聚类分析	83
	5.2.1 数据选择	83
	5.2.2 聚类过程及结果分析	84
	5.2.3 主要 MATLAB 程序	86
5.3	主成分分析	87
	5.3.1 主成分分析的基本思想	87
	5.3.2 主成分分析的原理及算法	88
	5.3.3 主成分分析的步骤	89
5.4	综合案例：华北五省能源经济特征的主成分分析	91
	5.4.1 数据预处理	91
	5.4.2 主成分提取结果及讨论	91
	5.4.3 主要 MATLAB 程序	93
5.5	因子分析	93
	5.5.1 因子模型	93
	5.5.2 模型参数估计	96
	5.5.3 因子旋转与因子得分	99
	5.5.4 因子分析小结	103
5.6	综合案例：华北五省能源经济特征的主成分分析	104
	5.6.1 参数估计结果	104
	5.6.2 因子得分结果	105

5.6.3　主要 MATLAB 程序 ·· 106

第 6 章　能源市场分析 ··· 108
6.1　马尔可夫模型 ·· 108
　　　6.1.1　基本概念 ··· 108
　　　6.1.2　建模过程 ··· 109
6.2　产量竞争模型 ·· 112
　　　6.2.1　古诺模型 ··· 112
　　　6.2.2　斯塔克尔伯格模型 ··· 117
6.3　价格竞争模型 ·· 119
　　　6.3.1　价格竞争的古诺模型 ··· 119
　　　6.3.2　霍特林模型 ·· 123
6.4　斯维齐模型 ·· 126
6.5　综合案例：双市场环境下的火电企业生产决策 ··························· 127
　　　6.5.1　生产决策环境 ·· 128
　　　6.5.2　最优决策与市场均衡 ··· 129
　　　6.5.3　数据验证分析 ·· 133
　　　6.5.4　主要 MATLAB 程序 ·· 135

第 7 章　能源投入产出分析 ·· 137
7.1　投入产出分析的起源与发展 ··· 137
7.2　投入产出分析技术 ·· 138
　　　7.2.1　直接消耗与完全消耗 ··· 139
　　　7.2.2　投入产出表 ·· 140
　　　7.2.3　投入产出模型算法 ··· 142
7.3　能耗相关指标测算分析 ·· 146
　　　7.3.1　实物型能源投入产出表 ·· 146
　　　7.3.2　直接能耗系数与直接综合能耗 ································ 147
　　　7.3.3　完全能耗系数与完全综合能耗 ································ 148
　　　7.3.4　投入产出表的调整 ··· 152
7.4　综合案例：我国主要产业部门的能耗指标 ······························ 154
　　　7.4.1　部门合并与调整 ··· 154

	7.4.2 编制能源投入产出表	156
	7.4.3 能耗指标的测算	157
	7.4.4 主要 MATLAB 程序	161

第 8 章　季节性能源需求预测模型 — 163

- 8.1 季节性趋势 — 163
- 8.2 季节性叠加趋向模型 — 164
- 8.3 季节性交乘趋向模型 — 167
  - 8.3.1 直接比率法 — 167
  - 8.3.2 平均季节比率法 — 169
- 8.4 Holt-Winters 方法 — 170
  - 8.4.1 Holt-Winters 加法模型 — 170
  - 8.4.2 Holt-Winters 乘法模型 — 173
- 8.5 其他季节性趋势预测方法 — 175
- 8.6 预测模型的比较分析 — 177
  - 8.6.1 误差分析指标 — 177
  - 8.6.2 预测结果的比较与解释 — 179
- 8.7 综合案例：新型冠状病毒感染对我国发电量的影响分析 — 182
  - 8.7.1 预测思路 — 182
  - 8.7.2 建模过程及结果分析 — 182
  - 8.7.3 主要 MATLAB 程序 — 184

第 9 章　中长期能源需求预测模型 — 185

- 9.1 比例系数法 — 185
- 9.2 扩展的指数曲线模型 — 187
  - 9.2.1 扩展的指数曲线函数 — 187
  - 9.2.2 参数估计方法 — 188
- 9.3 灰色趋势外推模型 — 192
  - 9.3.1 GM(1,1) — 192
  - 9.3.2 非齐次指数离散灰色模型 — 197
- 9.4 几种预测模型的比较分析 — 200
- 9.5 综合案例：我国 2030 年电力需求预测 — 201
  - 9.5.1 预测思路及变量选择 — 201

9.5.2　数据选择及预处理 …………………………………… 202
　　9.5.3　预测结果分析 ………………………………………… 205
　　9.5.4　主要 MATLAB 程序 …………………………………… 207
9.6　逻辑斯谛模型 ………………………………………………… 209
　　9.6.1　逻辑斯谛增长 ………………………………………… 209
　　9.6.2　参数估计方法 ………………………………………… 211

附录 A　MATLAB 程序设计基础 …………………………………… 217

A.1　MATLAB 简介 ………………………………………………… 217
　　A.1.1　MATLAB 的发展历史 ………………………………… 217
　　A.1.2　MATLAB 的主要工作界面 …………………………… 218
　　A.1.3　MATLAB 的运行方式 ………………………………… 220
A.2　数据及运算 …………………………………………………… 222
　　A.2.1　数据类型 ……………………………………………… 222
　　A.2.2　运算符 ………………………………………………… 225
　　A.2.3　函数 …………………………………………………… 227
A.3　程序文件的编写与调试 ……………………………………… 230
　　A.3.1　流程控制语句 ………………………………………… 230
　　A.3.2　程序文件的调试 ……………………………………… 234
　　A.3.3　程序文件的编写技巧 ………………………………… 235
A.4　数据可视化 …………………………………………………… 236
　　A.4.1　二维图形 ……………………………………………… 237
　　A.4.2　三维图形 ……………………………………………… 250
　　A.4.3　多坐标系图形 ………………………………………… 254

参考文献 …………………………………………………………… 261

第 1 章

绪 论

随着能源经济学研究的不断拓展和深入,所用的分析方法越来越复杂多样,涉及的学科和领域也越来越广。

1.1 能源经济学

能源经济学(energy economics)是应用经济学的一个分支,是利用经济学的原理和方法提出问题,并对这些问题进行系统的逻辑分析,深入透彻地理解其中的规律[1]。

能源经济问题非常复杂和特殊,这是由多方面原因造成的。一方面,能源产业技术复杂多样。根据产品性质的不同,能源可以分为一次能源和二次能源。一次能源是指以天然形式存在,可以直接利用的能源资源,例如原煤、原油、天然气、水能、核能、风能、太阳能、地热能和生物质能等。二次能源是指对一次能源进行加工处理后得到的能源资源,例如火电、焦炭、煤气、蒸汽、汽油、柴油、煤油、重油、液化气和沼气等。能源产品多种多样,各具独特的加工工艺和技术。在对能源产品涉及的经济问题进行深入研究前,需要对能源产品的生产运作过程进行了解。另一方面,能源部门对整个社会经济系统非常重要。能源产业是重要的基础产业,能源的充足供应是整个社会经济系统稳定运行的保障,能源安全问题受到社会的广泛关注。化石燃料燃烧产生的 CO_2 以及 SO_2 和 NO_x 等污染物,是全球温室效应加剧和区域环境变化的重要推手。此外,能源部门面临着复杂的环境,其运行和发展受到国际、区域、国家和地方等不同层面的共同影响,国际关系、贸易环境以及区域安全等因素的变化都会对能源安全造成冲击。

能源经济问题的复杂性和特殊性决定了研究内容的广泛性。当前,能源经济学的研究领域主要包括以下几方面[2]。

（1）能源供给与需求，主要有能源与经济发展、能源供需预测、能源消费模式、区域能源消费、能源可持续发展以及能源技术政策等。

（2）能源效率与节能，主要有能源效率测度方法与应用、能源效率与社会经济发展、节能政策设计与模拟、居民消费行为与节能、重点行业能源效率以及区域能源效率等。

（3）能源市场与碳市场，主要有能源价格机制、价格预测、市场风险、能源金融及碳金融、碳市场配额分配机制以及碳市场与低碳发展等。

（4）气候与环境变化，主要有能源碳排放问题、气候变化情景分析、气候政策设计与模拟、碳捕捉与封存、能源-环境-健康问题、气候与环境变化的影响、支持气候谈判的博弈理论与方法、节能减碳的信息效率与激励机制设计等。

（5）能源安全与预警，主要有战略能源储备、能源进口风险评价、海外能源开发利用风险管理、海外能源运输风险评估、能源供应安全预警以及国际能源安全政策等。

（6）能源建模与系统开发，主要指构建涵盖社会、经济、技术、资源、环境和气候等模块的综合集成模型，通过情景设计对能源供需和碳排放进行预测以及政策模拟等。

（7）能源公平与能源贫困，主要包括能源代内公平、能源代际公平、能源贫困的检验以及社会经济影响等。

能源经济学的研究领域非常广泛，已经远远超过了应用经济学分支的范畴，具有显著的跨学科特征。

1.2 能源经济学的起源与发展

迄今为止，能源经济学的发展可以大致分为以下几个阶段。

1973 年以前，能源经济学的研究较为分散，没有形成完整的体系。在传统的经济学研究中，资本和劳动被看作是两种最常见的投入要素。能源通常被看作是由资本和劳动等生产要素产生的中间变量，在生产中所处的地位是非主要的、可替代的和无特殊性的。在这一时期，仅有少数学者从稀缺性的角度考虑了能源资源的特殊性。1865 年，英国经济学家 Jevons 出版了 *The Coal Question*，该书首次表达了对煤炭资源枯竭的担忧，并提出了著名的杰文斯悖论（Jevons paradox），即技术进步并不会降低能源资源的消耗，这是关于反弹效应最早的解释。然而，由于当时能源资源的耗竭风险并不是很大，尤其是石油在世界能源消费结构中的比重逐步提升，上述研究在当时并没有引起广泛关注，在后续一百多年的时间内仅有零散的相关文献出版。

从1973年起,能源经济学开始迅速发展,逐渐成为一个专门的学科[3]。1973年底,第四次中东战争的爆发引起了第一次石油危机,使得石油价格在短时间内上涨超过3倍,对美国和日本等工业化国家的经济发展造成了重大冲击。在这一时期,能源问题得到了空前的关注,大量学者开始在这个领域开展研究。当时人们关注的重点主要有如何理解能源(尤其是石油)产业、能源供给与需求的关系、能源与其他产业的关系、能源替代以及能源系统整合规划等。此外,大量能源经济学期刊也在这一时期相继创刊,例如 *Energy Policy*(1973年创刊)、*Energy Economics*(1979年创刊)和 *Energy Journal*(1980年创刊),一些能源经济学研究机构也在这一时期相继成立,例如国际能源经济学会(the International Association for Energy Economics,IAEE)于1977年成立。

从20世纪80年代起,能源产品引起的生态环境问题开始成为重要的关注点,尤其是很多学者开始对能源使用对本地、区域和全球的环境影响展开深入研究。在这一时期,随着我国改革开放的发展,国内能源经济学的研究开始起步,一些研究机构相继成立。

进入20世纪90年代,一些国家和地区进行了能源市场自由化改革,引起了很多学者的注意,特别是电力市场的研究在这一时期开始成为热点。1997年,《〈联合国气候变化框架公约〉京都议定书》的签订推动了能源碳排放引起气候变化问题的研究,并延续至今。

21世纪以来,特别是近十几年的时间,能源经济学的研究进入了全面发展的时期。几乎能源经济学的所有领域都在迅速发展,研究内容和方法也在不断深入。

1.3 能源经济分析方法的演进

能源经济学研究内容的拓展和深化,需要分析方法的支持。随着能源经济学在近年来的迅速发展,能源经济分析方法也在不断改进和创新。

如前所述,在20世纪70年代之前,除少数研究关注了能源枯竭问题外,大多数经济学分析都只是把能源作为经济增长模型的一种普通中间变量。最早出现的经济增长模型是由英国经济学家哈罗德(Harrod)于1939年和美国经济学家多马(Domar)于1946年分别独立提出的哈罗德-多马模型。哈罗德-多马模型以及后续出现的新古典经济增长理论和新经济增长理论模型都没有对能源资源给予特殊的重视。在能源供给模型方面,美国经济学家霍特林

(Hotelling)于1931年提出了一个简单的模型,用于决定可耗竭资源的开采时间和规模;美国石油地质学家哈伯特(Hubbert)于1949年提出了矿物资源的"钟形曲线",并于1956年提出了石油产量高峰理论,用于对石油产量的预测。

20世纪70年代第一次石油危机爆发后,能源资源对于经济增长的重要性得到了空前重视。从20世纪70年代后期开始,一些学者开始用数量经济学方法研究能源消费与经济增长的因果关系,这些研究大多采用协整检验、格兰杰(Granger)因果分析或其他类似的方法进行。在同一时期,运筹学尤其是DEA和规划方法开始用于能源效率测算及能源系统规划等工作。

从20世纪80年初期开始,弹性系数被广泛地应用于描述能源消费及其相关指标的动态关系。弹性系数的计算较为简单,但容易受到随机因素的影响。在这一时期,寡头博弈理论开始引入能源市场的分析中,比较有代表性的是Griffin和Teece于1982年所作的研究。从20世纪80年代末到90年代初,能源、经济与环境的关系模型开始出现,比较有代表性的有Kaya恒等式和环境库兹涅茨曲线。在这一时期,大量的计量经济学模型开始引入能源经济学研究中,用于边际效应分析及能源需求预测等工作。

进入21世纪后,随着能源经济学研究内容的急速扩展,涉及多个学科的大量分析方法被引入该领域的研究中。迄今为止,除少数特有的分析方法外,能源经济管理中所使用的研究方法涉及了计量经济学、时间序列分析、统计学、运筹学、博弈论和数量经济学等多个学科的不同课程。此外,计算机技术的发展,特别是高效数据处理软件的出现,为能源经济分析方法的实现提供了极大的帮助。

1.4 本书的主要内容

本书共有9章主要内容。

第1章为绪论。

第2章讲述影响关系模型,主要介绍几种通过影响关系函数对能源环境指标进行解释的模型,包括Kaya恒等式、环境库兹涅茨曲线以及IPAT模型及其扩展等。

第3章讲述因素分解模型,主要介绍几种常用的影响因素分解方法,包括LMDI分解模型、Laspeyres指数分解模型和结构分解模型等。

第4章讲述空间效应模型,主要介绍对能源经济指标的空间效应进行分析的方法,包括空间数据的设定、空间滞后、空间依赖性和空间异质性等。

第 5 章讲述多元统计分析，主要介绍能源经济研究中常用的多元统计分析方法，包括聚类分析、主成分分析和因子分析等。

第 6 章讲述能源市场分析模型，主要介绍在能源市场研究中常用的分析模型，包括马尔可夫模型、古诺模型、斯塔克尔伯格模型、价格竞争的古诺模型、霍特林模型和斯维齐模型等。

第 7 章讲述能源投入产出分析，主要介绍采用投入产出技术对能源经济指标进行测算分析的方法，主要包括投入产出表的介绍、投入产出模型算法、实物型能源投入产出模型算法、混合型能源投入产出表的编制以及能耗指标的测算方法等。

第 8 章讲述季节性能源需求预测模型，主要介绍对含有季节性周期波动的能源需求进行预测的方法，包括季节性叠加趋向模型、季节性交乘趋向模型、Holt-Winters 加法模型、Holt-Winters 乘法模型、其他季节性趋势预测方法以及误差分析方法等。

第 9 章讲述中长期能源需求预测模型，主要介绍对能源需求的中长期变化趋势进行预测的方法，包括比例系数法、扩展的指数曲线模型、GM(1,1)、非齐次指数离散灰色模型以及逻辑斯谛曲线模型等。

为了便于读者掌握相关知识，上述各章在必要的地方均增加了例题。此外，各章均提供了综合案例，旨在展示如何使用本章所介绍的知识开展能源经济研究工作。

除上述章节外，本书附录讲述 MATLAB 程序设计基础，主要包括 4 方面的内容：MATLAB 简介、数据及运算、程序文件的编写与调试以及数据可视化。附录所包含的内容，一方面可以满足本书所介绍的所有方法的编程需要；另一方面也可为读者进一步深入学习 MATLAB 奠定基础。对 MATLAB 已经有一定了解的读者可以略过附录内容。

第 2 章

影响关系模型

影响关系模型认为,能源消费或能源有关的污染排放受相关因素的影响。因此,这类模型专注于对上述影响关系进行定量描述,并以此为基础对有关能源经济指标进行分析和预测。

2.1 Kaya 恒等式

1989 年,日本学者 Kaya 在研究经济和人口等因素对温室气体(一般指 CO_2)排放量的影响时提出了著名的 Kaya 恒等式(Kaya identity)[1]。这是一个在能源经济领域被广泛使用的方程,具体形式为

$$\text{GHG} = \frac{\text{GHG}}{\text{TOE}} \cdot \frac{\text{TOE}}{\text{GDP}} \cdot \frac{\text{GDP}}{\text{POP}} \cdot \text{POP} \qquad (2\text{-}1)$$

其中,GHG、TOE、GDP、POP 分别代表 CO_2 的排放量、一次能源的消费量、国内生产总值和人口。因此,$\frac{\text{GHG}}{\text{TOE}}$、$\frac{\text{TOE}}{\text{GDP}}$、$\frac{\text{GDP}}{\text{POP}}$ 和 POP 分别代表了能源碳密度(单位能源的碳排放量)、能源强度、人均 GDP 和人口规模 4 个对 CO_2 排放量造成影响的因素。

Kaya 恒等式明确了人类社会经济活动与温室气体排放量之间的定量关系,其涉及的 4 个影响因素具有可观测性、可控性和可解释性,且包括了影响 CO_2 排放的主要方面,因此很多研究都以此作为基础,并被联合国政府间气候变化专门委员会(Intergovernmental Panel on Climate Change,IPCC)采用作为工作组报告中说明驱动因素的基本方法。

Kaya 恒等式通常用于动态分析,即解释某个国家或地区 CO_2 排放量的变化,其使用过程通常需要和第 3 章介绍的因素分解方法相结合。Kaya 恒等式对 CO_2 排放量变化的分解结果为直接结果,其内在作用机制及变化原因往往需要进一步深入分析。

2.2 环境库兹涅茨曲线

环境库兹涅茨曲线(environmental Kuznets curve, EKC)是对经济发展和污染排放水平的关系进行描述的经典理论,在很多国家和地区都有着非常广泛的应用。

2.2.1 EKC 简介

1955 年,俄裔美籍经济学家、1971 年诺贝尔经济学奖获得者 Kuznets 在 *The American Economic Review* 上发表了题为 *Economic Growth and Income Inequality* 的论文。这篇论文对经济发展和收入不平等的长期关系进行了研究,认为经济增长在早期会提升收入不平等水平,但在达到一定经济水平后,继续增长将降低收入不平等水平。因此,经济增长和收入不平等的关系可以用一个倒 U 形的曲线进行描述,这种曲线称为库兹涅茨曲线,这种理论称为库兹涅茨倒 U 形曲线假说。

1991 年,Grossman 和 Krueger 研究了 42 个国家、地区人均 GDP 和污染(SO_2 和烟尘)排放的关系,认为在收入水平较低时,污染物的浓度随人均 GDP 的增加而增加,但在收入水平较高的情况下,污染物的浓度随人均 GDP 的增长而降低。也就是说,经济发展水平与污染排放的关系同样呈倒 U 形。仿照库兹涅茨曲线,Panayotou 于 1993 年首次将描述上述关系的曲线称为 EKC[2]。

需要说明的是,EKC 本质上是一种假说,迄今为止最主要的解释来自规模效应、技术效应和结构效应等,但这并没有得到普遍的认可。EKC 曲线的另一个争议是,如果在低收入阶段环境恶化严重,则经济可能很难发展到高水平阶段,达不到倒 U 形曲线的顶点,这就使得该曲线失去了长期预测的能力。此外,对于经济增长与环境污染的具体指标,以及描述指标关系的具体方程等,EKC 理论并没有统一的规定。因此,EKC 理论在应用之前应该进行严格的数据验证,以确保该曲线适合具体的研究对象。

2.2.2 EKC 的实证效果及改进

近年来,EKC 被广泛地应用于对不同地区能源相关的 CO_2 和其他污染物排放水平的解释和预测研究中。然而,该假说在不同区域和时段的样本中进行验证时,所呈现出的结果存在很大的差异。一些研究支持了 EKC 假说,即经济发展水平与污染排放的关系呈倒 U 形;另一些研究认为经济发展水平与污染排放的关系并非呈倒 U 形,而是 N 形或其他形状。此外,还有一些研究认为,经济发展水平与污染排放之间并没有明显的关系。

对于 EKC 假说产生上述争议的主要原因,除该假说本身缺乏令人信服的理论支持外,还存在不同研究在数据与方法选择方面的差异。一方面,一些研究对指标数据的选择缺乏考虑。例如,指标不能充分反映经济发展水平,或者是以货币衡量的数据没有剔除价格因素的影响等,从而使得方程拟合结果出现异常。另一方面,对于倒 U 形的关系曲线,很多研究都采用二次函数(少量研究采用三次函数,本质上的缺陷类似)来表示,即

$$y = b_0 + b_1 x + b_2 x^2 \tag{2-2}$$

其中,y 为污染排放水平;x 为经济发展水平;$b_2 < 0$(确保开口向下);b_0、b_1 和 b_2 为待估参数。

根据二次函数的性质,式(2-2)的曲线总体呈倒 U 形,符合 EKC 的基本假设。当经济发展水平 $x = -\dfrac{b_1}{2b_2}$ 时,污染排放水平 $y = \dfrac{4b_0 b_2 - b_1^2}{4b_2}$ 达到峰值,如图 2-1 所示。

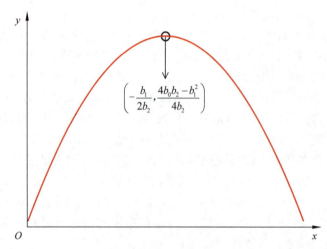

图 2-1 式(2-2)的曲线

图 2-1 虽然简单,但有一个特征值得注意。根据式(2-2),有

$$\frac{\mathrm{d}y}{\mathrm{d}x} = b_1 + 2b_2 x \tag{2-3}$$

也就是说,图 2-1 所示的曲线,其斜率是随着 x 的增加而单调递减的($b_2 < 0$)。然而,对于化石能源造成的污染而言,这可能并不合适。在化石能源开发利用

的早期,其使用途径较少,社会接受程度不高,因而随着经济发展,其消费量(污染排放量)的增速较慢。然而,随着化石能源应用范围的不断扩大以及社会接受程度的提升,其消费量(污染排放量)会随着经济发展水平的提升而迅速增加。在经济发展到一定水平后,随着非化石能源的比例的提高、能源效率提升以及环保投入的增加,随着经济的进一步发展,化石能源污染排放的增速将会减缓,并进而出现负增长。也就是说,化石能源污染排放水平对经济发展水平的导数应该是先增大后减小的,这就使得采用式(2-2)这样的二次函数对 EKC 曲线进行描述较为粗略。这时,用图 2-2 所示的分段函数进行描述则相对而言更为精细。

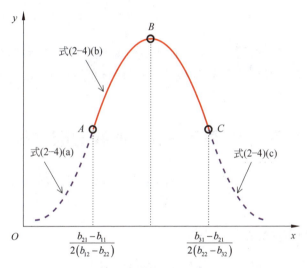

图 2-2 分段函数示意图

图 2-2 的图形是在图 2-1 所示曲线的基础上,左右两侧各连接一个开口向上的二次函数曲线(部分)。其中,A 和 C 为连接点;B 为峰值点(与图 2-1 相同)。图 2-2 所示的分段函数,可以具体表示如下:

$$\begin{cases} y = b_{10} + b_{11}x + b_{12}x^2, & b_{12} > 0 \text{ 且 } -\dfrac{b_{11}}{2b_{12}} < x < \dfrac{b_{21}-b_{11}}{2(b_{12}-b_{22})} & \text{(a)} \\ y = b_{20} + b_{21}x + b_{22}x^2, & b_{22} < 0 \text{ 且 } \dfrac{b_{21}-b_{11}}{2(b_{12}-b_{22})} \leqslant x \leqslant \dfrac{b_{31}-b_{21}}{2(b_{22}-b_{32})} & \text{(b)} \\ y = b_{30} + b_{31}x + b_{32}x^2, & b_{32} > 0 \text{ 且 } \dfrac{b_{31}-b_{21}}{2(b_{22}-b_{32})} < x < -\dfrac{b_{31}}{2b_{32}} & \text{(c)} \end{cases}$$

$$(2\text{-}4)$$

为保证式(2-4)(a)和式(2-4)(c)的开口向上(y 对 x 的一阶导数随 x 的增加而递增),b_{12} 和 b_{32} 均需大于 0。此外,为保证 A 和 C 点的平滑连接,这两点应该为拐点(inflection point),即连接点前后两个方程不仅在该点的取值相同,一阶导数也应相同。二阶导数在该点前大于 0,该点后小于 0。对于 A 点,有

$$b_{11} + 2b_{12}x = b_{21} + 2b_{22}x \tag{2-5}$$

由式(2-5)得

$$x = \frac{b_{21} - b_{11}}{2(b_{12} - b_{22})} \tag{2-6}$$

同理,C 点的横坐标为

$$x = \frac{b_{31} - b_{21}}{2(b_{22} - b_{32})} \tag{2-7}$$

因此,在采用二次函数对 EKC 所表示的倒 U 形关系进行拟合及预测时,首先应保证观测样本在图 2-2 式(2-4)(b)所示的取值范围内,这对于二次方程的参数估计非常重要。

2.3 综合案例:基于 EKC 的我国碳排放峰值预测

本节以上述分段二次函数表示的 EKC 为基础,对我国碳排放峰值进行预测分析。

2.3.1 数据选择及预处理

根据 2.2 节的介绍,采用 EKC 假说对我国碳排放峰值进行预测,需要 CO_2 排放和 GDP 的年度数据。其中,CO_2 排放数据来源于 *Statistical Review of World Energy*(http://www.bp.com/statisticalreview),GDP 数据来源于《中国统计年鉴 2021》(http://www.stats.gov.cn/tjsj/ndsj/2021/indexch.htm)中的表 2-3 不变价国内生产总值。为了剔除价格波动对参数估计结果的影响,将上述 GDP 数据全部换算为按 2015 年价格计算的结果。考虑到改革开放前后我国的社会经济环境差异很大,因此样本的开始时间定为 1979 年。考虑到 2020 年开始的新冠疫情影响了我国的生产和生活方式,进而可能影响了碳排放和 GDP 的关系,因此样本的结束时间定为 2019 年。也就是说,本节并未考虑新冠疫情的影响。此外,为了便于后续计算,将样本按时间顺序进行了编号。所有数据列于表 2-1 中。

表 2-1　我国的年度 CO_2 排放和 GDP

年份	编号 (k)	CO_2 排放/亿吨	GDP[①]/万亿元	年份	编号 (k)	CO_2 排放/亿吨	GDP[①]/万亿元
1979	1	14.58454	2.44158	2000	22	33.60874	17.25084
1980	2	14.71210	2.63282	2001	23	35.23077	18.68883
1981	3	14.48533	2.76740	2002	24	38.43396	20.39580
1982	4	15.12362	3.01699	2003	25	45.32148	22.44314
1983	5	16.07696	3.34188	2004	26	53.34892	24.71296
1984	6	17.33350	3.84960	2005	27	60.98183	27.52890
1985	7	18.33522	4.36663	2006	28	66.77286	31.03085
1986	8	19.16314	4.75740	2007	29	72.39762	35.44680
1987	9	20.61519	5.31202	2008	30	73.78248	38.86765
1988	10	22.10866	5.90813	2009	31	77.10059	42.52072
1989	11	23.09675	6.15668	2010	32	81.42224	47.04316
1990	12	23.23833	6.39801	2011	33	88.23433	51.53617
1991	13	24.55926	6.99062	2012	34	90.00405	55.58883
1992	14	25.81220	7.98502	2013	35	92.42513	59.90594
1993	15	27.87266	9.09364	2014	36	92.88137	64.35442
1994	16	29.38109	10.27914	2015	37	92.74761	68.88582
1995	17	30.28833	11.40511	2016	38	92.74307	73.60365
1996	18	31.77716	12.53681	2017	39	94.62728	78.71704
1997	19	31.66792	13.69478	2018	40	96.48645	84.03026
1998	20	31.63365	14.76929	2019	41	98.06043	89.03048
1999	21	32.94433	15.90086				

注：① 按 2015 年价格计算的结果。

2.3.2　参数估计及预测结果

根据 2.2 节的介绍，采用二次函数对 CO_2 排放和 GDP 的关系进行拟合时，需要确保用于参数估计的样本落入图 2-2 的中间部分。因此，在进行参数估计前，需要截取合适的样本。由于图 2-2 中 A 点前后碳排放对 GDP 的二次导数分别为正值和负值，因此可以通过这一特征确定判断样本的截取范围。

首先，以表 2-1 中的数据为基础，通过二阶差分计算二阶导数的近似值。即

$$D_k = \frac{\mathrm{d}^2 C_k}{\mathrm{d} G_k^2}$$

$$\approx \frac{\nabla^2 C_k}{\nabla^2 G_k} \tag{2-8}$$

$$= \frac{(C_k - C_{k-1}) - (C_{k-1} - C_{k-2})}{(G_k - G_{k-1}) - (G_{k-1} - G_{k-2})}$$

其中,D_k 表示 CO_2 排放量对 GDP 的二阶导数;C_k 表示 CO_2 排放量;G_k 表示 GDP。

然后,对二阶导数的计算结果进行线性趋势拟合。由于通过式(2-8)得到的二阶导数非常容易受到随机因素的影响,数据的规律性不强,很难直接通过二阶导数的计算结果判断其从何时起小于 0,因此采用线性方程对二阶导数的计算结果进行趋势拟合,并以拟合结果作为判定依据。采用普通最小二乘(ordinary least squares,OLS)方法对上述线性方程进行参数估计,得到以下结果:

$$D_k = 14.176 - 0.473k \tag{2-9}$$

最后,确定样本的截取范围。根据式(2-9),$k=29$ 时,$D_k = 0.459 > 0$;$k=30$ 时,$D_k = -0.0140 < 0$。根据式(2-8),D_{30} 由 2006、2007 和 2008 三年的样本计算得到。因此,用于二次函数参数估计的样本,应该从表 2-1 中的 2006 年开始截取,直到 2019 年。

以表 2-1 中 2006—2019 年的样本为基础,通过 OLS 方法对描述 EKC 的二次函数进行参数估计,可以得到 CO_2 排放和 GDP 的关系方程为

$$CO_2 = 21.12148 + 1.81322 GDP - 0.01092 GDP^2 \tag{2-10}$$

式(2-10)的可决系数为 0.9738,F 统计值为 204.2323,远大于 $F_{0.95}(1,39) = 4.0915$,从而证明了该方程的解释能力。图 2-3 显示了式(2-10)的拟合相对误差。

根据图 2-3 所示的结果,除 2011 年和 2016 年的相对误差在 3%左右外,其他年份的相对误差均较小。

根据式(2-9),经过简单计算可知,当我国的 GDP 达到 83.06 万亿元(以 2015 年价格计算)时,CO_2 排放达到 96.42 亿吨的峰值点。图 2-4 显示了式(2-10)的拟合效果及峰值点位置。

根据图 2-4 以及表 2-1 所示数据,2018 年我国 GDP 和 CO_2 排放接近于峰值规模。根据国外已经碳排放达峰的国家和地区经验,CO_2 排放接近于峰值后并不会立即显著下降,而是维持一段时间的峰值平台期,之后才缓慢下行,这种

情况也很可能会在我国发生。

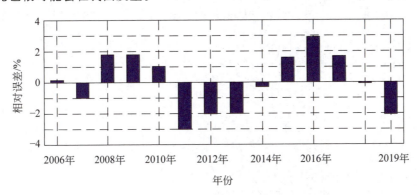

图 2-3　拟合方程的拟合相对误差

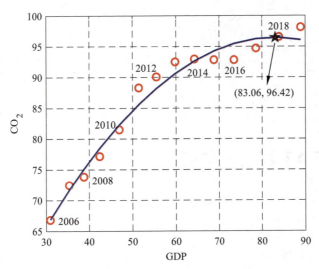

图 2-4　二次函数的拟合效果及峰值点

2.3.3　主要 MATLAB 程序

主要 MATLAB 程序如下：

```
GDP=[…]; CO2=[…];                    %表 2-1 数据;41 个值
D=diff(CO2,2)./diff(GDP,2);          %二阶导数;39 个值
X1=[ones(39,1) [3:41]'];
B1=regress(D',X1);                   %二阶导数拟合方程的参数估计值
```

```
fD=X1*B1;                         %二阶导数的拟合值
sGDP=GDP(28:end);                 %从第28个值,也就是2006年起截取数据;14个值
sCO2=CO2(28:end);
X2=[ones(14,1) sGDP' sGDP'.^2];
[B2,BINT,R,RINT,STATS]=regress(sCO2',X2);
                                  %二次方程的参数估计值及统计量
fCO2=X2*B2;                       %碳排放拟合值,2006-2019年
t=2006:2019;
figure(1)
bar(t,-R./sCO2'*100,0.5,'b');     %相对误差柱状图
xlabel('年份');
ylabel('相对误差(%)');
axis([2005.05 2019.05 -4 3]);grid on;
figure(2)
plot(sGDP,sCO2,'ro',sGDP,fCO2,'b-');  %拟合曲线
hold on;
PGDP=-B2(2)/(2*B2(3));            %峰值点
PCO2=(4*B2(1)*B2(3)-B2(2)^2)/(4*B2(3));
plot(PGDP,PCO2,'kp');
grid on;
xlabel('GDP');
ylabel('CO_2');
```

2.4 IPAT 模型及扩展

与 EKC 假说类似,IPAT 相关模型也经常用于对能源污染排放的解释分析及预测。相对于前者,后者考虑的因素更多一些。

2.4.1 IPAT 模型

20世纪70年代,Ehrlich 和 Holdren 首次提出了 IPAT 模型[3-4]。这个模型中,I 表示人类活动对环境的冲击(impact to environment of human activities),P 表示人口(population),A 表示富裕程度(affluence),T 表示技术(technology),I 与 P、A、T 的关系为

$$I = P \cdot A \cdot T \tag{2-11}$$

IPAT 模型并没有规定每个变量的具体含义,但将其具体化以后还是可以应用于能源 CO_2 及其他污染物排放的解释及预测工作。IPAT 模型的主要争议有两方面:第一,该模型仅仅考虑了人口、富裕程度以及技术3个因素,这是

否足够？也就是说，该模型是否应该考虑更多的影响因素。第二，式(2-11)是无参数的连乘结构。在这种结构下，人口、富裕程度以及技术3个因素的影响能力相同。也就是说，这3个因素中的任何一个发生一定比例的变化，都会造成同样的后果。这种现象是否符合实际情况？上述两个缺陷中，第二个缺陷的影响相对更为显著。

2.4.2 IPAT扩展模型

针对IPAT模型的两个缺陷，后续研究提出了很多改进方法。

一方面，很多学者都尝试将更多因素考虑在IPAT模型中，比较有代表性的是Waggoner和Ausubel的研究[5]。他们将IPAT模型中的技术(T)进一步分解为单位GDP产出所消耗的资源量(或称为资源使用强度)(consumption of per unit of GDP, C)和单位资源消耗产生的环境压力(impact of per unit of consumption, T)，称为ImPACT模型，具体形式为

$$I = P \cdot A \cdot C \cdot T \tag{2-12}$$

因此，ImPACT模型可以看作是对IPAT模型的细化。

另一方面，为了区分不同因素的影响能力，Dietz和Rosa[6]提出了STIRPAT (stochastic impacts by regression on population, affluence and technology)模型。该模型可以写作

$$I = a \cdot P^b \cdot A^c \cdot T^d \tag{2-13}$$

其中，a、b、c、d为模型参数。

在式(2-13)中，参数a、b、c和d的存在，使得P、A和T对I具有不同的影响力，因而提供了一种基于统计数据的人类活动对环境的冲击与相关影响因素关系的分析框架。

在实际工作中，为了使用数据样本对上述4个参数进行估计，式(2-13)通常被写成对数形式，即

$$\ln I = \ln a + b\ln P + c\ln A + d\ln T \tag{2-14}$$

根据式(2-14)，参数b、c和d分别为I对P、A和T的弹性，因为(以b为例)：

$$\begin{aligned} b &= \frac{\partial \ln I}{\partial \ln P} \\ &= \frac{\partial I/I}{\partial P/P} \end{aligned} \tag{2-15}$$

实际工作中，由于I受到P、A和T多个因素的影响，因此通常将b、c和d

分别称为 I 对 P、A 和 T 的偏弹性。

式(2-14)是线性形式,因此理论上可以通过 OLS 方法进行参数估计。然而,P、A、T 3个影响因素虽然在不同研究中选取的具体变量不同,但往往都是随着社会进步而发展的。也就是说,随着经济发展和社会进步,人口往往会增加,同时富裕程度也会提高,技术也会随之进步,三者的变化趋势相同。体现在统计数据上,就是自变量之间表现出较为严重的多重共线性。这种情况下,采用 OLS 方法进行参数估计,将会产生一系列的后续问题,偏最小二乘(partial least squares,PLS)方法则是一种可以考虑的方法。

2.5 偏最小二乘方法

偏最小二乘(PLS)方法最早由 Wold 和 Albano 等于1983年首次提出,用于解决利用分光镜来预测化学样本的组成时,红外区的反射光谱相互干扰的问题。这是一种在自变量存在多重共线性的情况下,对线性方程的回归参数进行估计的方法。其适用于小样本情况,并且具有一系列辅助分析方法。

2.5.1 多重共线性的影响及识别

对于多元线性回归方程

$$y = b_0 + b_1 x_1 + \cdots + b_p x_p \tag{2-16}$$

设有 n(n 通常要求大于30或 $4p$)组样本,则采用 OLS 方法的参数估计值为

$$\hat{\boldsymbol{B}} = (\boldsymbol{X}'\boldsymbol{X})^{-1}\boldsymbol{X}'\boldsymbol{Y} \tag{2-17}$$

其中,$\hat{\boldsymbol{B}} = \begin{bmatrix} \hat{b}_0 \\ \hat{b}_1 \\ \vdots \\ \hat{b}_p \end{bmatrix}_{(p+1)\times 1}$,$\boldsymbol{X} = \begin{bmatrix} 1 & x_{11} & x_{12} & \cdots & x_{1p} \\ 1 & x_{21} & x_{22} & \cdots & x_{2p} \\ \vdots & \vdots & \vdots & \ddots & \vdots \\ 1 & x_{n1} & x_{n2} & \cdots & x_{np} \end{bmatrix}_{n\times(p+1)}$,$\boldsymbol{Y} = \begin{bmatrix} y_1 \\ y_2 \\ \vdots \\ y_n \end{bmatrix}_{n\times 1}$。

这时,参数估计值的协方差矩阵为

$$\operatorname{cov}(\hat{\boldsymbol{B}}, \hat{\boldsymbol{B}}) = \hat{\sigma}^2 (\boldsymbol{X}'\boldsymbol{X})^{-1} \tag{2-18}$$

其中,$\hat{\sigma}^2 = \dfrac{\sum\limits_{i=1}^{n}(y_i - \hat{y}_i)^2}{n - p - 1}$,为残差的方差估计值。显然,上述协方差矩阵主对角线上的元素分别对应 $b_0, b_1, \cdots, b_p$ 参数估计值的方差。

对于变量 $x_1, x_2, x_3, \cdots, x_p$，如果存在不全为 0 的数 $\lambda_0, \lambda_1, \lambda_2, \cdots, \lambda_p$，使得下式成立：

$$\lambda_0 + \lambda_1 x_1 + \lambda_2 x_2 + \cdots + \lambda_p x_p = 0 \tag{2-19}$$

则称 $x_1, x_2, x_3, \cdots, x_p$ 之间存在完全的多重共线性。

所谓不完全的多重共线性指对于 $x_1, x_2, x_3, \cdots, x_p$，如果存在不全为 0 的数 $\lambda_0, \lambda_1, \lambda_2, \lambda_3, \cdots, \lambda_p$，使得下式成立：

$$\lambda_0 + \lambda_1 x_1 + \lambda_2 x_2 + \cdots + \lambda_p x_p + \varepsilon = 0 \tag{2-20}$$

其中，ε 为随机误差项。显然，当 ε 的方差越小时，多重共线性的程度越严重。

多重共线性的存在，将会对方程的参数估计值带来直接影响：第一，当式(2-15)的自变量(含常数项)之间存在完全的多重共线性时，矩阵 $\boldsymbol{X}$ 的秩将小于 $p+1$。这时，方阵 $\boldsymbol{X}'\boldsymbol{X}$ 将不是满秩矩阵，其行列式等于 0，不存在逆矩阵。因此，当自变量之间存在完全的多重共线性时，传统的 OLS 方法将得不到参数估计值。第二，当式(2-15)的自变量之间存在严重(但不完全)的多重共线性时，矩阵 $\boldsymbol{X}$ 的秩仍等于 $p+1$。这时，方阵 $\boldsymbol{X}'\boldsymbol{X}$ 将仍是满秩矩阵，但其行列式接近于(但不等于)0，仍存在逆矩阵，传统的 OLS 方法仍可得到参数估计值。但是，当 $\boldsymbol{X}'\boldsymbol{X}$ 的行列式接近于 0 时，其逆矩阵的行列式接近于 $+\infty$。根据式(2-17)，参数估计值的协方差矩阵的主对角线元素将至少有一个值非常大。也就是说，将有一个或多个参数估计值的方差非常大，估计值非常不稳定。这里的不稳定，是指当用于参数估计的样本发生变化时(例如去掉一部分)，参数估计值的结果将很可能发生很大的改变。

除对参数估计值产生的直接影响外，多重共线性还会带来一系列的间接影响，具体如下：第一，不完全多重共线性下，t 检验很可能失效。t 检验即变量的显著性检验，即对某个解释变量 x_i 是否对被解释变量 y 有显著影响进行的检验。当某个实际上对被解释变量 y 具有显著影响的解释变量 x_i 与其他解释变量之间存在多重共线性时，其解释能力可能会被其他解释变量所替代，具体反应就是参数估计值的变化。这时，该解释变量 x_i 很可能无法通过 t 检验。第二，不完全多重共线性下，可能出现定性分析与定量分析结果不符的现象。也就是说，可能某个(些)解释变量在理论上与被解释变量是正(负)相关，但参数估计值却是负(正)值。这种现象的原因在于，该变量与其他变量存在多重共线性时，其主要影响可能已经被其他解释变量所替代，而残余影响确实与主要影响方向不一致。第三，不完全多重共线性下，模型的边际分析功能和预测功能失效。当某个(些)变量的参数估计值不稳定时，如果采用该参数估计值进行边际分析或者预测分析，很显然将具有极大的风险。

多重共线性的检验方法有很多种,包括不显著系数法、相关系数矩阵法、方差膨胀因子法等,但是用得最多的还是判定系数法。判定系数法将模型中的每个自变量都依次作为因变量,对其余自变量做回归,并根据 F 统计值判定线性回归的显著性。即计算

$$F = \frac{\sum_{i=1}^{n}(\hat{y}_i - \bar{y})^2/(p-1)}{\sum_{i=1}^{n}(y_i - \hat{y}_i)^2/(n-p)} \tag{2-21}$$

式(2-21)的计算结果服从自由度为$(p-1, n-p)$的 F 分布。如果这一计算结果大于 F 分布的临界值,则证明该自变量与其他自变量之间存在多重共线性。

2.5.2 PLS 参数估计方法

设 $\boldsymbol{X} = \begin{bmatrix} x_{11} & x_{12} & \cdots & x_{1p} \\ x_{21} & x_{22} & \cdots & x_{2p} \\ \vdots & \vdots & \ddots & \vdots \\ x_{n1} & x_{n2} & \cdots & x_{np} \end{bmatrix}_{n \times p}$ 和 $\boldsymbol{Y} = \begin{bmatrix} y_{11} & y_{12} & \cdots & y_{1q} \\ y_{21} & y_{22} & \cdots & y_{2q} \\ \vdots & \vdots & \ddots & \vdots \\ y_{n1} & y_{n2} & \cdots & y_{nq} \end{bmatrix}_{n \times q}$ 分别为自变量(共 p 个)和因变量(共 q 个)的 n 组观测样本构成的矩阵。这是一个多因变量的多元回归问题,式(2-16)这种结构可看作这个问题的特例。注意,$\boldsymbol{X}$ 和 $\boldsymbol{Y}$ 矩阵的排列规则如下:每行是一个样本,每列是一个变量。将观测样本矩阵 $\boldsymbol{X}$ 按照如下算法进行标准化:

$$x_{ij}^* = \frac{x_{ij} - \bar{x}_j}{s_{x_j}} \tag{2-22}$$

其中,$\bar{x}_j$ 为矩阵 $\boldsymbol{X}$ 第 j 列的均值;s_{x_j} 为矩阵 $\boldsymbol{X}$ 第 j 列的标准差。

观测样本矩阵 $\boldsymbol{Y}$ 也进行类似的处理:

$$y_{ij}^* = \frac{y_{ij} - \bar{y}_j}{s_{y_j}} \tag{2-23}$$

这样就得到标准化处理以后的矩阵 $\boldsymbol{E}_0 = (x_{ij}^*)_{n \times p}$ 和 $\boldsymbol{F}_0 = (y_{ij}^*)_{n \times q}$。

设 $\boldsymbol{t}_1 = \boldsymbol{E}_0 \boldsymbol{w}_1$ 是 $\boldsymbol{E}_0$ 的第一个成分。其中,$\boldsymbol{w}_1$ 是 $\boldsymbol{E}_0$ 的第一个轴,它是一个包含 p 个元素的单位列向量,即 $\boldsymbol{w}_1' \boldsymbol{w}_1 = 1$。同理,设 $\boldsymbol{u}_1$ 是 $\boldsymbol{F}_0$ 的第一个成分,$\boldsymbol{u}_1 = \boldsymbol{F}_0 \boldsymbol{c}_1$。其中,$\boldsymbol{c}_1$ 是 $\boldsymbol{F}_0$ 的第一个轴,它是一个包含 q 个元素的单位列向量,即 $\boldsymbol{c}_1' \boldsymbol{c}_1 = 1$。

由于自变量之间以及因变量之间存在多重共线性,为了更好地定量描述自

变量和因变量之间的线性关系,需要 t_1 和 u_1 能够分别很好地代表 E_0 与 F_0 中的数据变异信息,同时还要求 t_1 对 u_1 具有最大的解释能力,即

$$\begin{cases} \mathrm{var}(t_1) \to \max \\ \mathrm{var}(u_1) \to \max \\ r(t_1, u_1) \to \max \end{cases} \quad (2\text{-}24)$$

对于式(2-24)表示的3个要求,可以近似地表示为 t_1 与 u_1 的协方差最大,即

$$\max(\mathrm{cov}(t_1, u_1)) = \max\left(\sqrt{\mathrm{var}(t_1)\mathrm{var}(u_1)}\, r(t_1, u_1)\right) \quad (2\text{-}25)$$

根据式(2-22)和式(2-23)所示的数据标准化处理方法和成分提取方法,成分向量 t_1 和 u_1 的均值为0。因此,根据协方差的定义,式(2-25)可以表示为

$$\max_{w_1, c_1} (\langle E_0 w_1, F_0 c_1 \rangle)$$
$$\mathrm{s.t} \begin{cases} w_1' w_1 = 1 \\ c_1' c_1 = 1 \end{cases} \quad (2\text{-}26)$$

采用拉格朗日算法,记为

$$s = w_1' E_0' F_0 c_1 - \lambda_1(w_1' w_1 - 1) - \lambda_2(c_1' c_1 - 1) \quad (2\text{-}27)$$

用 s 分别对 w_1、c_1、λ_1 和 λ_2 求偏导,并令之分别为0,有

$$\frac{\partial s}{\partial w_1} = E_0' F_0 c_1 - 2\lambda_1 w_1 = 0 \quad (2\text{-}28)$$

$$\frac{\partial s}{\partial c_1} = F_0' E_0 w_1 - 2\lambda_2 c_1 = 0 \quad (2\text{-}29)$$

$$\frac{\partial s}{\partial \lambda_1} = -(w_1' w_1 - 1) = 0 \quad (2\text{-}30)$$

$$\frac{\partial s}{\partial \lambda_2} = -(c_1' c_1 - 1) = 0 \quad (2\text{-}31)$$

由(2-28)~式(2-31)可知

$$2\lambda_1 = 2\lambda_2 = w_1' E_0' F_0 c_1 = c_1' F_0' E_0 w_1 = \langle E_0 w_1, F_0 c_1 \rangle \quad (2\text{-}32)$$

记 $\theta = 2\lambda_1 = 2\lambda_2$,根据式(2-26),$\theta$ 正是优化问题的目标函数值。

将式(2-28)和式(2-29)写作

$$E_0' F_0 c_1 = \theta w_1 \quad (2\text{-}33)$$

$$F_0' E_0 w_1 = \theta c_1 \quad (2\text{-}34)$$

根据式(2-33),有 $w_1 = \dfrac{E_0' F_0 c_1}{\theta}$,代入式(2-32),且考虑到 $F_0' E_0 E_0' F$ 为正定矩阵,有

$$F_0'E_0E_0'F_0c_1 = \theta^2 c_1 \tag{2-35}$$

因此，c_1 为矩阵 $F_0'E_0E_0'F$ 最大特征值对应的特征向量。

同理，根据式(2-34)，有 $c_1 = \dfrac{F_0'E_0w_1}{\theta}$，代入式(2-32)，有

$$E_0'F_0F_0'E_0w_1 = \theta^2 w_1 \tag{2-36}$$

因此，w_1 为矩阵 $E_0'F_0F_0'E_0$ 最大特征值对应的特征向量。

特别是，当只有一个被解释变量时[7]

$$u_1 = F_0 \tag{2-37}$$

$$w_1 = \dfrac{E_0^T F_0}{\|E_0^T F_0\|} \tag{2-38}$$

当 c_1 和 w_1 确定后，结合 E_0 和 F_0 可以提取第一组成分 t_1 和 u_1 后，用 t_1 对 E_0 和 F_0 进行解释，残差矩阵记为 E_1 和 F_1。令 E_1 和 F_1 替换 E_0 和 F_0，重复上述过程可以提取第二组成分 t_2 和 u_2。以此类推，可以依次得到更多的成分组。实际上，对回归方程参数造成影响的主要是成分 t。而成分 u 由于代表了因变量样本中的重要信息，所以在一些辅助分析方法中也会用到。

通过上述成分提取运算，可以得到 t_1、t_2……但是，最终引入到回归方程中的成分并不是越多越好。理论上，当前 $h-1$ 个成分已经包含了样本中的全部有用信息，增加第 h 个成分只会将无效信息(例如随机影响)引入到回归方程。问题在于，如何确定有效成分的个数？由于第 1 个成分总是有用的，且各个成分的重要性是依次递减的，因此需要从第 2 个成分开始依次判定各成分是否应该引入方程。如果第 $h(h>1)$ 个成分被判定为应引入方程，则需要进一步对第 $h+1$ 个成分进行判定；如果第 $h(h>1)$ 个成分被判定为不应引入方程，则不需要对后续成分进行重要性判定，仅使用前 $h-1$ 个成分构建回归方程即可。

对成分重要性进行判定的指标称为交叉有效性(cross validation)，以下对此进行介绍。

第 1 步，计算 PRESS_h。在所有 n 个样本点中，去除第 i 个样本点后，用剩余的 $n-1$ 个样本点和 h 个成分建立回归方程，并把第 i 个样本点代入该式，得到因变量 y_j 在该样本点的拟合值。对于每个 $i(i=1,2,\cdots,n)$，重复上面的步骤，可以定义 y_j 的预测误差平方和为

$$\text{PRESS}_{hj} = \sum_{i=1}^{n}(y_{ij} - \hat{y}_{h(-i)j})^2 \tag{2-39}$$

定义所有因变量在 $n-1$ 个建模样本和前 h 个成分下的预测误差平方和为

$$\text{PRESS}_h = \sum_{j=1}^{q} \text{PRESS}_{hj} \tag{2-40}$$

第 2 步,计算 SS_{h-1}。采用所有 n 个样本点以及前 $h-1$ 个成分建立回归方程。y_j 的预测误差平方和为

$$\text{SS}_{(h-1)j} = \sum_{i=1}^{n} (y_{ij} - \hat{y}_{(h-1)ij})^2 \tag{2-41}$$

定义所有因变量在 n 个建模样本和前 $h-1$ 个成分下的预测误差平方和为

$$\text{SS}_{h-1} = \sum_{j=1}^{q} \text{SS}_{(h-1)j} \tag{2-42}$$

第 3 步,计算交叉有效性。定义交叉有效性为

$$Q_h^2 = 1 - \frac{\text{PRESS}_h}{\text{SS}_{h-1}} \tag{2-43}$$

PRESS_h 较小时,说明当包含第 h 个成分时,即使在建模时剔除一个样本,方程的拟合优度仍然很高,即 $\boldsymbol{X}$ 和 $\boldsymbol{Y}$ 的有用信息被充分提取。SS_{h-1} 较大时,说明当不包含第 h 个成分时,即使在建模时采用所有样本,方程的拟合优度仍然较低,即 $\boldsymbol{X}$ 和 $\boldsymbol{Y}$ 的有用信息未被充分提取。当上述情况同时发生,也就是 PRESS_h 较小同时 SS_{h-1} 较大时,将第 h 个成分引入回归方程是有必要的。因此,$\frac{\text{PRESS}_h}{\text{SS}_{h-1}}$ 越小,第 h 个成分就越重要。根据经验,当 $\frac{\text{PRESS}_h}{\text{SS}_{h-1}} \leqslant 0.95^2$,即 $Q_h^2 \geqslant 0.0975$ 时,需要将第 h 个成分引入到回归方程。

下面对 PLS 参数估计的步骤进行总结。

第 1 步,标准化。将自变量和因变量观测样本矩阵根据式(2-22)和式(2-23)进行标准化处理,得到 $\boldsymbol{E}_0$ 和 $\boldsymbol{F}_0$ 矩阵。

第 2 步,提取第 1 组成分 $\boldsymbol{t}_1$ 和 $\boldsymbol{u}_1$。根据式(2-35)和式(2-36)确定 $\boldsymbol{c}_1$ 和 $\boldsymbol{w}_1$,结合 $\boldsymbol{E}_0$ 和 $\boldsymbol{F}_0$ 可以提取第 1 组成分 $\boldsymbol{t}_1$ 和 $\boldsymbol{u}_1$。

第 3 步,提取第 2 组成分 $\boldsymbol{t}_2$ 和 $\boldsymbol{u}_2$。实施 $\boldsymbol{E}_0$ 和 $\boldsymbol{F}_0$ 在 $\boldsymbol{t}_1$ 上的回归,即:$\boldsymbol{E}_0 = \boldsymbol{t}_1 * \boldsymbol{p}_1 + \boldsymbol{E}_1, \boldsymbol{F}_0 = \boldsymbol{t}_1 * \boldsymbol{r}_1 + \boldsymbol{F}_1$。其中,$\boldsymbol{p}_1 = \frac{\boldsymbol{E}_0^\text{T} \boldsymbol{t}_1}{\|\boldsymbol{t}_1\|^2}$ 和 $\boldsymbol{r}_1 = \frac{\boldsymbol{F}_0^\text{T} \boldsymbol{t}_1}{\|\boldsymbol{t}_1\|^2}$ 为回归系数。用残差 $\boldsymbol{E}_1$ 和 $\boldsymbol{F}_1$ 分别代替 $\boldsymbol{E}_0$ 和 $\boldsymbol{F}_0$,根据第 2 步的计算方法得到第 2 组成分 $\boldsymbol{t}_2$ 和 $\boldsymbol{u}_2$。

第 4 步,交叉有效性检验。对 $\boldsymbol{t}_2$ 和 $\boldsymbol{u}_2$ 进行交叉有效性分析。如果有效,返回第 3 步提取下一组成分并进行交叉有效性分析,直到交叉有效性无效,共取得 m 个成分。

第 5 步，确定回归方程。根据原始数据标准化的逆运算，由 $F_0 = r_1 t_1 + r_2 t_2 + \cdots + r_m t_m$ 求得 Y 对 X 的方程。

需要说明的是，由于 PLS 成分提取方法对有用信息的提取效率很高，多数情况下有效成分的个数都不太多，一般不会超过 3 个。

2.5.3　PLS 辅助分析方法

以上述 PLS 参数估计过程为基础，人们开发出很多辅助分析方法，这里对特异样本点辨别方法和变量投影重要性分析方法进行介绍。

在回归分析中，如果某个样本点异常，将会对参数估计结果造成较大的影响。根据这一思想，可以对特异样本点进行识别。设在 PLS 参数估计过程中有 m 个成分被引入到最终的回归方程，则第 $i(i=1,2,\cdots,n)$ 个样本点的累计贡献率为

$$T_i^2 = \frac{1}{n-1} \sum_{h=1}^{m} \frac{t_{hi}^2}{s_h^2} \tag{2-44}$$

其中，t_{hi} 为第 h 个成分 t_h 的第 i 个值；s_h 为第 h 个成分 t_h 的标准差。

如果某样本点的累计贡献率过大，说明这一样本点对有效成分构成的贡献过大，进而对回归参数估计结果的影响过大，成为一个特异点。为了从统计上对特异样本点进行辨别，可以构造 Tracy 统计量：

$$\frac{n^2(n-m)}{m(n^2-1)} T_i^2 \sim F(m, n-m) \tag{2-45}$$

当

$$T_i^2 \geqslant \frac{m(n^2-1)}{n^2(n-m)} F_\alpha(m, n-m) \tag{2-46}$$

时，可以认为在置信度 α 下，第 i 个样本点为特异点。

特别是，当 $m=2$ 时，这个判别条件为

$$\left(\frac{t_{1i}^2}{s_1^2} + \frac{t_{2i}^2}{s_2^2}\right) \geqslant \frac{2(n-1)(n^2-1)}{n^2(n-2)} F_\alpha(2, n-2) \tag{2-47}$$

将 t_1 和 t_2 视为两个变量，当式(2-47)的等号成立时，也就是判定条件的边界，为一个椭圆。位于椭圆外部的样本点，可以视为特异点。

在 PLS 分析中，变量投影重要性(variable importance in projection，VIP)是衡量自变量对因变量的解释能力的指标。对于第 $j(j=1,2,\cdots,p)$ 个自变量而言，

$$\text{VIP}_j = \sqrt{\frac{p\sum_{h=1}^{m}\text{Rd}(y;t_h)w_{hj}^2}{\text{Rd}(y;t_1,t_2,\cdots,t_m)}} \qquad (2\text{-}48)$$

其中，$\text{Rd}(y;t_h)=r^2(y;t_h)$；$\text{Rd}(y;t_1,\cdots,t_m)=\sum_{h=1}^{m}\text{Rd}(y;t_h)$；$w_{hj}$ 是 w_h 轴的第 j 个分量。

另有

$$\begin{aligned}\sum_{j=1}^{p}\text{VIP}_j^2 &= \sum_{j=1}^{p}\frac{p\sum_{h=1}^{m}\text{Rd}(y;t_h)w_{hj}^2}{\sum_{h=1}^{m}\text{Rd}(y;t_h)}\\ &= \frac{p\sum_{h=1}^{m}\left(\text{Rd}(y;t_h)\sum_{j=1}^{p}w_{hj}^2\right)}{\sum_{h=1}^{m}\text{Rd}(y;t_h)}\\ &= p\end{aligned} \qquad (2\text{-}49)$$

所以，对于 p 个自变量 $x_j(j=1,2,\cdots,p)$，如果它们的解释能力相同，则所有的 VIP_j 均等于 1。否则，VIP_j 越大，x_j 在解释 y 时的作用就更重要。

2.6 综合案例：基于 STIRPAT 模型的我国碳排放特征分析

本节采用 STIRPAT 模型及 PLS 方法，对我国碳排放特征进行分析。

2.6.1 数据选择及预处理

根据式(2-13)可以采用人口(P)、富裕程度(A)和技术(T)对碳排放(I)进行解释。人口数据来源于《中国统计年鉴 2021》(http://www.stats.gov.cn/tjsj/ndsj/2021/indexch.htm)的表 2-1 人口数及构成。此外，年度能源消费总量也来自该年鉴的表 9-2 能源消费总量及构成。富裕程度采用人均 GDP 进行表示[1]。技术指标采用单位能耗的 GDP 产出(即能源强度的倒数)进行反映。考虑到 PLS 方法可以应对小样本情况，且过于久远数据的借鉴意义较弱，这里采

---

① 通常情况下，反映富裕程度的指标主要有人均 GDP 和人均可支配收入两种。考虑到碳排放主要来自生产，因此这里采用前者作为指标。

用 2006 年作为时间跨度的起点,2019 年作为终点。我国的年度不变价格 GDP 和 CO_2 排放量已经在表 2-1 中列出。人口和能源消费总量数据列于表 2-2 中。

表 2-2 我国的年度能源消费总量和人口

年份	能源消费总量/亿吨标准煤	人口/亿	年份	能源消费总量/亿吨标准煤	人口/亿
2006	28.6467	13.1448	2013	41.6913	13.6726
2007	31.1442	13.2129	2014	42.8334	13.7646
2008	32.0611	13.2802	2015	43.4113	13.8326
2009	33.6126	13.3450	2016	44.1492	13.9232
2010	36.0648	13.4091	2017	45.5827	14.0011
2011	38.7043	13.4916	2018	47.1925	14.0541
2012	40.2138	13.5922	2019	48.7488	14.1008

根据表 2-1 和表 2-2 所示的统计数据,可以构造 STIRPAT 模型的各变量值,列于表 2-3 中。

表 2-3 STIRPAT 模型变量值

年份	$\ln I$	$\ln P$	$\ln A$	$\ln T$	年份	$\ln I$	$\ln P$	$\ln A$	$\ln T$
2006	4.2013	2.5760	0.8590	0.0799	2013	4.5264	2.6154	1.4774	0.3625
2007	4.2822	2.5812	0.9868	0.1294	2014	4.5313	2.6221	1.5423	0.4071
2008	4.3011	2.5863	1.0739	0.1925	2015	4.5299	2.627	1.6054	0.4617
2009	4.3451	2.5911	1.1588	0.2351	2016	4.5298	2.6336	1.6651	0.5111
2010	4.3996	2.5959	1.2551	0.2657	2017	4.5499	2.6391	1.7267	0.5463
2011	4.4800	2.6021	1.3402	0.2863	2018	4.5694	2.6429	1.7883	0.5769
2012	4.4999	2.6095	1.4085	0.3238	2019	4.5856	2.6462	1.8427	0.6023

根据式(2-13),$\ln I$ 为 STIRPAT 模型的因变量,$\ln P$、$\ln A$ 和 $\ln T$ 为自变量。为了检验自变量多重共线性程度,分别以上述 3 个自变量作为因变量,其余两个变量作为自变量(含常数项),通过 OLS 方法估计回归方程参数,计算得到的 F 统计值分别为 758.61、426.70 和 746.76。查 F 分布表可知,$F_{0.01}(2,11) = 7.206$,远小于上述 3 个计算值。因此,上述 3 个自变量在 99% 的置信水平下存

在多重共线性。

2.6.2 PLS 参数估计结果

鉴于自变量 $\ln P$、$\ln A$ 和 $\ln T$ 之间存在较为明显的多重共线性,因此采用 PLS 方法对式(2-13)的参数进行估计。

首先,根据表 2-3 中的数据构造 $\boldsymbol{Y}$ 向量和 $\boldsymbol{X}$ 矩阵,并根据式(2-21)和式(2-22)进行标准化处理,得到 $\boldsymbol{E}_0$ 和 $\boldsymbol{F}_0$。

然后,根据式(2-37)得到 w_1,并进而得到第一个成分 t_1。由于成分的提取过程较为简单,因此这里首先提取多个成分,然后再逐个进行交叉有效性检验。也就是说,用 t_1 解释 $\boldsymbol{E}_0$ 和 $\boldsymbol{F}_0$,残差矩阵(向量)分别记为 $\boldsymbol{E}_1$ 和 $\boldsymbol{F}_1$。用 $\boldsymbol{E}_1$ 和 $\boldsymbol{F}_1$ 替代 $\boldsymbol{E}_0$ 和 $\boldsymbol{F}_0$,得到 t_2。以此类推,得到 t_3……

接下来,从 t_2 开始,对每个成分逐次进行交叉有效性检验。每个成分的结果以及交叉有效性检验的结果列于表 2-4 中。

表 2-4 提取的成分及交叉有效性检验结果

h	轴向量 w_h	成分 t_h	交叉有效性 Q^2
1	$[0.572\ 0.592\ 0.568]^T$	$[-2.852\ -2.315\ -1.812\ -1.390\ -0.987\ -0.606\ -0.170\ 0.234\ 0.670\ 1.093\ 1.533\ 1.902\ 2.215\ 2.484]^T$	—
2	$[-0.288\ 0.793\ -0.536]^T$	$[-0.147\ -0.030\ -0.061\ -0.030\ 0.069\ 0.154\ 0.127\ 0.117\ 0.068\ 0.004\ -0.073\ -0.087\ -0.067\ -0.044]^T$	0.9546
3	$[0.768\ -0.144\ -0.624]^T$	$[0.108\ 0.041\ -0.072\ -0.112\ -0.108\ -0.017\ 0.048\ 0.061\ 0.078\ -0.002\ -0.007\ 0.010\ -0.008\ -0.020]^T$	-0.0596

鉴于成分的重要性是逐个降低的,因此当第 3 个成分的交叉有效性小于 0.0975 而被舍弃后,对后续成分没有必要再进行交叉有效性检验。这样一来,引入最终解释方程的成分是前两个。

最后,采用前两个成分作为变量,构造对 $\boldsymbol{F}_0$ 的解释方程,并根据原始数据标准化处理的逆运算过程,得到式(2-13)的参数估计结果为

$$\ln I = 0.9996 + 1.2439\ln P + 0.1004\ln A + 0.1743\ln T \quad (2\text{-}50)$$

为了便于比较分析,这里以表 2-3 中所示的原始数据为基础,直接采用

OLS 方法进行参数估计,得到式(2-13)的参数估计结果为

$$\ln I = 6.6206 - 1.3091\ln P + 1.2435\ln A - 1.4096\ln T \quad (2-51)$$

比较式(2-50)和式(2-51)可以发现,这两个方程的参数差别非常大。尤其是,在式(2-51)中,$\ln P$ 和 $\ln T$ 前面的回归系数为负值。然而在现实中,在人口规模增大以及技术水平提高的过程中,碳排放规模是逐渐增加的,也就是说 $\ln I$ 与 $\ln P$ 以及 $\ln I$ 与 $\ln T$ 之间都应该是正相关关系,表 2-3 中的数据也证实了这一点。在这种情况下,$\ln I$ 与 $\ln T$ 前面的回归系数应该是正值才符合逻辑。也就是说,$\ln I$ 与 $\ln T$ 前面的回归系数出现了定量结论和定性分析不符的情况,这是一种典型的由自变量之间的多重共线性导致的后果。

图 2-5 显示了式(2-50)和式(2-51)的不同拟合效果。

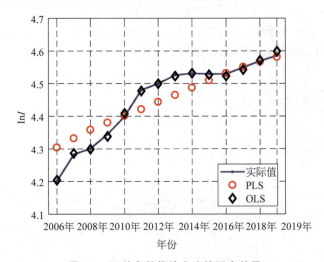

图 2-5 两种参数估计方法的拟合效果

根据图 2-5 所示,就拟合效果而言,OLS 明显好于 PLS。实际上,这两种参数估计方法拟合的平均相对误差分别为 0.10% 和 0.81%。OLS 拟合效果好的根源在于,其参数估计过程本身就以残差平方和最小作为唯一标准,而不关心方程中所包含的信息,以及通过信息而反映的变量关系,是否是有用的。相对而言,PLS 则是对有用信息进行逐层提取,并且适可而止,因此在拟合效果上不如 OLS。

此外,鉴于 STIRPAT 模型的自变量间通常存在较为严重的多重共线性,变量不会独立发生变动,因此不管采用何种参数估计方法,得到的拟合方程一般都不适用于情景预测。但如果一定要进行预测,由于 PLS 参数估计值更稳

定,因此相对而言更适用于这种情况。

2.6.3 样本及变量分析

根据表 2-4 提取的成分,可以对样本的规律性进行分析,识别特异样本。由于只有两个有效成分,因此可以采用椭圆图的形式直观地进行辨别。令 t_1 和 t_2 分别为横坐标和纵坐标,将各个样本点(即 t_1 和 t_2 的各个元素值)画在平面图中,并根据式(2-47)在等号成立时,画出椭圆形边界,效果如图 2-6 所示。

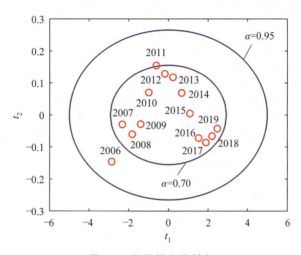

图 2-6 特异样本的判定

根据图 2-6 所示的效果,2006—2019 年的数据样本在总体上规律性较强。在 95% 的置信水平下,没有特异样本点。但是,如果将置信水平降低到 70% 时,2006 年的数据可以视为特异样本点。此外,2011 年的数据也分布在特异样本点的边界上。

以表 2-3 所示的 $\ln I$ 的值和表 2-4 所示的前两个轴向量数据和成分数据为基础,通过式(2-48),可以计算 3 个变量的 VIP 值。表 2-5 显示了计算结果。

表 2-5 变量投影重要性计算结果

变量	$\ln P$	$\ln A$	$\ln T$
VIP 值	0.7847	1.2121	0.9566

根据表 2-5 所示的结果,$\ln A$(富裕程度,用人均 GDP 表示)对 $\ln I$(碳排放)的解释能力相对而言最强,而 $\ln P$(人口)的解释最弱,$\ln T$(技术水平,用单位能

耗的 GDP 产出表示)的解释能力居中。

2.6.4 主要 MATLAB 程序

主要 MATLAB 程序如下：

```
lnI=[…];                          %2006-2019年,14个值
lnP=[…];
lnA=[…];
lnT=[…];
y=lnI';
x=[lnP' lnA' lnT'];
F0=[(lnI-mean(lnI))./std(lnI)]';
E0=[[(lnP-mean(lnP))./std(lnP)]' [(lnA-mean(lnA))./ ...
    std(lnA)]' [(lnT-mean(lnT))./std(lnT)]'];
w1=E0'*F0/normest(E0'*F0);        %第1个轴向量
t1=E0*w1;                         %第1个成分
p1=E0'*t1/dot(t1,t1);
r1=F0'*t1/dot(t1,t1);
E1=E0-t1*p1';
F1=F0-t1*r1';
w2=E1'*F1/normest(E1'*F1);        %第2个轴向量
t2=E1*w2;                         %第2个成分
p2=E1'*t2/dot(t2,t2);
r2=F1'*t2/dot(t2,t2);
E2=E1-t2*p2';
F2=F1-t2*r2';
w3=E2'*F2/normest(E2'*F2);        %第3个轴向量
t3=E2*w3;                         %第3个成分
%h=2时的Q2检验
for i=1:14
    t11=t1;t11(i,:)=[];
    t21=t2;t21(i,:)=[];
    F01=F0;F01(i,:)=[];
    t=[t11 t21];
    b1=regress(F01,t);
    yc1(i)=[t1(i) t2(i)]*b1;
end
PRESS2=sum((F0-yc1').^2);
b2=regress(F0,t1);
yc2=t1*b2;
SS2=sum((F0-yc2).^2);
```

```matlab
Q22=1-PRESS2/SS2
%h=3 时的 Q2 检验
for i=1:14
    t11=t1;t11(i,:)=[];
    t21=t2;t21(i,:)=[];
    t31=t3;t31(i,:)=[];
    F01=F0;F01(i,:)=[];
    t=[t11 t21 t31];
    b1=regress(F01,t);
    yc1(i)=[t1(i) t2(i) t3(i)]*b1;
end
PRESS3=sum((F0-yc1').^2);
b2=regress(F0,[t1 t2]);
yc2=[t1 t2]*b2;
SS3=sum((F0-yc2).^2);
Q32=1-PRESS3/SS3
bb=r1*w1+r2*(1-w1*p1)*w2;
b0=-mean(x)./std(x)*bb*std(y)+mean(y);
b1=(bb*std(y))./std(x)';
b_PLS=[b0;b1];                          %PLS 参数估计结果
fy_PLS=[ones(14,1) x]*b_PLS;            %PLS 拟合结果
APE_PLS=abs((fy_PLS-y)./y);
MAPE_PLS=mean(APE_PLS)
b_OLS=regress(y,[ones(14,1) x])         %OLS 参数估计结果
fy_OLS=[ones(14,1) x]*b_OLS;            %OLS 拟合结果
APE_OLS=abs((fy_OLS-y)./y);
MAPE_OLS=mean(APE_OLS)
%拟合效果图
l=2006:2019;
plot(l,y,'-b.',l,fy_PLS,'ro',l,fy_OLS,'kd')
xlabel('年份');ylabel('ln\itI')
legend('实际值','PLS','OLS','Location','SouthEast')
axis([2005.5 2019.5 4.1 4.7])
grid on
%特异样本点识别
%F0.70(2,12)=1.33327; F0.95(2,12)=3.8853;
figure(2)
rs=2*(14-1)*(14^2-1)/(14^2*(14-2))*3.8853;
s12=var(t1);s22=var(t2);
rt1=linspace(-(rs*s12)^0.5, (rs*s12)^0.5,1000);
rt2_1=-((rs-rt1.^2/s12)*s22).^0.5;        %95%置信度椭圆的下沿
rt2_2=((rs-rt1.^2/s12)*s22).^0.5;         %95%置信度椭圆的上沿
```

```
plot(rt1,rt2_1,'b-',rt1,rt2_2,'b-');
hold on
rs=2*(14-1)*(14^2-1)/(14^2*(14-2))*1.33327;
rt1=linspace(-(rs*s12)^0.5, (rs*s12)^0.5);
rt2_1=-((rs-rt1.^2/s12)*s22).^0.5;         %70%置信度椭圆的下沿
rt2_2=((rs-rt1.^2/s12)*s22).^0.5;          %70%置信度椭圆的上沿
plot(rt1,rt2_1,'b-',rt1,rt2_2,'b-');
plot(t1,t2,'ro')
xlabel('\itt\rm_1');ylabel('\itt\rm_2');
axis([-6 6 -0.3 0.3])
%变量投影重要性
c=corrcoef(t1,y); R1=c(2,2)^2;
c=corrcoef(t2,y); R2=c(2,2)^2;
VIP=(3*(R1*w1.^2+R2*w2.^2)/(R1+R2)).^0.5
```

第 3 章

因素分解模型

能源经济指标的变动往往是多种因素共同影响的结果,而因素分解模型的作用在于将各种因素的上述影响定量化。

3.1 因素分解模型的基本原理

各种因素分解模型虽然算法不同,但通常都采用同一种方程结构作为起点,即将能源经济指标写成几个影响因素的乘积形式。第 2 章介绍的 Kaya 恒等式正是这种结构,其表达式为

$$\begin{aligned} \text{GHG} &= \frac{\text{GHG}}{\text{TOE}} \cdot \frac{\text{TOE}}{\text{GDP}} \cdot \frac{\text{GDP}}{\text{POP}} \cdot \text{POP} \\ &= f \cdot e \cdot g \cdot p \end{aligned} \quad (3\text{-}1)$$

其中,GHG、TOE、GDP、POP 分别代表温室气体的排放量(一般指 CO_2 排放量)、一次能源的消费量、国内生产总值和人口;GHG/TOE、TOE/GDP 和 GDP/POP 分别表示能源碳密度(f)、能源强度(e)和人均 GDP(g),这 3 个因素和人口规模(p)一起构成了 CO_2 排放量变化的 4 个驱动因素。

本章以式(3-1)所示的 Kaya 恒等式为例对因素分解模型进行介绍。因素分解模型在衡量能源经济指标的变化程度时,有两种基本表达式:加法表达式和乘法表达式。对于式(3-1)描述的温室气体排放量,其变化的加法表达式为

$$\begin{aligned} \Delta_{\text{GHG}} &= \text{GHG}_t - \text{GHG}_{t-1} \\ &= f_t \cdot e_t \cdot g_t \cdot p_t - f_{t-1} \cdot e_{t-1} \cdot g_{t-1} \cdot p_{t-1} \\ &= C_f + C_e + C_g + C_p + C_{\text{res}} \end{aligned} \quad (3\text{-}2)$$

其中,t 表示时间;C_f、C_e、C_g、C_p 分别表示能源碳密度、能源强度、人均 GDP 和人口规模对温室气体排放变化量的贡献;C_{res} 表示分解的残差。

显然,式(3-2)将温室气体排放量在两个时点间的变化量,分解为各个因素

贡献之和。

乘法表达式为

$$R_{\text{GHG}} = \frac{\text{GHG}_t}{\text{GHG}_{t-1}}$$

$$= \frac{f_t \cdot e_t \cdot g_t \cdot p_t}{f_{t-1} \cdot e_{t-1} \cdot g_{t-1} \cdot p_{t-1}} \quad (3\text{-}3)$$

$$= I_f \cdot I_e \cdot I_g \cdot I_p \cdot I_{\text{res}}$$

其中, I_f、I_e、I_g、I_p 分别表示能源碳密度、能源强度、人均 GDP 和人口规模对温室气体排放变化率的影响; I_{res} 表示分解的残差。

式(3-3)将温室气体排放量在两个时点间的变化率,分解为各个因素贡献之积。

不同因素分解方法的区别在于,如何通过不同途径获得的 C 或 I。较好的因素分解方法,其结果应该至少满足以下两个条件:第一,合理性,即 C 或 I 的计算结果是能够解释的,确实是对应因素变化的结果;第二,完整性,即分解结果应该没有余量,$C_{\text{res}} = 0$ 或 $I_{\text{res}} = 1$。此外,在分解效果接近的情况下,算法简单的分解方法显然更具有一些优势。

根据式(3-2)和式(3-3)所示的结构,加法表达式和乘法表达式的分解结果可以相互转换。相对于乘法表达式而言,加法表达式在实际工作中的直接应用更多一些。因此,本章主要以加法表达式为基础进行因素分解方法的介绍。

3.2 Divisia 指数分解模型

1924 年,法国经济学家 Divisia(迪维西亚)提出了一种考虑指标组成结构的指数,称为 Divisia 指数。该指数在计算时,把目标变量(指数)的各影响因素都看成是时间 t 的连续可微函数,再使其对时间 t 进行积分,从而计算得到各因素对目标变量的影响量。将各因素的影响量汇总,就得到目标变量的变化情况。

Divisia 指数早期的应用方向,主要在货币银行领域,比较有代表性的是 Barnett 提出的 Divisia 货币数量指数:

$$\ln Q_t - \ln Q_{t-1} = \sum_{i=1}^{N} \frac{S_{i,t} + S_{i,t-1}}{2} (\ln M_{i,t} - \ln M_{i,t-1}) \quad (3\text{-}4)$$

其中, Q_t 为 t 时刻的货币数量, $S_{i,t} = \dfrac{P_{i,t} M_{i,t}}{\sum\limits_{j=1}^{N} P_{j,t} M_{j,t}}$ 为第 i 种货币资产占总支出

的比重,$M_{i,t}$为第i种货币资产在t时刻的数量,$P_{i,t}$为第i种货币资产在t时刻的机会成本(或称价格)。

3.2.1 AMDI 分解模型

仿照式(3-4)的思想,人们设计了 AMDI(arithmetic mean Divisia index,算术平均迪维西亚指数)分解法,这是一种早期出现的均值算法。以式(3-2)为基础,AMDI 分解法为

$$C_f = \frac{\Delta \text{GHG}}{2}(\ln f_t - \ln f_{t-1}) \tag{3-5}$$

其中,当 $f_t \cdot f_{t-1} = 0$ 时,$C_f = 0$。

与此类似,

$$C_e = \frac{\Delta \text{GHG}}{2}(\ln e_t - \ln e_{t-1}) \tag{3-6}$$

$$C_g = \frac{\Delta \text{GHG}}{2}(\ln g_t - \ln g_{t-1}) \tag{3-7}$$

$$C_p = \frac{\Delta \text{GHG}}{2}(\ln p_t - \ln p_{t-1}) \tag{3-8}$$

AMDI 分解法虽然逻辑较为合理,但是却存在一个致命的缺陷,即不能保证分解的完全性,即分解余量 C_{res} 在多数情况下是不等于 0 的。

例 3-1 表 3-1 显示了我国"十三五"(2016—2020 年)期间碳排放量及相关影响因素的变化情况。

表 3-1 中国碳排放相关数据

年 份	CO_2 排放量[①] (GHG)/亿吨	一次能源消费量[②] (TOE)/亿吨标准煤	GDP[②][③] /万亿元	人口[②] (POP)/亿人
2016	92.743	44.149	73.604	13.923
2020	98.935	49.800	91.121	14.121

注:
① 数据源于 BP 公司(http://www.bp.com/statisticalreview);
② 数据源于《中国统计年鉴 2021》;
③ 按 2015 年价格计算的不变价国内生产总值。

以 Kaya 恒等式为基础,采用 AMDI 分解模型计算各影响因素对我国碳排放量变化的贡献。

根据式(3-1)及表 3-1 所示数据,计算各影响因素变量的值,列于表 3-2 中。

表 3-2 变量计算结果

年份	能源碳密度(f)	能源强度(e)	人均GDP(g)	人口规模(p)
2016	2.1007	0.5998	5.2865	13.9230
2020	1.9866	0.5465	6.4529	14.1210

根据式(3-5)～式(3-8)所示的 AMDI 分解法可知,能源碳密度对碳排放量变化的贡献为

$$C_f = \frac{98.935 - 92.743}{2}(\ln 1.9866 - \ln 2.1007)$$

$$\approx -0.1729$$

能源碳密度对碳排放量变化的贡献为

$$C_e = \frac{98.935 - 92.743}{2}(\ln 0.5465 - \ln 0.5998)$$

$$\approx -0.2881$$

人均 GDP 对碳排放量变化的贡献为

$$C_g = \frac{98.935 - 92.743}{2}(\ln 6.4529 - \ln 5.2865)$$

$$\approx 0.6173$$

人口规模对碳排放量变化的贡献为

$$C_p = \frac{98.935 - 92.743}{2}(\ln 14.1210 - \ln 13.9230)$$

$$\approx 0.0437$$

上述 4 个因素的贡献总和为 $-0.1729-0.2881+0.6173+0.0437=0.2$,而我国碳排放量的变化为 $98.935-92.743=6.192$,二者并不相等,存在很大的分解余量 $C_{res}=6.192-0.2=5.992$。

3.2.2 LMDI 分解模型

解决 AMDI 分解法存在分解余量问题的关键,在于更好地设计各影响因素变化的权重。Ang 和 Choi 提出了 LMDI(logarithmic mean Divisia index,对数平均迪维西亚指数)分解法,可以克服 AMDI 分解法的缺陷。以式(3-2)为基础,LMDI 分解法为

$$C_f = \frac{\Delta \text{GHG}}{\ln \text{GHG}_t - \ln \text{GHG}_{t-1}}(\ln f_t - \ln f_{t-1}) \qquad (3-9)$$

其中，当 $f_t \cdot f_{t-1} = 0$ 时，$C_f = 0$。

与此类似，

$$C_e = \frac{\Delta \text{GHG}}{\ln \text{GHG}_t - \ln \text{GHG}_{t-1}} (\ln e_t - \ln e_{t-1}) \tag{3-10}$$

$$C_g = \frac{\Delta \text{GHG}}{\ln \text{GHG}_t - \ln \text{GHG}_{t-1}} (\ln g_t - \ln g_{t-1}) \tag{3-11}$$

$$C_p = \frac{\Delta \text{GHG}}{\ln \text{GHG}_t - \ln \text{GHG}_{t-1}} (\ln p_t - \ln p_{t-1}) \tag{3-12}$$

LMDI 分解法逻辑较为合理，且不存在分解余量，因此在提出后得到了广泛应用。

例 3-2 根据表 3-2 所示的 Kaya 恒等式各变量值，采用 LMDI 分解模型计算各影响因素对我国碳排放量变化的贡献。

根据式(3-9)~式(3-12)所示的 LMDI 分解法可知，能源碳密度对碳排放量变化的贡献为

$$C_f = \frac{98.935 - 92.743}{\ln 98.935 - \ln 92.743} (\ln 1.9866 - \ln 2.1007)$$

$$\approx -5.3504$$

能源碳密度对碳排放量变化的贡献为

$$C_e = \frac{98.935 - 92.743}{\ln 98.935 - \ln 92.743} (\ln 0.5465 - \ln 0.5998)$$

$$\approx -8.9159$$

人均 GDP 对碳排放量变化的贡献为

$$C_g = \frac{98.935 - 92.743}{\ln 98.935 - \ln 92.743} (\ln 6.4529 - \ln 5.2865)$$

$$\approx 19.1011$$

人口规模对碳排放量变化的贡献为

$$C_p = \frac{98.935 - 92.743}{\ln 98.935 - \ln 92.743} (\ln 14.1210 - \ln 13.9230)$$

$$\approx 1.3529$$

上述 4 个因素的贡献总和为 $-5.504 - 8.9159 + 19.1011 + 1.3529 = 6.1877$，而我国碳排放量的变化 $98.935 - 92.743 = 6.192$，二者非常接近，差值为计算误差，从而证实了 LMDI 分解法的完全性。根据上述分解结果，我国的 CO_2 排放量在 2016—2020 年增长了 6.1877 亿吨。其中，能源碳密度的降低使得 CO_2 排放量减少了 5.3504 亿吨，能源强度的降低使得 CO_2 排放量减少了 8.9159 亿吨，

人均 GDP 的提高使得 CO_2 排放量增加了 19.1011 亿吨，人口规模的扩大使得 CO_2 排放量增加了 1.3529 亿吨。

3.3 Laspeyres 指数分解模型

1871 年，德国经济学和统计学家拉斯佩尔（Laspeyres）提出了一种价格指数的计算方法。这种方法以基期数量为计算基础，计算结果称为 Laspeyres 价格指数。该指数的计算方法如下：

$$P = \frac{\sum_i (p_{it} \cdot q_{i(t-1)})}{\sum_i (p_{i(t-1)} \cdot q_{i(t-1)})} \tag{3-13}$$

其中，p_{it} 为第 i 种商品在 t 时刻的价格；q_{it} 为第 i 种商品在 t 时刻的数量。

Laspeyres 价格指数在提出后的很长时间，只是作为一种衡量价格变动的指标，并且和 Paasche 价格指数（以报告期数量为计算基础）一起构成了著名的 Fishers 价格指数的计算基础。

3.3.1 原始的 Laspeyres 指数分解模型

根据式(3-13)所示的算法，Laspeyres 价格指数在本质上以基期数量为权重来衡量各商品价格变动对价格指数变动的贡献。受此启发，Hankinson 和 Rhys 提出了原始的 Laspeyres 指数分解法。以式(3-2)为基础，该分解法为

$$C_f = \Delta f \cdot e_{t-1} \cdot g_{t-1} \cdot p_{t-1} \tag{3-14}$$

$$C_e = f_{t-1} \cdot \Delta e \cdot g_{t-1} \cdot p_{t-1} \tag{3-15}$$

$$C_g = f_{t-1} \cdot e_{t-1} \cdot \Delta g \cdot p_{t-1} \tag{3-16}$$

$$C_p = f_{t-1} \cdot e_{t-1} \cdot g_{t-1} \cdot \Delta p \tag{3-17}$$

原始的 Laspeyres 指数分解法在 20 世八九十年代曾经有一些应用，但其存在明显的缺陷，即存在较大的分解余量。对于分解余量存在的原因，当只有两个影响因素（即 $z = x \cdot y$）时，可以直观地通过图示表示出来，如图 3-1 所示。

在图 3-1 中，根据原始的 Laspeyres 指数分解法，z 从 $t-1$ 时刻到 t 时刻的变化（$x_t y_t - x_{t-1} y_{t-1}$）被分解为因素 x 的贡献（$\Delta x y_{t-1}$）和因素 y 的贡献（$x_{t-1} \Delta y$），而 $\Delta x \Delta y$ 作为 x 和 y 两个因素的共同贡献，则被分解算法忽略了，成为了分解余量。

例 3-3 根据表 3-2 所示的 Kaya 恒等式各变量值，采用原始的 Laspeyres 指数分解模型计算各影响因素对我国碳排放量变化的贡献。

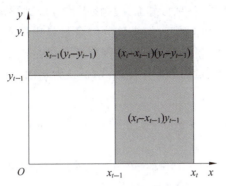

图 3-1　分解余量产生的原因

在原始的 Laspeyres 指数分解法中,需要用到各变量的变化值,因此首先将其计算出来。$\Delta f = 1.9866 - 2.1007 = -0.1141$;$\Delta e = 0.5465 - 0.5998 = -0.0533$;$\Delta g = 6.4529 - 5.2865 = 1.1664$;$\Delta p = 14.1210 - 13.9230 = 0.1980$。

根据式(3-14)~式(3-17),能源碳密度对碳排放量变化的贡献为

$$C_f = -0.1141 \times 0.5998 \times 5.2865 \times 13.9230$$
$$\approx -5.0372$$

能源强度对碳排放量变化的贡献为

$$C_e = 2.1007 \times (-0.0533) \times 5.2865 \times 13.9230$$
$$\approx -8.2412$$

人均 GDP 的对碳排放量变化的贡献为

$$C_g = 2.1007 \times 0.5998 \times 1.1664 \times 13.9230$$
$$\approx 20.4621$$

人口规模对碳排放量变化的贡献为

$$C_p = 2.1007 \times 0.5998 \times 5.2865 \times 0.1980$$
$$\approx 1.3189$$

上述 4 个因素的贡献总和为 $-5.0372 - 8.2412 + 20.4621 + 1.3189 = 8.5026$,与我国碳排放量的变化 $98.935 - 92.743 = 6.192$ 并不相等,存在分解余量 $C_{res} = 6.192 - 8.5026 = -2.3106$。

3.3.2　改进的 Laspeyres 指数分解模型

为了对原始的 Laspeyres 指数分解算法存在的分解余量进行处理,芬兰学者 Sun 提出了"联合创造,共同分配"(jointly created and equally distributed)的

分解原则[1]。也就是说,各项分解余量应该平均分配到形成该项分解余量的各个变量的影响中去。具体而言,如果该分解余量是由两个变量的变动造成的,则平均分配给这两个变量的影响;如果该分解余量是由3个变量变动造成的,则平均分配给这3个变量的影响……以式(3-2)为基础,改进的Laspeyres指数分解算法为

$$C_f = \Delta f \cdot e_{t-1} \cdot g_{t-1} \cdot p_{t-1} + \frac{1}{2}\Delta f \cdot \Delta e \cdot g_{t-1} \cdot p_{t-1} +$$

$$\frac{1}{2}\Delta f \cdot e_{t-1} \cdot \Delta g \cdot p_{t-1} + \frac{1}{2}\Delta f \cdot e_{t-1} \cdot g_{t-1} \cdot \Delta p +$$

$$\frac{1}{3}\Delta f \cdot \Delta e \cdot \Delta g \cdot p_{t-1} + \frac{1}{3}\Delta f \cdot \Delta e \cdot g_{t-1} \cdot \Delta p +$$

$$\frac{1}{3}\Delta f \cdot e_{t-1} \cdot \Delta g \cdot \Delta p + \frac{1}{4}\Delta f \cdot \Delta e \cdot \Delta g \cdot \Delta p \qquad (3-18)$$

$$C_e = f_{t-1} \cdot \Delta e \cdot g_{t-1} \cdot p_{t-1} + \frac{1}{2}\Delta f \cdot \Delta e \cdot g_{t-1} \cdot p_{t-1} +$$

$$\frac{1}{2}f_{t-1} \cdot \Delta e \cdot \Delta g \cdot p_{t-1} + \frac{1}{2}f_{t-1} \cdot \Delta e \cdot g_{t-1} \cdot \Delta p +$$

$$\frac{1}{3}\Delta f \cdot \Delta e \cdot \Delta g \cdot p_{t-1} + \frac{1}{3}\Delta f \cdot \Delta e \cdot g_{t-1} \cdot \Delta p +$$

$$\frac{1}{3}f_{t-1} \cdot \Delta e \cdot \Delta g \cdot \Delta p + \frac{1}{4}\Delta f \cdot \Delta e \cdot \Delta g \cdot \Delta p \qquad (3-19)$$

$$C_g = f_{t-1} \cdot e_{t-1} \cdot \Delta g \cdot p_{t-1} + \frac{1}{2}\Delta f \cdot e_{t-1} \cdot \Delta g \cdot p_{t-1} +$$

$$\frac{1}{2}f_{t-1} \cdot \Delta e \cdot \Delta g \cdot p_{t-1} + \frac{1}{2}f_{t-1} \cdot e_{t-1} \cdot \Delta g \cdot \Delta p +$$

$$\frac{1}{3}\Delta f \cdot \Delta e \cdot \Delta g \cdot p_{t-1} + \frac{1}{3}\Delta f \cdot e_{t-1} \cdot \Delta g \cdot \Delta p +$$

$$\frac{1}{3}f_{t-1} \cdot \Delta e \cdot \Delta g \cdot \Delta p + \frac{1}{4}\Delta f \cdot \Delta e \cdot \Delta g \cdot \Delta p \qquad (3-20)$$

$$C_p = f_{t-1} \cdot e_{t-1} \cdot g_{t-1} \cdot \Delta p + \frac{1}{2}\Delta f \cdot e_{t-1} \cdot g_{t-1} \cdot \Delta p +$$

$$\frac{1}{2}f_{t-1} \cdot \Delta e \cdot g_{t-1} \cdot \Delta p + \frac{1}{2}f_{t-1} \cdot e_{t-1} \cdot \Delta g \cdot \Delta p +$$

$$\frac{1}{3}\Delta f \cdot \Delta e \cdot g_{t-1} \cdot \Delta p + \frac{1}{3}\Delta f \cdot e_{t-1} \cdot \Delta g \cdot \Delta p +$$

$$\frac{1}{3}f_{t-1}\cdot\Delta e\cdot\Delta g\cdot\Delta p+\frac{1}{4}\Delta f\cdot\Delta e\cdot\Delta g\cdot\Delta p \qquad (3\text{-}21)$$

改进的 Laspeyres 指数分解模型逻辑合理，且没有分解余量，因此在近年来成为默认的 Laspeyres 指数分解算法，应用非常广泛。这种分解方法的主要问题在于，当考虑的因素较多时，分解算法会变得比较复杂。

例 3-4　根据表 3-2 所示的 Kaya 恒等式各变量值，采用 Laspeyres 指数分解模型计算各影响因素对我国碳排放量变化的贡献。

根据式(3-18)，能源碳密度对碳排放量变化的贡献为

$$C_f = -0.1141 \times 0.5998 \times 5.2865 \times 13.9230 +$$

$$\frac{1}{2}(-0.1141) \times (-0.0533) \times 5.2865 \times 13.9230 +$$

$$\frac{1}{2}(-0.1141) \times 0.5998 \times 1.1664 \times 13.9230 +$$

$$\frac{1}{2}(-0.1141) \times 0.5998 \times 5.2865 \times 0.1980 +$$

$$\frac{1}{3}(-0.1141) \times (-0.0533) \times 1.1664 \times 13.9230 +$$

$$\frac{1}{3}(-0.1141) \times (-0.0533) \times 5.2865 \times 0.1980 +$$

$$\frac{1}{3}(-0.1141) \times 0.5998 \times 1.1664 \times 0.1980 +$$

$$\frac{1}{4}(-0.1141) \times (-0.0533) \times 1.1664 \times 0.1980$$

$$\approx -5.3748$$

同理，根据式(3-19)～式(3-21)可以得到能源强度的贡献(C_e)、人均 GDP 的贡献(C_g)和人口规模的贡献(C_p)分别为 -8.9584、19.1621 和 1.3585。由于所有因素的贡献之和 $-5.3748-8.9584+19.1621+1.3585=6.1874$ 接近于我国碳排放量的变化 $98.935-92.743=6.192$，差值为计算误差，因此 Laspeyres 指数分解模型是一种完全分解算法。

3.4　结构分解模型

结构分解模型起源于投入产出技术的研究，但也完全可以作为一种因素分解模型独立存在。这方面的研究最早可追溯到 Leontief 在 20 世纪四五十年代

的工作,正式的研究则是以 Carter 在 20 世纪 70 年代关于投资和技术进步的动态分析为开端。

3.4.1 结构分解的基本原理

考虑只有两个影响因素的方程 $z = x \cdot y$,其在 $t-1$ 期和 t 期之间的变化可以表示为

$$\begin{aligned} z_t - z_{t-1} &= x_t \cdot y_t - x_{t-1} \cdot y_{t-1} \\ &= (x_t - x_{t-1} + x_{t-1})y_t - x_{t-1} \cdot (y_{t-1} - y_t + y_t) \\ &= \Delta x \cdot y_{t-1} + x_t \cdot \Delta y \end{aligned} \quad (3\text{-}22)$$

如果把 $\Delta x \cdot y_{t-1}$ 和 $x_t \cdot \Delta y$ 分别看作是因素 x 和因素 y 的贡献,由于

$$\begin{aligned} x_t \cdot \Delta y &= (x_t - x_{t-1} + x_{t-1}) \cdot \Delta y \\ &= \Delta x \cdot \Delta y + x_{t-1} \cdot \Delta y \end{aligned} \quad (3\text{-}23)$$

对照图 3-1 可以发现,这种分解方法实际上相当于把右上角由因素 x 和因素 y 共同变化做出的贡献划归给了因素 y,这显然是不合理的。

由于因素 x 和因素 y 在上述方程中具有对称性,因此式(3-22)也可以写为

$$z_t - z_{t-1} = \Delta x \cdot y_t + x_{t-1} \cdot \Delta y \quad (3\text{-}24)$$

同理,这相当于把由因素 x 和因素 y 共同变化做出的贡献划归给了因素 x,也是不合理的。

式(3-22)和式(3-24)所示的分解方法通常被称为极分解(polar decomposition),这种方法虽然没有分解余量,但在逻辑上并不合理。

3.4.2 基于极分解平均法的多因素分解模型

为了使极分解的结果更合理,通常做法是取式(3-22)和式(3-24)两种极分解结果的平均值,这种思路称为极分解平均法。因此,因素 x 的贡献为

$$\begin{aligned} C_x &= \frac{1}{2}(\Delta x \cdot y_{t-1} + \Delta x \cdot y_t) \\ &= \frac{1}{2}\Delta x \cdot (y_t + y_{t-1}) \end{aligned} \quad (3\text{-}25)$$

同理,因素 y 的贡献为

$$C_y = \frac{1}{2}(x_t + x_{t-1}) \cdot \Delta y \quad (3\text{-}26)$$

这种分解结果合理,且没有分解余量。本质上,上述分解方法将两因素的共同贡献平均分配给了两因素,与 Laspeyres 指数分解算法的逻辑完全一样,因

此分解结果也完全相同。

对于多因素的分解问题，也可以仿照上述思路进行处理。例如，对于 Kaya 恒等式，式(3-2)可以写为

$$\Delta_{\text{GHG}} = \Delta f \cdot e_{t-1} \cdot g_{t-1} \cdot p_{t-1} + f_t \cdot \Delta e \cdot g_{t-1} \cdot p_{t-1} + \\ f_t \cdot e_t \cdot \Delta g \cdot p_{t-1} + f_t \cdot e_t \cdot g_t \cdot \Delta p \tag{3-27}$$

或者写为

$$\Delta_{\text{GHG}} = \Delta f \cdot e_t \cdot g_t \cdot p_t + f_{t-1} \cdot \Delta e \cdot g_t \cdot p_t + \\ f_{t-1} \cdot e_{t-1} \cdot \Delta g \cdot p_t + f_{t-1} \cdot e_{t-1} \cdot g_{t-1} \cdot \Delta p \tag{3-28}$$

因此，

$$C_f = \frac{1}{2} \Delta f \cdot (e_{t-1} \cdot g_{t-1} \cdot p_{t-1} + e_t \cdot g_t \cdot p_t) \tag{3-29}$$

$$C_e = \frac{1}{2} \Delta e \cdot (f_t \cdot g_{t-1} \cdot p_{t-1} + f_t \cdot g_t \cdot p_t) \tag{3-30}$$

$$C_g = \frac{1}{2} \Delta g \cdot (f_t \cdot e_t \cdot p_{t-1} + f_{t-1} \cdot e_{t-1} \cdot p_t) \tag{3-31}$$

$$C_p = \frac{1}{2} \Delta p \cdot (f_t \cdot e_t \cdot g_t + f_{t-1} \cdot e_{t-1} \cdot g_{t-1}) \tag{3-32}$$

显然，这是合理且没有余量的完全分解结果。

需要说明的是，由于式(3-2)中各解释变量的位置具有对称性，是可以互换的，因此对 Δ_{GHG} 进行解释的方程也就不仅仅只有式(3-27)和式(3-28)这两种形式(实际上一共有 $n!$ 种，n 为解释变量的个数)。这样一来，分解结果也就不仅仅有式(3-29)~式(3-32)这一种。

例 3-5 根据表 3-2 所示的 Kaya 恒等式各变量值，采用极分解平均法计算各影响因素对我国碳排放量变化的贡献。

根据式(3-29)，能源碳密度对碳排放量变化的贡献为

$$C_f = \frac{1}{2} \times (-0.1141) \times$$
$$(0.5998 \times 5.2865 \times 13.9230 + 0.5465 \times 6.4529 \times 14.1210)$$
$$\approx -5.3596$$

根据式(3-30)，能源强度对碳排放量变化的贡献为

$$C_e = \frac{1}{2} \times (-0.0533) \times$$
$$(1.9866 \times 5.2865 \times 13.9230 + 2.1007 \times 6.4529 \times 14.1210)$$
$$\approx -8.9981$$

根据式(3-31)，人均 GDP 对碳排放量变化的贡献为

$$C_g = \frac{1}{2} \times 1.1664 \times$$
$$(1.9866 \times 0.5465 \times 13.9230 + 2.1007 \times 0.5998 \times 14.1210)$$
$$\approx 19.1921$$

根据式(3-32)，人口规模对碳排放量变化的贡献为

$$C_p = \frac{1}{2} \times 0.1980 \times$$
$$(1.9866 \times 0.5465 \times 6.4529 + 2.1007 \times 0.5998 \times 5.2865)$$
$$\approx 1.3530$$

与 LMDI 和 Laspeyres 指数分解结果类似，可以证明上述分解结果也是完全的。

3.5 主要分解模型的比较

根据前述各节对不同分解模型的介绍，可以对其分解效果进行比较，表 3-3 总结了各种方法的相对优缺点。

表 3-3 常见因素分解模型的比较

分解模型	合理性	完全性	算法复杂性
AMDI 分解	好	差	简单
LMDI 分解	好	好	简单
原始的 Laspeyres 指数分解	好	差	简单
Laspeyres 指数分解	好	好	变量较多时复杂
极分解	差	好	简单
极分解平均法	好	好	简单

如前所述，在使用因素分解模型对一些能源经济指标的变化进行定量分解时，合理性、完全性以及算法的复杂性是需要关注的问题。LMDI 分解模型、Laspeyres 指数分解模型和极分解平均法均为完全分解算法，这使得这 3 种算法相对于其他算法具有优越性。Laspeyres 指数分解模型的问题在于，当考虑的影响因素较多时，分解模型会变得比较复杂。极分解平均法的问题在于，当

影响因素大于两个时,分解方程具有多种具体形式。而 LMDI 分解模型则不存在上述问题。

综上所述,在使用因素分解模型时,在保证合理性的前提下,首先将能源经济指标写成其影响因素乘积的形式,然后可以在 LMDI 分解模型、Laspeyres 指数分解模型和极分解平均法中选择一种方法计算各因素的贡献。此外,对于上述因素分解模型,在实际应用中可以从两个方向进行扩展:一是可以分解能源经济指标的逐期变化,从而解释其在时间维度的发展路径。二是可以考虑不同地区及产业部门对能源经济指标的贡献,描述其在空间角度的分布情况。

3.6 综合案例:中国 30 个省能源效率的分解分析

因素分解算法不仅可以用于单一指标的分解,还可以适用于一些比例性指标,例如能源效率和碳强度等。能源效率的提升,是多个国家或地区能源政策的三大导向目标之一(另外两个是能源安全和能源可持续发展)。本节通过设计因素分解算法,对中国 30 个省[①]能源效率的变化进行动态分析。

3.6.1 分解算法

一个国家或地区的能源效率可以表示为

$$P = \frac{G}{E} = \sum_{j=1}^{n} \frac{G_j}{E_j} \frac{E_j}{E} \quad (3\text{-}33)$$

其中,P 为能源效率;G 为该国家或地区的 GDP;E 为该国家或地区的能源消费量;$j=1,2,\cdots,n$ 表示该国家或地区由 n 个区域(省、自治区、直辖市、特别行政区)构成。

考虑能源效率随时间 t 变化如下:

$$\frac{\mathrm{d}P_t}{\mathrm{d}t} = \sum_{j=1}^{n} \frac{E_{tj}}{E_t} \frac{\mathrm{d}\left(\frac{G_{tj}}{E_{tj}}\right)}{\mathrm{d}t} + \sum_{j=1}^{n} \frac{G_{tj}}{E_{tj}} \frac{\mathrm{d}\left(\frac{E_{tj}}{E_t}\right)}{\mathrm{d}t} \quad (3\text{-}34)$$

---

① 当前,中国总计有 34 个省级行政区(其中包括 23 个省、5 个自治区、4 个直辖市和 2 个特别行政区,为叙述方便,以下统一简称省)。其中,香港、澳门和台湾省的统计口径与其他省不同,在此不做考虑。此外,西藏自治区的能源消费总量数据缺失,因此也未被考虑在内。这样一来,总计有 30 个省作为研究对象。

在式(3-34)中,能源效率随时间发生的变化可以分解为两个因素的贡献:第一是各区域能源效率变化的贡献,也就是说各省能源效率的提升(降低)带来了总体能源效率的提升(降低)。第二是各区域能源消费结构变化的贡献,也就是说能源效率存在差异的省份之间能源消费比例的变化带来的总体能源效率的变动。

根据式(3-34),一个国家或地区的能源效率从第 u 时刻到第 z 时刻的变化为

$$P_z - P_u = \sum_{j=1}^{n} \int_u^z \frac{E_{tj}}{E_t} \frac{\mathrm{d}\left(\frac{G_{tj}}{E_{tj}}\right)}{\mathrm{d}t} \mathrm{d}t + \sum_{j=1}^{n} \int_u^z \frac{G_{tj}}{E_{tj}} \frac{\mathrm{d}\left(\frac{E_{tj}}{E_t}\right)}{\mathrm{d}t} \mathrm{d}t \qquad (3\text{-}35)$$

在式(3-35)中,由于 $\frac{E_{tj}}{E_t}$ 和 $\frac{G_{tj}}{E_{tj}}$ 随时间发生变化,因此无法直接进行积分计算,必须将这两个变量替换为不随时间发生变化的常量。

仿照 LMDI 的思想,定义

$$L(x,y) = \begin{cases} \dfrac{(x-y)}{(\ln x - \ln y)}, & x \neq y \\ x, & x = y \end{cases} \qquad (3\text{-}36)$$

令式(3-35)中的 $\dfrac{E_{tj}}{E_t}$ 替换为

$$\gamma_{(u,z),j} = \frac{L\left(\dfrac{G_{uj}}{E_u}, \dfrac{G_{zj}}{E_z}\right)}{L\left(\dfrac{G_{uj}}{E_{uj}}, \dfrac{G_{zj}}{E_{zj}}\right)} \qquad (3\text{-}37)$$

将 $\dfrac{G_{tj}}{E_{tj}}$ 替换为

$$\lambda_{(u,z),j} = \frac{L\left(\dfrac{G_{uj}}{E_u}, \dfrac{G_{zj}}{E_z}\right)}{L\left(\dfrac{E_{uj}}{E_u}, \dfrac{E_{zj}}{E_z}\right)} \qquad (3\text{-}38)$$

则式(3-35)可以写为

$$P_z - P_u = \sum_{j=1}^{n} \gamma_{(u,z),j}\left(\frac{G_{zj}}{E_{zj}} - \frac{G_{uj}}{E_{uj}}\right) + \sum_{j=1}^{n} \lambda_{(u,z),j}\left(\frac{E_{zj}}{E_z} - \frac{E_{uj}}{E_u}\right) \qquad (3\text{-}39)$$

这样一来,一个国家或地区的能源效率从第 u 时刻到第 z 时刻的变化就被

分解为各个地区通过各个因素做出的贡献之和。

考虑该国家或地区第 $1 \sim m$ 年能源效率的连续变化为

$$\begin{cases} P_m - P_{m-1} = \sum_{j=1}^{n} \gamma_{(m-1,m)j} \left(\dfrac{G_{mj}}{E_{mj}} - \dfrac{G_{(m-1)j}}{E_{(m-1)j}} \right) + \\ \qquad \sum_{j=1}^{n} \lambda_{(m-1,m)j} \left(\dfrac{E_{mj}}{E_m} - \dfrac{E_{(m-1)j}}{E_{m-1}} \right) \\ P_{m-1} - P_{m-2} = \sum_{j=1}^{n} \gamma_{(m-2,m-1)j} \left(\dfrac{G_{(m-1)j}}{E_{(m-1)j}} - \dfrac{G_{(m-2)j}}{E_{(m-2)j}} \right) + \\ \qquad \sum_{j=1}^{n} \lambda_{(m-2,m-1)j} \left(\dfrac{E_{(m-1)j}}{E_{m-1}} - \dfrac{E_{(m-2)j}}{E_{m-2}} \right) \\ \qquad \vdots \\ P_2 - P_1 = \sum_{j=1}^{n} \gamma_{(1,2)j} \left(\dfrac{G_{2j}}{E_{2j}} - \dfrac{G_{1j}}{E_{1j}} \right) + \sum_{j=1}^{n} \lambda_{(1,2)j} \left(\dfrac{E_{2j}}{E_2} - \dfrac{E_{1j}}{E_1} \right) \end{cases} \quad (3\text{-}40)$$

即

$$P_m - P_1 = \sum_{i=1}^{m-1} \sum_{j=1}^{n} \gamma_{(i,i+1)j} \left(\dfrac{G_{(i+1)j}}{E_{(i+1)j}} - \dfrac{G_{ij}}{E_{ij}} \right) + \sum_{i=1}^{m-1} \sum_{j=1}^{n} \lambda_{(i,i+1)j} \left(\dfrac{E_{(i+1)j}}{E_{(i+1)}} - \dfrac{E_{ij}}{E_i} \right) \quad (3\text{-}41)$$

式(3-41)完成了对一个国家或地区能源效率的分解。

3.6.2　数据选择及预处理

根据式(3-41)，如果对"十二五"开始(2011 年)以来中国 30 个省的能源效率的变化进行分解分析，需要收集从 2010 年开始的各省年度能源消费总量和 GDP 数据。又因为最新的能源数据来自 2019 年，因此数据的时间跨度为 2010—2019 年。

在 30 个省的年度能源消费总量数据中，2010—2012 年的数据摘自《中国能源统计年鉴 2013》的"4-14 分地区能源消费总量"数据表，2013—2019 年的数据摘自《中国能源统计年鉴 2014》至《中国能源统计年鉴 2020》的"分地区分品种能源消费量"数据表。各省的能源消费总量数据列于表 3-4 中。

各省 GDP 数据来源于国家统计局网站（https://data.stats.gov.cn/easyquery.htm?cn=E0103）。为了剔除价格变化对能源效率计算结果的影响，将以当年价格计算的各省 GDP 折算为以 2010 年价格计算的结果，折算结果列于表 3-5 中。

表3-4 中国30个省能源消费总量数据　　　　　　　　　　单位：万吨标准煤

省	2010年	2011年	2012年	2013年	2014年	2015年	2016年	2017年	2018年	2019年
北京	6954	6995	7178	6724	6831	6853	6962	7133	7270	7360
天津	6818	7598	8208	7882	8145	8260	8245	8011	7973	8241
河北	27531	29498	30250	29664	29320	29395	29794	30386	32185	32545
山西	16808	18315	19336	19761	19863	19384	19401	20057	20199	20859
内蒙古	16820	18737	19786	17681	18309	18927	19457	19915	23068	25346
辽宁	20947	22712	23526	21721	21803	21667	21031	21556	22321	23749
吉林	8297	9103	9443	8645	8560	8142	8014	8015	7000	7132
黑龙江	11234	12119	12758	11853	11955	12126	12280	12536	11436	11614
上海	11201	11270	11362	11346	11085	11387	11712	11859	11454	11696
江苏	25774	27589	28850	29205	29863	30235	31054	31430	31635	32526
浙江	16865	17827	18076	18640	18826	19610	20276	21030	21675	22393
安徽	9707	10570	11358	11696	12011	12332	12695	13052	13295	13870
福建	9809	10653	11185	11190	12110	12180	12358	12890	13131	13718
江西	6355	6928	7233	7583	8055	8440	8747	8995	9286	9665
山东	34808	37132	38899	35358	36511	37945	38723	38684	40581	41390
河南	21438	23062	23647	21909	22890	23161	23117	22944	22659	22300
湖北	15138	16579	17675	15703	16320	16404	16850	17150	16682	17316
湖南	14880	16161	16744	14919	15317	15469	15804	16171	15544	16001
广东	26908	28480	29144	28480	29593	30145	31241	32342	33330	34142
广西	7919	8591	9155	9100	9515	9761	10092	10458	10823	11270
海南	1359	1601	1688	1720	1820	1938	2006	2103	2170	2264
重庆	7856	8792	9278	8049	8593	8934	9204	9545	8557	8889
四川	17892	19696	20575	19212	19879	19888	20362	20874	19916	20719
贵州	8175	9068	9878	9299	9709	9948	10227	10482	10036	10423
云南	8674	9540	10434	10072	10455	10357	10656	11091	11590	12158
陕西	8882	9761	10626	10610	11222	11716	12120	12537	12900	13478

续表

省	2010年	2011年	2012年	2013年	2014年	2015年	2016年	2017年	2018年	2019年
甘肃	5923	6496	7007	7287	7521	7523	7334	7538	7823	7818
青海	2568	3189	3524	3768	3992	4134	4111	4202	4364	4235
宁夏	3681	4316	4562	4781	4946	5405	5592	6489	7100	7648
新疆	8290	9927	11831	13632	14926	15651	16302	17392	17694	18490

表3-5 中国30个省以2010年价格计算的GDP数据　　单位：亿元

省	2010年	2011年	2012年	2013年	2014年	2015年	2016年	2017年	2018年	2019年
北京	15028	16054	17242	18859	20058	21812	23477	24800	26628	28102
天津	6860	7577	8196	8874	9310	9577	9964	10333	10748	11144
河北	18081	19973	20915	21647	22055	23237	24721	25429	26136	27732
山西	8942	10175	10589	10696	10582	10419	10372	12021	12835	13448
内蒙古	8235	8834	9489	10166	10637	11398	11972	12364	12982	13647
辽宁	13956	15275	16176	17140	17521	17790	17705	18003	18910	19706
吉林	6438	7224	7865	8413	8720	8818	9053	9064	9052	9297
黑龙江	8344	9279	9984	10573	10648	10290	10327	10219	10333	10738
上海	17992	18689	19309	20705	22109	23667	25948	27324	28965	30118
江苏	41562	45615	48670	52958	56721	62723	67155	71263	74968	78218
浙江	27518	29752	31161	33314	35017	38297	41026	43489	46652	49522
安徽	13307	15210	16623	18367	19703	20977	22840	24628	27355	29212
福建	15067	16735	18299	20080	21822	23608	25707	28086	31117	33558
江西	9424	10820	11608	12760	13708	14771	15965	16773	18271	19557
山东	34068	36486	38933	42246	44423	48668	51017	52294	53607	55927
河南	22752	24581	26248	28226	30250	32643	34944	37200	40164	42589
湖北	16297	18626	20474	22645	24709	26710	28957	30901	33799	36018
湖南	15641	17666	19220	21010	22644	25121	26787	28074	29220	31629
广东	46142	49569	51666	55772	59645	65783	71333	76059	80387	85616
广西	8589	9620	10245	11108	11888	13026	13992	14764	15787	16838

续表

省	2010 年	2011 年	2012 年	2013 年	2014 年	2015 年	2016 年	2017 年	2018 年	2019 年
海南	2029	2301	2528	2780	3018	3287	3551	3733	3950	4226
重庆	8100	9490	10509	11625	12794	14120	15647	16653	17364	18716
四川	17299	19661	21681	23662	25277	26708	28771	31457	34507	36759
贵州	4538	5245	6111	7115	8026	9279	10238	11291	12349	13295
云南	7769	8894	10058	11444	12285	13168	14211	15342	16795	18413
陕西	9888	11371	12817	14193	15226	15755	16535	17821	19257	20450
甘肃	3961	4499	4888	5367	5703	5771	5997	6089	6518	6912
青海	1149	1280	1385	1529	1617	1770	1961	2046	2210	2332
宁夏	1579	1804	1931	2077	2164	2271	2415	2656	2823	2972
新疆	5383	6101	6717	7489	8106	8192	8361	9262	10303	10780

3.6.3 分解结果及讨论

首先,计算分解参数值。

以表 3-4 和表 3-5 中的数据为基础,根据式(3-36)～式(3-38)计算 γ 矩阵和 λ 矩阵的值。

然后,计算定量分解结果。

以表 3-4 和表 3-5 中的数据,以及计算得到的 γ 矩阵和 λ 矩阵的值为基础,根据式(3-41)计算得到每个省份在每年通过每个影响因素对所有省份能源效率变化的贡献值,列于表 3-6 和表 3-7 中。

表 3-6 中国 30 个省通过区域能源效率变化对总体能源效率变化的贡献

单位:元/吨标准煤

省	2010—2011 年	2011—2012 年	2012—2013 年	2013—2014 年	2014—2015 年	2015—2016 年	2016—2017 年	2017—2018 年	2018—2019 年	合计
北京	23.04	17.52	64.25	20.56	38.02	28.96	15.98	28.47	23.62	260.42
天津	−1.58	0.24	23.53	3.17	3.03	8.96	14.33	9.89	0.71	62.28
河北	14.3	9.88	26.38	15.28	25.34	25.71	4.65	−16.5	26.93	131.97
山西	10.19	−3.45	−2.86	−3.89	2.1	−1.24	27.68	15.44	3.96	47.93

续表

省	2010—2011年	2011—2012年	2012—2013年	2013—2014年	2014—2015年	2015—2016年	2016—2017年	2017—2018年	2018—2019年	合计
内蒙古	−7.93	3.61	40.95	2.49	8.91	5.57	2.36	−26.46	−12.23	17.27
辽宁	3.39	8.03	52.7	7.28	8.55	9.83	−3.08	5.6	−8.33	83.97
吉林	3.78	8.42	29.1	9.03	12.11	8.34	0.21	25.83	1.53	98.35
黑龙江	6.59	4.86	30.91	−0.37	−11.42	−2.06	−6.94	22.49	5.03	49.09
上海	14.41	10.76	32.73	43.85	21.26	35.06	22.63	55.68	11.12	247.5
江苏	26.84	21.93	84.27	58.6	118.63	59.73	71	68.68	23.32	533
浙江	15.93	22.8	26.72	31.45	40.24	31.11	19.95	38.32	27.07	253.59
安徽	17.01	6.22	28.3	19.14	16.63	27.19	24.5	47.8	13.71	200.5
福建	8.79	16.43	40.73	2.02	37.31	38.56	27.01	52.8	21.34	244.99
江西	12.9	7.05	13.25	3.44	8.98	14.29	7.6	20	11	98.51
山东	3.42	16.05	165.11	18.14	55.29	29.62	28.81	−25.98	25.74	316.2
河南	2.51	23.82	93.21	17.15	45.6	52.38	54.77	73.3	64.09	426.83
湖北	18.32	13.81	108.46	26.56	42.13	33.23	30.69	80.64	19.05	372.89
湖南	16.05	20.82	94.45	24.43	50.52	24.58	14.25	48.45	31.73	325.28
广东	17.53	21.51	122.79	38.31	112.24	68.71	47.13	41.99	67.12	537.33
广西	7.15	−0.15	21.31	6.17	18.49	11.42	5.63	10.61	8.12	88.75
海南	−2.03	2.3	4.65	1.71	1.6	3.24	0.22	2.05	2.13	15.87
重庆	9.91	11.12	61.76	8.56	18.09	24.01	9.08	54.63	13.82	210.98
四川	14.52	25.84	81.21	17.99	31.99	31.22	42.02	97.77	17.53	360.09
贵州	4.95	8.81	32.24	13.48	23.51	15.26	17.08	33.42	9.58	158.33
云南	8.21	7.31	40.57	9.19	22.6	14.47	11.71	15.87	16.12	146.05
陕西	11.87	9.71	32.09	4.81	−3.12	5.15	15.29	19.29	6.71	101.8
甘肃	3.64	0.78	6.39	3.71	1.5	8.32	−1.6	4.15	8.27	35.16
青海	−3.25	−0.65	1.07	−0.06	2.12	4.46	0.89	1.78	3.95	10.31
宁夏	−1.08	0.54	1.2	0.35	−2.02	1.42	−2.95	−1.69	−1.38	−5.61
新疆	−7.77	−11.73	−5.37	−2.07	−6.77	−3.73	7.18	18.56	0.27	−11.43
合计	251.61	284.19	1352.1	400.48	743.46	613.77	508.08	822.88	441.63	5418.20

表 3-7　中国 30 个省通过区域能源消费结构变化对总体能源效率变化的贡献

单位：元/吨标准煤

省	2010—2011 年	2011—2012 年	2012—2013 年	2013—2014 年	2014—2015 年	2015—2016 年	2016—2017 年	2017—2018 年	2018—2019 年	合计
北京	−28.71	−8.65	−12.11	−5.8	−6.32	−1.47	0.11	2.46	−11.37	−71.86
天津	4.89	5.26	−0.86	0.86	−0.55	−4.44	−11.63	−4.32	0.17	−10.62
河北	−5.54	−10.94	8.1	−20.35	−7.18	−2.78	−2.38	23.57	−11.85	−29.35
山西	1.18	1.42	14.15	−5.78	−9.71	−4.11	2.23	−1.97	−0.04	−2.63
内蒙古	5.7	1.3	−17.24	1.48	4.12	2.3	−0.21	35.68	17.1	50.23
辽宁	0.02	−4.77	−16.72	−9.97	−9.1	−19.07	0.23	7.98	11.91	−39.49
吉林	2	−2.03	−9.75	−7.62	−13.18	−6.84	−4.7	−28.88	−2.6	−73.6
黑龙江	−1.09	0.68	−8.84	−4.93	−0.57	−1.39	−0.76	−23.24	−3.69	−43.83
上海	−33.77	−17.65	15.95	−25.65	5.29	5.18	−6.69	−29.48	−7	−93.82
江苏	−13.73	−3.96	56.43	−8.14	−5.7	11.52	−18.04	−12.47	−7.22	−1.31
浙江	−17.89	−24.25	49.5	−14.8	19.97	12.89	11.4	15.03	0.27	52.12
安徽	1.52	8.66	26.29	−0.94	4.47	4.99	1.89	2.17	5.89	54.94
福建	0.67	0.16	16.12	24.28	−5.55	−2.3	10.54	2.52	7.66	54.1
江西	1.37	−1.36	23.33	9.66	9.65	5.79	1.38	6.45	3.02	59.29
山东	−14.09	−1.6	−55.3	3.37	22.97	1.75	−28.07	37.55	−14.3	−47.72
河南	−4.56	−13.67	−25.16	10.16	−3.43	−15.42	−24.68	−22.21	−41.48	−140.45
湖北	4.34	7.08	−40.68	5.36	−6.65	5	−4.16	−29	3.61	−55.1
湖南	0.72	−5.49	−36.62	−1.2	−3.63	1.56	−0.66	−32.93	−2.11	−80.36
广东	−28.37	−29.57	16.14	12.79	2.63	25.79	16.88	25.89	−14.21	27.97
广西	0.14	3.5	7.38	4.21	2.5	4.38	3.6	6.42	2.76	34.89
海南	4.42	0.26	3.35	1.86	3.28	1.19	1.83	1.38	0.86	18.43
重庆	6.86	1.26	−26.93	10.32	6.76	3.64	4.31	−44.76	2.15	−36.39
四川	6.92	−2.23	−16.88	3.05	−9.47	2.97	0.5	−43.1	5.34	−52.9
贵州	2.75	4.87	−3.68	2.51	1.5	1.93	0.13	−14.57	1.47	−3.09
云南	2.94	9.02	0.2	2.35	−7.47	2.95	5.11	10.07	5.67	30.84

续表

省	2010—2011年	2011—2012年	2012—2013年	2013—2014年	2014—2015年	2015—2016年	2016—2017年	2017—2018年	2018—2019年	合计
陕西	3.54	10.21	10.74	9.28	9.24	5.43	3.63	5.52	4.75	62.34
甘肃	1.2	2.97	8.87	0.37	−2.11	−5.75	0.44	3.03	−4.59	4.43
青海	4.06	1.59	3.45	1.05	0.7	−1	−0.09	1.05	−2.94	7.87
宁夏	3.26	0.31	3.82	0.25	3.6	0.79	6.85	4.39	2.53	25.8
新疆	14.04	18.81	29	11.13	5.66	4.04	7.76	0.56	2.56	93.56
合计	−75.21	−48.81	22.05	9.16	11.72	39.52	−23.25	−95.21	−45.68	−205.71

需要强调的是，表 3-6 和表 3-7 中数据是各省对所有省总体能源效率变化的贡献，并不是自身能源效率的变化。例如，表 3-6 中北京在 2010—2011 年的计算结果为 23.04 元/吨标准煤。意思是说，2010—2011 年，北京市通过自身能源效率的变化（提升）使得所有省总体能源效率提升了 23.04 元/吨标准煤。

最后，对定量分解结果进行讨论。

根据表 3-6 和表 3-7 所示的定量分解结果，每年所有省通过两个因素对总体能源效率变化的贡献之和为[176.40 235.38 1374.15 409.64 755.18 653.29 484.83 727.67 395.95]。此外，通过表 3-4 和表 3-5 可以计算每年所有省的总体能源效率，并进一步计算总体能源效率的年度变化，其结果与每年所有省通过两个因素对总体能源效率变化的贡献之和相同，从而证实了 2.6.1 节介绍的分解算法是完全的。

此外，表 3-6 和表 3-7 还分别显示了在样本期间（2010—2011 年）每个省通过区域能源效率变化以及区域能源消费结构变化对所有省总体能源效率变化的贡献（及合计列），图 3-2 图示的方法显示了上述结果。

根据图 3-2 显示的结果，在样本期间对所有省总体能源效率的提升贡献最大的省是广东和江苏。除这两个省外，四川、湖北、福建和浙江等省也有较大贡献。相对而言，宁夏、青海和黑龙江等省的贡献很小。需要说明的是，由于一个省的贡献大小受到其能源消费规模的影响，因此并不能通过贡献大小而衡量其"努力程度"。

此外，图 3-2 还显示两个因素的贡献具有很大区别。具体而言，区域能源效率变化的贡献远大于区域能源消费结构调整。事实上，根据表 3-4 和表 3-5，在样本期间所有省通过上述两个因素的贡献分别为 5418.20 和−205.71。这个结

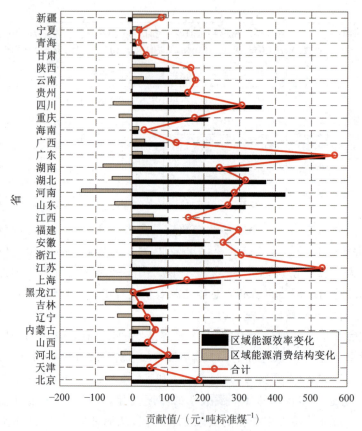

图 3-2 各省在样本期间的贡献

果表明,缺乏基于能源效率水平的对各省能源消费规模进行鼓励或限制的有效政策。

表 3-6 和表 3-7 所示的定量分解结果还可以对年度变化进行分析,如图 3-3 所示。

根据图 3-3 所示的结果,总体能源效率提升速度最快的年份是 2013 年,最慢的年份是 2011 年。此外,图 3-3 还证实了区域能源效率变化为总体能效率提升的主要驱动因素。

3.6.4 主要 MATLAB 程序

主要 MATLAB 程序如下:

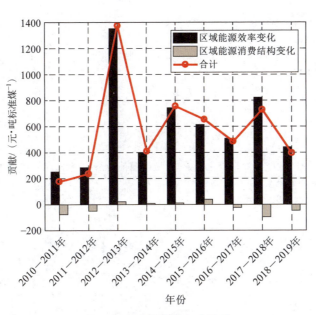

图 3-3 两个因素的年度贡献

```
clear;clc
E=[…];                          %表 3-4,30*10;各省能源消费总量;2010-2019 年
G=[…];                          %表 3-5,30*10;各省 GDP;2010-2019 年
for i=1:9;
gam01=(G(:,i)/sum(E(:,i))-G(:,i+1)/sum(E(:,i+1)))./...
    (log(G(:,i)/sum(E(:,i)))-log(G(:,i+1)/sum(E(:,i+1))));
gam02=(G(:,i)./E(:,i)-G(:,i+1)./E(:,i+1))./(log(G(:,i)./...
    E(:,i))-log(G(:,i+1)./E(:,i+1)));
gam(:,i)=gam01./gam02;           %Gamma
lam01=gam01;
lam02=(E(:,i)/sum(E(:,i))-E(:,i+1)/sum(E(:,i+1)))./...
    (log(E(:,i)/sum(E(:,i)))-log(E(:,i+1)/sum(E(:,i+1))));
lam(:,i)=lam01./lam02;           %Lambda
EEC(:,i)=gam(:,i).*(G(:,i+1)./E(:,i+1)-G(:,i)./E(:,i));
%区域能源效率变化的贡献;万元/吨标准煤
ESC(:,i)=lam(:,i).*(E(:,i+1)./sum(E(:,i+1))-E(:,i)./...
    sum(E(:,i)));
%区域能源效率变化的贡献;万元/吨标准煤
end
SC=sum([EEC;ESC]);
```

```
P=sum(G)./sum(E);
DP=P(2:10)-P(1:9);
S_EEC_R=sum(EEC,2)*10000;         %元/吨标准煤
S_ESC_R=sum(ESC,2)*10000;
barh([S_EEC_R S_ESC_R],1);
hold on
y=1:30;
plot(S_EEC_R+S_ESC_R,y,'r-o')
xlabel('贡献值');ylabel('省份')
legend(['区域能源效率变化'],['区域能源消费结构变化'],['合计'],...
    'Location','SouthEast')
axis([-200 600 0.5 30.5]);
grid on
figure(2)
S_EEC_C=sum(EEC)*10000;           %元/吨标准煤
S_ESC_C=sum(ESC)*10000;
bar([S_EEC_C' S_ESC_C'],1,'group');
hold on
y=1:9;
plot(y,sum([S_EEC_C;S_ESC_C]),'r-o')
xlabel('年份');
ylabel('贡献')
legend(['区域能源效率变化'],['区域能源消费结构变化'],['合计'],...
    'Location','NorthEast')
axis([0.5 9.5 -200 1400]);
grid on
```

第 4 章

空间效应模型

有时候,人们需要考察一些能源经济指标在不同区域之间的区别与联系,这需要借助空间效应分析的一些方法。

4.1 空间数据

4.1.1 数据分类

传统上,用于建模的社会经济数据通常根据其时间特性的不同分为截面数据(cross-sectional data)、时间序列数据(time series data)和面板数据(panel data)。

截面数据是指一个或多个统计指标在同一时间点或时间段上收集的数据。截面数据强调不同指标数据的统计时间相同,必须在同一时间截面上,因此也称为静态数据。时间序列数据是指一个或多个统计指标在不同时间点或时间段上收集的数据。时间序列数据主要用于描述各指标随时间变化的状态或程度,因此也称为动态数据。面板数据是指在时间序列上取多个截面,在这些截面上同时选取样本观测值所构成的数据。由于不同时间截面是平行的,因此面板数据也称为平行数据。

在进行空间效应分析时,除了数据的时间特性外,人们往往还关注其是否包含空间信息。根据这一标准,可以将数据分为非空间数据和空间数据。非空间数据是指不包含空间信息的数据,传统研究多以此类数据为基础。空间数据又称为空间参照数据或者地理参照数据,是包含空间对象或特征的点、线或区域数据,例如 O-D(origion-destination,出发点-目的地)数据、空间跟踪数据和空间属性数据等。其中,最常用的是空间属性数据,其可以表示为[1]

$$\{x_j(s_i,t): j=1,\cdots,k; i=1,\cdots,n; t=1,\cdots,T\} \equiv \{x_j(s_i,t)\}_{j,i,t} \quad (4\text{-}1)$$

其中，x_j 表示第 j 个属性信息，s_i 表示第 i 个空间单元（点、线或区域），t 表示时间。

式(4-1)所示的空间属性数据与一般数据的主要区别，在于其中的 s_i 存储了空间信息。空间信息一般可以通过坐标来表示，但也有很多其他的表达方式，例如空间单元的相邻关系和拓扑关系等。对于以坐标来表示的空间信息，往往需要对其进行一定的转换，从而使其能够表达某种研究对象具有的、对研究目的有意义的空间特征，例如相邻关系。

对于任一空间单元 s_i，可以用 $N(i)$ 代表其有哪些邻近的空间单元。由于空间相邻关系与空间属性及时间无关，这样便得到了表示空间单元之间相邻关系的集合 $\{N(i)\}$。结合空间属性数据集合，空间属性数据及其相邻关系可以表示为

$$\{x_j(s_i,t), N(i)\}_{j,i,t} \tag{4-2}$$

由于在数据分类时，按照时间特性以及按照是否具有空间信息分类并不冲突，因此在表示具体的数据类别时，上述两种分类可能会混合使用，例如空间面板数据。

4.1.2 空间权重矩阵

在式(4-2)中，$N(i)$ 表示与第 i 个空间单元 s_i 具有邻近关系的空间单元。为了对 $N(i)$ 的表示方法进行标准化，人们引入了空间权重矩阵的概念。

空间权重矩阵（spatial weights matrix）是对空间单元的位置、空间结构特征和相互关系进行量化而形成的矩阵。设有 n 个空间单元，则空间权重矩阵 $\boldsymbol{W}$ 的元素 w_{ij} 表示空间单元 i 与空间单元 j 的空间联系。显然，$\boldsymbol{W}$ 是一个 n 阶方阵。此外，按照惯例，一个地理空间自己与自己不能相邻，因此 $\boldsymbol{W}$ 主对角线上的元素为 0（但并不绝对，特殊情况下也要根据实际需要设定）。

空间邻近关系的定量化设定方式不同，空间权重矩阵的结果也可能会随之不同。当前，常用的设定方式主要有以下 3 类[2]。

1. 基于地理邻近性的空间权重矩阵

这是一类直接根据空间单元边界相邻情况进行空间权重矩阵设定的方法。这类方法计算简单，应用较广。这类设定方法主要有两种：一种是基于 Rook 规则，另一种是基于 Queen 规则。

基于 Rook 规则的空间权重矩阵设定方法为

$$w_{ij} = \begin{cases} 1, & l_{ij} > 0 \\ 0, & l_{ij} = 0 \end{cases} \tag{4-3}$$

其中，l_{ij} 为空间单元 i 与空间单元 j 共同边界的长度。显然，当空间单元 i 与空间单元 j 共同边界的长度不为 0 时，空间权重矩阵的第 i 行第 j 列元素记为 1，否则记为 0。这种方法设定的空间权重矩阵是对称阵。

基于 Queen 规则的空间权重矩阵设定方法为

$$w_{ij} = \begin{cases} 1, & b_i \bigcap b_j \neq 0 \\ 0, & b_i \bigcap b_j = 0 \end{cases} \quad (4\text{-}4)$$

其中，b_i 和 b_j 分别表示空间单元 i 与空间单元 j 的边界点。显然，当空间单元 i 与空间单元 j 存在共同边界点时，空间权重矩阵的第 i 行第 j 列元素记为 1，否则记为 0。这种方法设定的空间权重矩阵也是对称阵。

Rook 规则和 Queen 规则在设定空间权重矩阵时应用非常广泛。在大多数情况下，二者确定的权重结果相同。但是，在特殊情况下，它们也会有细微区别。下面通过一个例子对此进行介绍。

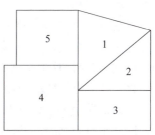

图 4-1　空间单元的地理分布

例 4-1　根据图 4-1 所示的 5 个空间单元（分别编号 1～5）所示的地理分布特征，分别用 Rook 规则和 Queen 规则设定空间权重矩阵。

根据式(4-3)所示的 Rook 规则，图 4-1 对应的空间权重矩阵为

$$\begin{bmatrix} 0 & 1 & 0 & 1 & 1 \\ 1 & 0 & 1 & 0 & 0 \\ 0 & 1 & 0 & 1 & 0 \\ 1 & 0 & 1 & 0 & 1 \\ 1 & 0 & 0 & 1 & 0 \end{bmatrix}$$

根据式(4-4)所示的 Queen 规则，图 4-1 对应的空间权重矩阵为

$$\begin{bmatrix} 0 & 1 & 1 & 1 & 1 \\ 1 & 0 & 1 & 1 & 0 \\ 1 & 1 & 0 & 1 & 0 \\ 1 & 1 & 1 & 0 & 1 \\ 1 & 0 & 0 & 1 & 0 \end{bmatrix}$$

这两个结果的区别在于第 1 行第 3 列（对称位置为第 3 行第 1 列）以及第 2 行第 4 列（对称位置为第 4 行第 2 列）结果的不同。空间单元 1 和空间单元 3 仅有一个共同边界点，共同边界的长度为 0。因此在 Rook 规则下的权重值为 0，在 Queen 规则下的权重值为 1。空间单元 2 和空间单元 4 也是类似的情况。

除 Rook 规则和 Queen 规则外,还有其他类似的算法,例如共享边界比算法

$$w_{ij} = \begin{cases} 1, & \dfrac{l_{ij}}{l_i} \geqslant r \\ 0, & \dfrac{l_{ij}}{l_i} < r \end{cases} \quad (4-5)$$

其中,l_i 指空间单元 i 的边界长度。显然,当空间单元 i 与空间单元 j 共同边界的长度占空间单元 i 边界长度的比重大于或等于 r 时,空间权重矩阵的第 i 行第 j 列元素记为 1,否则记为 0。需要注意的是,这种方法确定的空间权重矩阵很可能不是对称的。

2. 基于空间距离的空间权重矩阵

基于空间距离的空间权重矩阵以空间单元的距离大小作为权重设定的基础。因此,在介绍这种空间权重矩阵设定方法之前,首先必须理解距离的定义。

设 i 和 j 为二维空间中的两个点,其空间坐标分别为 (x_i, y_i) 和 (x_j, y_j)。对于这两点的距离,常见的定义有以下 4 种:

欧几里得距离(Euclidean distance)

$$d(i,j) = \sqrt{(x_i - x_j)^2 + (y_i - y_j)^2} \quad (4-6)$$

曼哈顿距离(Manhattan distance)

$$d(i,j) = |x_i - x_j| + |y_i - y_j| \quad (4-7)$$

切比雪夫距离(Chebyshev distance)

$$d(i,j) = \max(|x_i - x_j|, |y_i - y_j|) \quad (4-8)$$

闵可夫斯基距离(Minkowski distance)

$$d(i,j) = \sqrt[p]{|x_i - x_j|^p + |y_i - y_j|^p} \quad (4-9)$$

其中,p 为参数。p 取不同值时,闵可夫斯基距离有不同的具体形式。特别的,当 $p=1$ 时,闵可夫斯基距离变为曼哈顿距离;当 $p=2$ 时,闵可夫斯基距离变为欧几里得距离;当 $p \to \infty$ 时,闵可夫斯基距离变为切比雪夫距离。

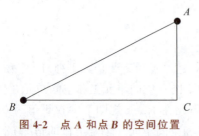

图 4-2 点 A 和点 B 的空间位置

例 4-2 如图 4-2 所示,A 和 B 为二维空间中的两个点,指出点 A 和点 B 的欧几里得距离、曼哈顿距离和切比雪夫距离。

根据式(4-6),点 A 和点 B 的欧几里得距离为线段 AB 的长度;根据式(4-7),点 A 和点 B 的曼哈顿距离为线段 AC 的长

度和线段 BC 的长度之和；根据式(4-8)，点 A 和点 B 的切比雪夫距离为线段 BC 的长度(线段 BC 的长度大于线段 AC 的长度)。

在实际工作中，式(4-6)～式(4-9)所示的距离公式不仅适用于二维空间，也适用于多维空间的情况。

例 4-3 A 和 B 为多维空间中的两个点，其坐标分别为 [2 3 1 4 2] 和 [3 6 4 2 5]，计算 A 和 B 的欧几里得距离、曼哈顿距离、切比雪夫距离和 $p=3$ 时的闵可夫斯基距离。

根据式(4-6)，A 和 B 的欧几里得距离为

$$d(i,j) = \sqrt{(2-3)^2 + (3-6)^2 + (1-4)^2 + (4-2)^2 + (2-5)^2}$$
$$\approx 5.66$$

根据式(4-7)，A 和 B 的曼哈顿距离为

$$d(i,j) = |2-3| + |3-6| + |1-4| + |4-2| + |2-5|$$
$$= 12$$

根据式(4-8)，A 和 B 的切比雪夫距离为

$$d(i,j) = \max(|2-3|, |3-6|, |1-4|, |4-2|, |2-5|)$$
$$= 3$$

根据式(4-9)，$p=3$ 时的闵可夫斯基距离为

$$d(i,j) = \sqrt[3]{(2-3)^3 + (3-6)^3 + (1-4)^3 + (4-2)^3 + (2-5)^3}$$
$$\approx 4.48$$

当采用距离作为设定空间权重矩阵的基础时，两个空间单元的距离越大，相互联系就越不紧密，因而权重就应该越小，反之亦然。

一种思路是设定一个距离的阈值，当两个空间单元之间的距离小于阈值时，认为这两个空间单元存在相互影响，反之则认为这两个空间单元不存在相互影响。采用这种思路计算的结果称为半径距离空间权重矩阵(radial distance spatial weights matrix)，具体算法可以表示为

$$w_{ij} = \begin{cases} 1, & 0 < d_{ij} \leqslant d \\ 0, & d_{ij} > d \end{cases} \quad (4\text{-}10)$$

其中，d 为设定的阈值，或称门槛距离。显然，当空间单元 i 与空间单元 j 的距离小于或等于 d 时，空间权重矩阵的第 i 行第 j 列元素记为 1，否则记为 0。这种方法确定的空间权重矩阵是对称阵。

另一种思路是在考虑门槛距离的基础上，进一步考虑权重随距离的衰减效应，即权重随距离的增加而减小。例如

$$w_{ij} = \begin{cases} \dfrac{1}{d_{ij}^k}, & 0 < d_{ij} \leqslant d \\ 0, & d_{ij} > d \end{cases} \tag{4-11}$$

其中，k 为参数，其大小将影响权重随距离的衰减速度。这种方法确定的空间权重矩阵也是对称阵。

3. 基于社会经济指标的空间权重矩阵

空间权重矩阵的本意，在于表述空间单元之间相互联系的密切程度。然而，地理空间上邻近，并不意味着空间单元相互之间的社会经济联系紧密。例如，上海与安徽的距离远远小于上海与北京的距离，但是上海与北京的经济联系却非常密切。因此，可以基于社会经济结构的相似性或者人员及物资来往的密切程度等合理指标设定空间权重矩阵。

空间权重矩阵确定以后，往往需要先进行标准化处理，然后再引入到空间效应分析模型中。主要原因在于，对于空间权重矩阵而言，尤其是基于地理邻近的空间权重矩阵，某些空间地理单元可能相对于其他空间地理单元而言具有非常大的影响。例如，在例 4-1 中，对于基于 Queen 规则确定的空间权重矩阵结果，空间单元 1 与其他 4 个空间单元的空间权重都是 1，但空间单元 5 只与空间单元 1 和空间单元 4 有权重 1。显然，空间单元 1 的影响明显大于空间单元 5。因此，多数情况下需要对空间权重矩阵进行标准化处理，以消除某些空间单元过大的影响，具体的做法为行标准化（row-standardization）。设有 n 个空间单元构成的 n 阶空间权重矩阵，则行标准化后的结果为

$$w_{ij}^s = \dfrac{w_{ij}}{\sum\limits_{j=1}^{n} w_{ij}} \tag{4-12}$$

在例 4-1 中，基于 Rook 规则和 Queen 规则确定的空间权重矩阵，进行标准化以后的结果分别为 $\begin{bmatrix} 0 & 1/3 & 0 & 1/3 & 1/3 \\ 1/2 & 0 & 1/2 & 0 & 0 \\ 0 & 1/2 & 0 & 1/2 & 0 \\ 1/3 & 0 & 1/3 & 0 & 1/3 \\ 1/2 & 0 & 0 & 1/2 & 0 \end{bmatrix}$ 和 $\begin{bmatrix} 0 & 1/4 & 1/4 & 1/4 & 1/4 \\ 1/3 & 0 & 1/3 & 1/3 & 0 \\ 1/3 & 1/3 & 0 & 1/3 & 0 \\ 1/4 & 1/4 & 1/4 & 0 & 1/4 \\ 1/2 & 0 & 0 & 1/2 & 0 \end{bmatrix}$。

4.1.3 空间滞后

空间权重矩阵的主要作用,就是将一个空间单元的某项属性值(某个指标的观测值)与其他空间单元的该项属性值(该指标的观测值)联系起来,而空间滞后(spatial lag)则是重要的联系方式。对于一个空间单元,其某项属性的空间滞后就是其空间权重矩阵定义的相邻空间单元该项属性值的加权平均。

具体而言,对于一个有 n 个空间单元的系统,$i=1,2,\cdots,n$,考虑每个空间单元的 m 项属性,$j=1,2,\cdots,m$,$X = \begin{bmatrix} x_{11} & x_{12} & \cdots & x_{1m} \\ x_{21} & x_{22} & \cdots & x_{2m} \\ \vdots & \vdots & \ddots & \vdots \\ x_{n1} & x_{n2} & \cdots & x_{nm} \end{bmatrix}_{n \times m}$ 为 n 个空间单元 m 项属性的观测值。注意,X 矩阵的每一行是一个空间单元,每一列是一个属性,$W = \begin{bmatrix} w_{11} & w_{12} & \cdots & w_{1n} \\ w_{21} & w_{22} & \cdots & w_{2n} \\ \vdots & \vdots & \ddots & \vdots \\ w_{n1} & w_{n2} & \cdots & w_{nn} \end{bmatrix}_{n \times n}$ 是这 n 个空间单元对应的空间权重矩阵,则 X 的空间滞后为

$$Y = WX = \begin{bmatrix} \sum_{i=1}^{n} w_{1i}x_{i1} & \sum_{i=1}^{n} w_{1i}x_{i2} & \cdots & \sum_{i=1}^{n} w_{1i}x_{im} \\ \sum_{i=1}^{n} w_{2i}x_{i1} & \sum_{i=1}^{n} w_{2i}x_{i2} & \cdots & \sum_{i=1}^{n} w_{2i}x_{im} \\ \vdots & \vdots & \ddots & \vdots \\ \sum_{i=1}^{n} w_{ni}x_{i1} & \sum_{i=1}^{n} w_{ni}x_{i2} & \cdots & \sum_{i=1}^{n} w_{ni}x_{im} \end{bmatrix}_{n \times m} \quad (4-13)$$

显然,对于空间滞后矩阵 $Y = [y_{ij}]_{n \times m}$,其元素 y_{ij} 表示所有空间单元第 j 个属性值的加权平均,而加权的权重则是空间单元 i 的空间权重向量。粗略地说,y_{ij} 可以表示空间单元 i 的相邻空间单元在属性 j 上总体水平的高低。

对于基于地理邻近性的空间权重矩阵,尤其是通过 Rook 规则或 Queen 规则设定的空间权重矩阵,在计算空间滞后前对空间权重矩阵进行行标准化是很有必要的,可以避免空间权重矩阵对空间滞后结果水平的影响。通过其他方式设定的空间权重矩阵,在计算空间滞后前是否需要进行标准化则要根据具体情况确定。

4.2 空间依赖性

4.2.1 空间依赖与空间自相关

空间依赖性是指不同空间单元的事务和现象之间在空间上的互相制约、互相影响和互相作用,是事务和现象本身所固有的空间经济属性,是地理空间现象和空间过程的本质属性[3]。

对空间依赖性的量化形式可以表述为,空间单元 i 的某项属性值依赖于其邻近空间单元的该项属性值,即

$$x_i = f(x_1, \cdots, x_{i-1}, x_{i+1}, \cdots, x_n) \tag{4-14}$$

产生空间依赖的原因是多方面的,主要包括以下几种。

1. 地理区位近邻性

地理学第一定律认为,任何事物都是与其他事物相关的,而且相近的事物关联更紧密。地理上相互邻近的空间单元,可能受到共同因素(例如气候条件、人文环境以及资源禀赋等)的影响,从而在某些属性值上表现出一致性。例如,我国北方冬季气温较低,大部分地区在冬季都会集中供暖,而南方地区则没有这种想象。

2. 人类活动的相互影响

示范与模仿是人类行为活动的一个重要特征。生产生活方式、技术以及工艺等会在邻近区域扩散、交流和互动,而这种相互影响则是随着相互之间的距离增加而衰减的。例如,人们的饮食偏好经常在很大的地理区域内保持相似。

3. 人为干预

空间单元的划分或聚合,通常是人为操作的,这可能会造成空间依赖。尤其是,很多时候社会经济活动跨越了行政边界,这就导致了基于行政边界的空间单元划分将社会活动进行了不恰当的分割,从而导致空间依赖性[1]。例如,假设有三个空间单元 A、B 和 C,这三个空间单元之间是相互独立的,不存在空间依赖。如果将空间单元 B 分为存在空间依赖的两个空间单元 B_1 和 B_2,并且分别与空间单元 A 和 C 组成空间单元 1(A 和 B_1)以及空间单元 2(C 和 B_2)。这时,空间单元 1 和空间单元 2 可能在某些统计指标上表现为空间依赖,而实际上空间单元 1 中的 A 部分和空间单元 2 中的 C 部分是不存在空间依赖的。

空间依赖性的讨论非常复杂,因此在实际研究中通常更为关注空间依赖性的一种特殊情况——空间自相关(spatial autocorrelation)[1]。由于空间依赖性

的研究主要集中于空间自相关,因此有些文献把这二者等同。此外,也有文献认为,空间依赖是数据生成过程的一种特征,而空间自相关则是衡量某项属性在空间范围的观测值是否具有这种空间依赖性。简而言之,空间依赖性是本质,空间自相关是表象[2]。

具体而言,空间自相关研究一项属性在不同空间单元中取值的相关性,通常分为正相关、负相关和不相关。空间正相关表示如果某空间单元某项属性值高(或低),则其相邻单元的该项属性值也高(或低)。空间负相关表示如果某空间单元某项属性值高(或低),则其相邻单元的该项属性值低(或高)。空间不相关指某空间单元某项属性值的高低与其相邻单元该项属性值的高低没有关系。对于空间自相关现象,主要通过全域(global)空间自相关和局域(local)空间自相关两类指标进行研究。

4.2.2 全域空间自相关

衡量全域空间自相关的经典统计量有 3 个:Moran's I、Getis-Ord General G 和 Geary's C,以下分别进行介绍[2]。

1. Moran's I

Moran's I 是应用最广泛的全域空间自相关统计量,其最早由 Moran 在 1950 年提出[4]。Moran's I 统计量的定义为

$$I = \frac{n}{S_0} \frac{\sum_{i=1}^{n}\sum_{j=1}^{n} w_{ij}(x_i - \bar{x})(x_j - \bar{x})}{\sum_{i=1}^{n}(x_i - \bar{x})^2} \tag{4-15}$$

其中,n 为空间单元的个数;w_{ij} 为空间权重矩阵的元素;x_i 为空间单元 i 的某项属性值;$\bar{x}$ 为该属性在所有空间单元取值的平均值;$S_0 = \sum_{i=1}^{n}\sum_{i=1}^{n} w_{ij}$ 为空间权重矩阵所有元素之和。

Moran's I 统计量的期望值为

$$E(I) = \frac{-1}{n-1} \tag{4-16}$$

Moran's I 统计量的方差为

$$\mathrm{Var}(I) = E(I^2) - E(I)^2 \tag{4-17}$$

其中,

$$E(I^2) = \frac{A-B}{C} \tag{4-18}$$

$$A = n[(n^2 - 3n + 3)S_1 - nS_2 + 3S_0^2] \tag{4-19}$$

$$B = D[(n^2 - n)S_1 - 2nS_2 + 6S_0^2] \tag{4-20}$$

$$C = (n-1)(n-2)(n-3)S_0^2 \tag{4-21}$$

$$D = \frac{\sum_{i=1}^{n}(x_i - \bar{x})^4}{\left[\sum_{i=1}^{n}(x_i - \bar{x})^2\right]^2} \tag{4-22}$$

$$S_1 = \frac{1}{2}\sum_{i=1}^{n}\sum_{j=1}^{n}(w_{ij} + w_{ji})^2 \tag{4-23}$$

$$S_2 = \sum_{i=1}^{n}\left(\sum_{j=1}^{n}w_{ij} + \sum_{j=1}^{n}w_{ji}\right)^2 \tag{4-24}$$

由式(4-15)可知，Moran's I 统计量的取值范围为[-1,1]。当 $I>0$ 时，表示该项属性值在空间单元之间存在正向的空间自相关，或称为空间集聚，意指属性值高(低)的空间单元的邻近空间单元该属性值总体上也高(低)；当 $I<0$ 时，表示该项属性值在空间单元之间存在负向的空间自相关，或称为空间分散，意指属性值高(低)的空间单元的邻近空间单元该属性值总体上低(高)；当 $I=0$ 时，表示不存在空间自相关现象，意指该项属性值在空间单元之间该表现为随机分布。在极端情况下，当 $I=1$ 时表示完全空间聚集，即属性值高(低)的空间单元的邻近空间单元该属性值必然高(低)；当 $I=-1$ 时表示完全空间分散，即属性值高(低)的空间单元的邻近空间单元该属性值必然低(高)。

显然，I 的绝对值越接近于1，说明空间自相关的程度越高。但是，对于 I 的计算结果，无法直接判断其在统计上是否显著。这种情况下，可以构造 z 统计量，并通过与标准正态分布表的阈值进行比较来判断是否存在显著的空间自相关。即

$$z = \frac{I - E(I)}{\text{Std}(I)/\sqrt{n}} \tag{4-25}$$

当 z 的绝对值大于标准正态分布表的阈值时，可以在一定置信水平下认为存在空间自相关；反之，认为不存在。例如，当 $|z|>1.96$ 时，可以在95%的置信水平下认为属性值在不同空间单元之间存在空间自相关。

2. Getis-Ord General G

Getis-Ord General G 统计量由 Getis 和 Ord 于1992年提出[5]。该统计量的定义为

$$G = \frac{\sum_{i=1}^{n}\sum_{j=1}^{n} w_{ij} x_i x_j}{\sum_{i=1}^{n}\sum_{j=1}^{n} x_i x_j} \quad j \neq i \tag{4-26}$$

Getis-Ord General G 统计量的期望值和方差分别为

$$E(G) = \frac{\sum_{i=1}^{n}\sum_{j=1}^{n} w_{ij}}{n(n-1)} \quad j \neq i \tag{4-27}$$

$$\text{Var}(G) = E(G^2) - E(G)^2 \tag{4-28}$$

$E(G^2)$ 的扩展形式较为复杂,具体可参阅 Getis 和 Ord 的相关论文[5]。

需要注意的是,Getis-Ord General G 统计量只能处理正值。也就是说,空间单元的属性值必须大于 0。另外,如果空间权重矩阵基于 Rook 规则确定,那么 Getis-Ord General G 统计量的取值范围为[0,1]。

3. Geary's C

Geary's C 统计量由 Geary 于 1954 年提出[6],该统计量与 Moran's I 统计量较为类似,具体定义为

$$C = \frac{(n-1)\sum_{i=1}^{n}\sum_{j=1}^{n} w_{ij}(x_i - x_j)^2}{2S_0 \sum_{i=1}^{n}(x_i - \bar{x})^2} \tag{4-29}$$

Geary's C 统计量的取值范围为[0,2],1 表示不存在空间自相关(随机分布),小于 1 表示正向的空间自相关,大于 1 表示负向的空间自相关。

4.2.3 局域空间自相关

局域空间自相关的统计量主要有局域 Moran's I 和局域 Getis-Ord G 两种,以下分别进行介绍[2]。

1. 局域 Moran's I

局域 Moran's I 的定义为

$$I_i = \frac{x_i - \bar{x}}{S_3} \sum_{j=1, j \neq i}^{n} w_{ij}(x_i - \bar{x}) \tag{4-30}$$

其中

$$S_3 = \frac{\sum_{i=1}^{n} x_i^2}{n} - \bar{x}^2 \tag{4-31}$$

I_i 反映的是空间单元 i 的某项属性值水平高低与其相邻空间单元该项属性值水平高低的一致性情况。需要说明的是,局域空间自相关的结果可能与全域空间自相关一致,也可能不一致。例如,在全域存在正向的空间自相关时,可能在某少数几个区域不存在空间自相关,甚至存在负向的空间自相关。

局域 Moran's I 统计量的期望值为

$$E(I_i) = -\frac{\sum_{j=1,j\neq i}^{n} w_{ij}}{n-1} \tag{4-32}$$

局域 Moran's I 统计量的方差为

$$\mathrm{Var}(I_i) = E(I_i^2) - E(I_i)^2 \tag{4-33}$$

其中

$$E(I_i^2) = A - B \tag{4-34}$$

$$A = \frac{(n-b_{2i})\sum_{j=1,j\neq i}^{n} w_{ij}}{n-1} \tag{4-35}$$

$$B = \frac{(2b_{2i}-n)\sum_{k=1,k\neq i}^{n}\sum_{h=1,h\neq i}^{n} w_{ik}w_{ih}}{(n-1)(n-2)} \tag{4-36}$$

$$b_{2i} = \frac{\sum_{i=1}^{n}(x_i-\bar{x})^4}{\left[\sum_{i=1}^{n}(x_i-\bar{x})^2\right]^2} \tag{4-37}$$

2. 局域 Getis-Ord G

局域 Getis-Ord G 的定义为

$$G_i = \frac{\sum_{j=1}^{n} w_{ij}x_j - W_i \bar{y}(i)}{s(i)\sqrt{\frac{(n-1)S_{1i}-W_i^2}{n-2}}} \quad j\neq i \tag{4-38}$$

其中,W_i 表示空间权重矩阵第 i 行之和,即 $W_i = \sum_{j=1,j\neq i}^{n} w_{ij}$,$\bar{y}(i) = \frac{\sum_{i=1}^{n} x_i}{n-1}$,

$s(i) = \sqrt{\frac{\sum_{i=1}^{n} x_i^2}{n-1} - \bar{y}(i)^2}$,$S_{1i} = \sum_{j=1,j\neq i}^{n} w_{ij}^2$。

4.2.4 Moran 散点图

4.2.2 节对全域自相关进行了介绍,尤其详细介绍了 Moran's I 这一广泛应用的统计量。根据式(4-15),如果空间权重矩阵已经进行了行标准化,则其每行的和为 1,$n = S_0$,这时 Moran's I 的定义式可以写作

$$I = \frac{(\boldsymbol{X} - \bar{x})'\boldsymbol{W}(\boldsymbol{X} - \bar{x})}{(\boldsymbol{X} - \bar{x})'(\boldsymbol{X} - \bar{x})} \tag{4-39}$$

其中,$\boldsymbol{X} = [x_1, x_2, \cdots, x_n]^\mathrm{T}$ 为各空间单元属性值组成的列向量。

将式(4-39)等号右侧的分子和分母中消去 $(\boldsymbol{X} - \bar{x})'$ 得

$$\boldsymbol{W}(\boldsymbol{X} - \bar{x}) = I(\boldsymbol{X} - \bar{x}) \tag{4-40}$$

将 $\boldsymbol{X} - \bar{x}$ 视为自变量,$\boldsymbol{W}(\boldsymbol{X} - \bar{x})$ 视为因变量,则 I 就成为回归系数。这样一来,可以将每个空间单元的位置和回归直线在二维坐标系中表示出来,这种图形称为 Moran 散点图,是空间相关分析常用的工具,如图 4-3 所示。

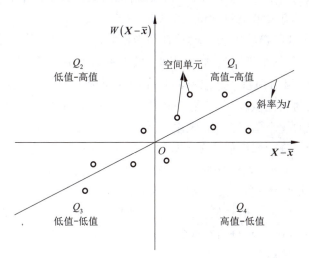

图 4-3 Moran 散点图示意图

在图 4-3 中,一个空间单元的位置距离斜率为 I 的直线越近,说明式(4-40)对该空间单元的拟合效果越好,反之则越差。如果一个空间单元的位置距离该直线过远,则有可能是异常空间单元。

对于某个空间单元是否是异常值,可以通过其纵坐标值是否分布在拟合置信区间之内进行判定。令 $\boldsymbol{\gamma} = \boldsymbol{W}(\boldsymbol{X} - \bar{x})$ 以及 $\boldsymbol{\beta} = (\boldsymbol{X} - \bar{x})$,则式(4-40)可以写作 $\boldsymbol{\gamma} = I\boldsymbol{\beta}$。显然,$\boldsymbol{\gamma}$ 和 $\boldsymbol{\beta}$ 的观测值可以通过 $\boldsymbol{X}$ 计算得到。在置信水平为 $1 - \alpha$

时，γ_i 的正常分布范围为

$$I\beta_i \pm t_{a/2}\hat{\sigma}\sqrt{1+\frac{1}{n}+\frac{(\beta_i-\bar{\beta})^2}{\sum_{i=1}^{n}(\beta_i-\bar{\beta})^2}} \quad (4-41)$$

其中，$t_{a/2}$ 为自由度为 $n-2$ 的 t 分布阈值；$\hat{\sigma}=\sqrt{\dfrac{\sum_{i=1}^{n}(\gamma_i-I\beta_i)^2}{n-2}}$。

当 γ_i 位于式(4-41)所确定的分布范围内时，则可以 $1-\alpha$ 的置信水平认为空间单元 i 为正常空间单元，否则则为异常空间单元。实际上，在图 4-3 中，式(4-41)所示的正常空间单元分布范围的边界应为以回归直线为对称中心的两条弧线。分布在两条弧线之间的空间单元为正常空间单元，否则则为异常空间单元，4.3 节的综合案例将对此进行展示。需要说明是，所谓异常空间单元，在这里是指该空间单元的局域空间自相关情况与大多数空间单元不同，而与该空间单元是否具有局域空间自相关无关。

此外，图 4-3 的横轴为 $\boldsymbol{X}-\bar{\boldsymbol{x}}$，因此横坐标大于 0 的空间单元可以认为其属性值较高(高于平均水平)；反之，则较低(低于平均水平)。纵轴为 $W(\boldsymbol{X}-\bar{\boldsymbol{x}})$，即 $\boldsymbol{X}-\bar{\boldsymbol{x}}$ 的空间滞后向量。如果空间单元的纵坐标大于 0，则说明该空间单元相邻空间单元的属性值较高，反之则较低。这样一来，在 0 值相交的两个坐标轴将平面分成的 4 个象限：第Ⅰ象限为高值-高值(high-high)，表示分布在该象限的空间单元自身的属性值较高且其相邻空间单元的属性值也高；第Ⅱ象限为低值-高值(low-high)，表示分布在该象限的空间单元自身的属性值较低但其相邻空间单元的属性值较高；第Ⅲ象限为低值-低值(low-low)，表示分布在该象限的空间单元自身的属性值较低且其相邻空间单元的属性值也低；第Ⅳ象限为高值-低值(high-low)，表示分布在该象限的空间单元自身的属性值较高但其相邻空间单元的属性值较低。

4.3 综合案例：中国省域能源强度的空间相关性分析

能源强度(energy intensity)一般指能源利用与经济或物力产出之比，通常用单位增加值的能耗来进行表示。下面，对中国主要省份能源强度的空间相关性特征进行分析。

4.3.1 数据来源

由于 3.6 节所述的原因,本书以 30 个省的统计数据作为研究对象。研究省域能源强度的空间相关性,需要两方面的数据:各省能源强度数据和包括所有省的空间权重矩阵数据。

在这里,每个省的能源强度用该省的能源消费总量与地区生产总值的比值来进行表示。这两个基础指标数据选自各省 2021 版的统计年鉴(数据为 2020 年),具体数据列于表 4-1 中。

表 4-1 2020 年 30 个省的 GDP 和能源消费总量

指标	京	津	冀	晋	蒙	辽
地区生产总值/亿元	36102.6	14008.0	36206.9	17651.9	17258.0	25115.0
能源消费总量/万吨标准煤	6762.1	8206.7	32782.8	20980.6	27133.6	23199.5

指标	吉	黑	沪	苏	浙	皖
地区生产总值/亿元	12311.3	13698.5	38700.6	102719.0	64613.3	38680.6
能源消费总量/万吨标准煤	7185.7	11525.1	11099.6	32672.5	24660.0	14697.9

指标	闽	赣	鲁	豫	鄂	湘
地区生产总值/亿元	43903.9	25691.5	73129.0	54997.1	43443.5	41781.5
能源消费总量/万吨标准煤	13905.2	9808.6	41826.8	22752.0	16251.5	16276.8

指标	粤	桂	琼	渝	川	贵
地区生产总值/亿元	110760.9	22156.7	5532.4	25002.8	48598.8	17826.6
能源消费总量/万吨标准煤	32818.2	11806.1	2270.6	7621.9	16355.0	10621.4

指标	云	陕	甘	青	宁	新
地区生产总值/亿元	24521.9	26181.9	9016.7	3005.9	3920.6	13797.6
能源消费总量/万吨标准煤	12981.9	13512.3	8104.7	4150.4	8581.8	18981.8

注:湖南省的能源消费总量为估计值。

空间权重矩阵根据中国政区图进行设定。由于中国各省不存在只有有限个共同边界点的情况,因此采用 Rook 规则和 Queen 规则设定的空间权重矩阵结果相同,列于表 4-2 中。

表 4-2　30 个省的空间权重矩阵

省	京	津	冀	晋	蒙	辽	吉	黑	沪	苏	浙	皖	闽	赣	鲁	豫	鄂	湘	粤	桂	琼	渝	川	贵	云	陕	甘	青	宁	新
京	0	1	1	0	0	0	0	0	0	0	0	0	0	0	0	0	0	0	0	0	0	0	0	0	0	0	0	0	0	0
津	1	0	1	0	0	0	0	0	0	0	0	0	0	0	0	0	0	0	0	0	0	0	0	0	0	0	0	0	0	0
冀	1	1	0	1	1	1	0	0	0	0	0	0	0	0	1	1	0	0	0	0	0	0	0	0	0	0	0	0	0	0
晋	0	0	1	0	1	0	0	0	0	0	0	0	0	0	0	1	0	0	0	0	0	0	0	0	0	1	0	0	0	0
蒙	0	0	1	1	0	1	1	1	0	0	0	0	0	0	0	0	0	0	0	0	0	0	0	0	0	1	1	0	1	1
辽	0	0	1	0	1	0	1	0	0	0	0	0	0	0	0	0	0	0	0	0	0	0	0	0	0	0	0	0	0	0
吉	0	0	0	0	1	1	0	1	0	0	0	0	0	0	0	0	0	0	0	0	0	0	0	0	0	0	0	0	0	0
黑	0	0	0	0	1	0	1	0	0	0	0	0	0	0	0	0	0	0	0	0	0	0	0	0	0	0	0	0	0	0
沪	0	0	0	0	0	0	0	0	0	1	1	0	0	0	0	0	0	0	0	0	0	0	0	0	0	0	0	0	0	0
苏	0	0	0	0	0	0	0	0	1	0	1	1	0	0	1	0	0	0	0	0	0	0	0	0	0	0	0	0	0	0
浙	0	0	0	0	0	0	0	0	1	1	0	1	1	1	0	0	0	0	0	0	0	0	0	0	0	0	0	0	0	0
皖	0	0	0	0	0	0	0	0	0	1	1	0	0	1	1	1	1	0	0	0	0	0	0	0	0	0	0	0	0	0
闽	0	0	0	0	0	0	0	0	0	0	1	0	0	1	0	0	0	0	1	0	0	0	0	0	0	0	0	0	0	0
赣	0	0	0	0	0	0	0	0	0	0	1	1	1	0	0	0	1	1	1	0	0	0	0	0	0	0	0	0	0	0
鲁	0	0	1	0	0	0	0	0	0	1	0	1	0	0	0	1	0	0	0	0	0	0	0	0	0	0	0	0	0	0
豫	0	0	1	1	0	0	0	0	0	0	0	1	0	0	1	0	1	0	0	0	0	0	0	0	0	1	0	0	0	0
鄂	0	0	0	0	0	0	0	0	0	0	0	1	0	1	0	1	0	1	0	0	0	1	0	0	0	1	0	0	0	0
湘	0	0	0	0	0	0	0	0	0	0	0	0	0	1	0	0	1	0	1	1	0	1	0	1	0	0	0	0	0	0
粤	0	0	0	0	0	0	0	0	0	0	0	0	1	1	0	0	0	1	0	1	1	0	0	0	0	0	0	0	0	0
桂	0	0	0	0	0	0	0	0	0	0	0	0	0	0	0	0	0	1	1	0	0	0	0	1	1	0	0	0	0	0
琼	0	0	0	0	0	0	0	0	0	0	0	0	0	0	0	0	0	0	1	0	0	0	0	0	0	0	0	0	0	0
渝	0	0	0	0	0	0	0	0	0	0	0	0	0	0	0	0	1	1	0	0	0	0	1	1	0	1	0	0	0	0
川	0	0	0	0	0	0	0	0	0	0	0	0	0	0	0	0	0	0	0	0	0	1	0	1	1	1	1	1	0	0
贵	0	0	0	0	0	0	0	0	0	0	0	0	0	0	0	0	0	1	0	1	0	1	1	0	1	0	0	0	0	0
云	0	0	0	0	0	0	0	0	0	0	0	0	0	0	0	0	0	0	0	1	0	0	1	1	0	0	0	0	0	0

续表

省	京	津	冀	晋	蒙	辽	吉	黑	沪	苏	浙	皖	闽	赣	鲁	豫	鄂	湘	粤	桂	琼	渝	川	贵	云	陕	甘	青	宁	新
陕	0	0	0	1	1	0	0	0	0	0	0	0	0	0	0	1	1	0	0	0	0	1	1	0	0	0	1	0	1	0
甘	0	0	0	0	0	0	0	0	0	0	0	0	0	0	0	0	0	0	0	0	0	0	1	0	0	1	0	1	1	1
青	0	0	0	0	0	0	0	0	0	0	0	0	0	0	0	0	0	0	0	0	0	0	1	0	0	0	1	0	0	1
宁	0	0	0	0	0	0	0	0	0	0	0	0	0	0	0	0	0	0	0	0	0	0	0	0	0	1	1	0	0	0
新	0	0	0	0	0	0	0	0	0	0	0	0	0	0	0	0	0	0	0	0	0	0	0	0	0	0	1	1	0	0

注：虽然广东省和海南省之间相隔琼州海峡，并无陆地公共边界，但是习惯上仍按相邻处理。

4.3.2 空间相关性结果分析

将表 4-1 所示的 30 个省，按照顺序依次编号，以便于后续处理。根据表 4-1 所示的各个省的 GDP 和能源消费总量数据，可以计算得到每个省的能源强度（单位：吨标准煤/万元生产总值）。编号和能源强度的数据列于表 4-3 中。将表 4-2 所示的空间权重矩阵，根据式 (4-12) 进行行标准化，将标准化处理以后的矩阵用于后续建模。

这里采用 Moran's I 这一应用最广泛的指标来衡量各省能源强度的全域空间自相关水平。将各省的能源强度数据和空间权重矩阵代入式 (4-15)，可以得到 Moran's I 的计算结果为 0.437。为了对这一结果的显著性进行判断，这里根据式 (4-16)～式 (4-25) 计算得到 z 统计量为 18.034。由于 $|z|>1.96$，因此可以在 95% 的置信水平下认为各省的能源强度总体上存在空间正相关。

将各省能源强度即空间权重矩阵数据输入式 (4-30)，可以得到各省的局域 Moran's I 结果，列于表 4-3 中。

表 4-3　30 个省的编号、能源强度、局域 Moran's I、能源强度水平以及能源强度的滞后值水平

指　标	京	津	冀	晋	蒙	辽	吉	黑
编号 i	1	2	3	4	5	6	7	8
X_i	0.187	0.586	0.905	1.189	1.572	0.924	0.584	0.841
I_i	−0.184	0.046	0.129	0.683	1.509	0.44	−0.176	0.348
$X-\bar{x}$	−0.478	−0.08	0.24	0.523	0.907	0.258	−0.082	0.176
$W(X-\bar{x})$	0.08	−0.119	0.112	0.272	0.347	0.355	0.447	0.412

续表

指标	沪	苏	浙	皖	闽	赣	鲁	豫
编号 i	9	10	11	12	13	14	15	16
X_i	0.287	0.318	0.382	0.38	0.317	0.382	0.572	0.414
I_i	0.574	0.435	0.449	0.358	0.523	0.421	0.073	0.012
$X-\bar{x}$	−0.379	−0.348	−0.284	−0.286	−0.349	−0.284	−0.094	−0.252
$W(X-\bar{x})$	−0.316	−0.261	−0.329	−0.261	−0.312	−0.309	−0.161	−0.010

指标	鄂	湘	粤	桂	琼	渝	川	贵
编号 i	17	18	19	20	21	22	23	24
X_i	0.374	0.39	0.296	0.533	0.41	0.305	0.337	0.596
I_i	0.375	0.333	0.46	0.136	0.453	0.387	−0.061	0.083
$X-\bar{x}$	−0.292	−0.276	−0.369	−0.133	−0.255	−0.361	−0.329	−0.07
$W(X-\bar{x})$	−0.268	−0.251	−0.259	−0.213	−0.369	−0.223	0.039	−0.247

指标	云	陕	甘	青	宁	新	平均值
编号 i	25	26	27	28	29	30	—
X_i	0.529	0.516	0.899	1.381	2.189	1.376	0.667
I_i	0.116	−0.175	0.630	0.703	2.414	1.617	0.437
$X-\bar{x}$	−0.136	−0.150	0.233	0.715	1.523	0.710	—
$W(X-\bar{x})$	−0.177	0.244	0.563	0.205	0.330	0.474	—

根据表 4-3 显示的数据，在全部的 30 个省中，绝大多数(26 个)省份的局域 Moran's I 为正值，与全域 Moran's I 的结果一致，只有少数(4 个)省份的局域 Moran's I 为负值，与全域 Moran's I 的结果相反，这与前述理论分析的结果一致。此外，所有省份局域 Moran's I 的平均值为 0.437，与全域 Moran's I 的结果相同，这是由算法本身所决定的。

此外，为了采用 Moran 散点图对各省能源强度的空间分布特点进行分析，这里还计算了各省的 $X-\bar{x}$ 和 $W(X-\bar{x})$ 指标，结果也列于表 4-3 中，并通过图 4-4 进行了展示。

图 4-4 根据全域 Moran's I 的结果(0.437)画出了 $W(X-\bar{x})$ 对 $X-\bar{x}$ 的回归直线。此外，根据式(4-41)，图 4-4 还画出了置信水平为 95% 的正常样本点分

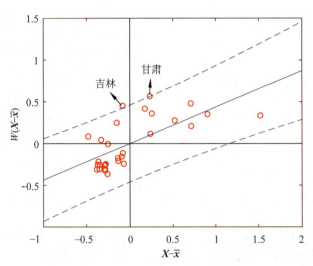

图 4-4 30 个省能源强度的 Moran 散点图

布范围,即以回归直线为中心的两条弧形边界线中间的区域。需要说明的是,根据式(4-41),正常样本点的分布区间的宽度在 $X-\bar{x}=\text{mean}(X-\bar{x})=0$ 时最小,横坐标距离远点越远,则分布区间的宽度越大。

根据图 4-4 所示的结果,吉林省为异常空间单元,甘肃省也位于边界线附近。对于吉林省而言,其 $X-\bar{x}$ 指标值为 -0.082,也就是说其能源强度略小于全国平均值。如果吉林省的位置落在回归直线上,其对应的 $W(X-\bar{x})$ 指标值应该为 $-0.082 \times 0.437 = -0.036$。然而,实际上其 $W(X-\bar{x})$ 指标值为 0.447,远大于 -0.036。也就是说,造成吉林省为异常空间单元的原因是,相对于其自身的能源强度水平而言,其相邻省份的能源强度水平太高了。甘肃省的情况与吉林省类似,在此不予重复解释。

另外,图 4-4 还揭示了另外一个现象:没有省份分布在第Ⅳ象限,即不存在高值-低值(high-low)的情况。也就是说,不存在自身能源强度水平较高且其相邻省能源水平总体较低的省。与之相对的是,一半以上的省分布在第Ⅲ象限。也就是说,自身能源强度水平较低且相邻省的能源强度水平总体也较低的省份普遍存在。

4.3.3 主要 MATLAB 程序

主要 MATLAB 程序如下:

```
G=[…];                          %地区生产总值;1*30
E=[…];                          %能源消费总量;1*30
X=E./G; X=X';                   %能源强度;吨标准煤/万元;30*1
W0=[…];                         %空间权重矩阵;30*30
W=W0./repmat(sum(W0,2),1,30);
%Global Moran's I
I=(X-mean(X))'*W*(X-mean(X))/((X-mean(X))'*(X-mean(X)))E_I= ...
    -1/29;                      %期望值
S2=0;
for i=1:30
    l=0;
    for j=1:30
        l=l+(W(i,j)+W(j,i))^2;
    end
    S2=S2+l;
end
S1=0;
for i=1:30
    for j=1:30
        S1=S1+(W(i,j)+W(j,i))^2;
    end
end
S1=S1/2;
D=sum((X-mean(X)).^4)/(sum((X-mean(X)).^2))^2;
S0=30;                          %sum(W(:))
C=29*28*27*30*30;
B=D*((30*30-30)*S1-2*30*S2+6*30*30);
A=30*((30*30-3*30+3)*S1-30*S2+3*30*30);
E_I2=(A-B)/C;
Var_I=E_I2-E_I^2;               %方差
Z=(I-E_I)/(Var_I^0.5/30^0.5);
%Local Moran's I
Si2=0;
for i=1:30
    S3=X'*X/30-mean(X)^2;
    LI(i)=(X(i)-mean(X))/S3*((X-mean(X))'*W(i,:)');
end
LI
mean(LI)
Bet=X-mean(X);
```

```
Gam=W*(X-mean(X));
plot(Bet,Gam,'ro','markersize',6,'linewidth',1)    %空间单元的分布位置
hold on;
Bet2=-1:0.01:2;
Gam2=I*Bet2;
plot(Bet2,Gam2,'b-')                                %回归直线
Sig=((Gam-I*Bet)'*(Gam-I*Bet)/28)^0.5
Del=2.048*Sig*(1+1/30+(Bet2-mean(Bet)).^2/ ...
    ((Bet-mean(Bet))'*(Bet-mean(Bet)))).^0.5;       %t0.025(28)=2.048
Bor_L=I*Bet2-Del;
Bor_U=I*Bet2+Del;
plot(Bet2,Bor_L,'--b',Bet2,Bor_U,'--b')
plot([-1,2],[0,0],'-k')
plot([0,0],[-1,1.5],'-k')
```

4.4 空间异质性

4.4.1 空间异质性的基本解释

空间异质性（spatial heterogeneity）一般指属性值在空间分布上缺乏均质性，从而导致社会经济发展存在较大的空间上的差异性。空间异质性反映了经济实践中的空间单元之间经济行为关系的一种普遍存在的不稳定性。

根据表现形式和原因的不同，空间异质性可以分为空间结构的非均衡性和空间异方差性。空间结构的非均衡性表现为主体行为之间存在明显的结构性差异。例如，不同区域产业结构的不同会造成能源使用特征的差异。对于结构性差异造成的空间异质性，一般可以通过改变函数形式或者改变参数进行处理。空间异方差性一般指由于遗漏变量或者错误设定函数形式使得误差项具有非恒定方差。例如，在考察不同区域的能源消费规模时，由于遗漏了不同区域能源政策的差异（确实存在的情况下）造成的残差不稳定。对于这种情况，一般参照计量经济学中的异方差性处理方法。

空间异质性的处理较为复杂，这里仅相关基础知识进行简单的介绍。

4.4.2 空间异质性的度量

一些指标可以对空间异质性进行度量，从而为进行空间异质性分析提供帮助，以下分别进行介绍[3]。

1. 平均重心距离

平均重心距离是一个离散指标,可以测定的总体各单位的直接差异程度,反映了属性值的离散程度。设由 n 个空间点构成的点集,其中第 $i(i=1,2,\cdots,n)$ 个空间点 $p_i(x_i,y_i)$ 的属性值为 a_i,则点集的分布重心为

$$\begin{cases} x_g = \dfrac{\sum_{i=1}^{n} a_i x_i}{\sum_{i=1}^{n} a_i} \\ y_g = \dfrac{\sum_{i=1}^{n} a_i y_i}{\sum_{i=1}^{n} a_i} \end{cases} \tag{4-42}$$

令 d_i 为点 p_i 到分布重心 $p_g(x_g,y_g)$ 的欧几里得距离,即 $d_i = \sqrt{(x_i-x_g)^2+(y_i-y_g)^2}$,则点集到分布重心的属性加权平均距离(简称为平均重心距离)为

$$\bar{d} = \dfrac{\sum_{i=1}^{n} a_i d_i}{\sum_{i=1}^{n} a_i} \tag{4-43}$$

平均重心距离越小,说明社会经济活动的空间分布越均衡。反之,则说明社会经济活动在空间分布中存在陡升陡降的现象。

2. 平均间距

平均间距也是一个离散指标。考虑到空间点集既有位置坐标又有属性特征,两个空间点之间的空间距离既受位置坐标的控制又受属性特征的影响,因此采用属性特征加权方法来计算两点之间的空间距离。即定义两点 $p_i(x_i,y_i)$ 和 $p_j(x_j,y_j)$ 的距离为

$$d_{ij} = a_j\sqrt{(x_i-x_j)^2+(y_i-y_j)^2} \tag{4-44}$$

$$d_{ji} = a_i\sqrt{(x_i-x_j)^2+(y_i-y_j)^2} \tag{4-45}$$

则点集之间的平均间距为

$$\bar{d} = \dfrac{\sum_{i=1}^{n}\sum_{j=1}^{n} d_{ij}}{n\sum_{i=1}^{n} a_i} \tag{4-46}$$

平均间距具有和平均重心距离类似的性质。

3. 变异系数

变异系数(coefficient of variation)为各地区属性值的标准差与其平均值之比,反映了各地区属性值偏离该属性值各区域平均水平的程度,其计算公式为

$$CV = \frac{\sqrt{\frac{1}{n}\sum_{i=1}^{n}(a_i - \bar{a})^2}}{\bar{a}} \tag{4-47}$$

其中,a_i 为区域 i 的属性值;$\bar{a}$ 为所有区域属性值的平均值;n 为区域个数。显然,变异系数越大,说明各地区属性值的离散程度越大,反之则越小。

4. 基尼系数

基尼系数(Gini index/coefficient)由意大利统计与社会学家基尼(Gini)于 1912 年以洛伦兹曲线为基础提出。其基本思路是用 45°对角线和洛伦兹曲线之间围成的面积 a 与 45°对角线下三角形的面积 A 的比值(如图 4-5 所示),来表示一个国家或地区居民之间收入分配不平等的差异程度。

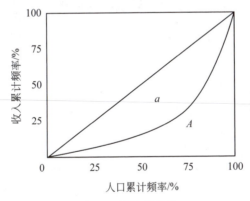

图 4-5 洛伦兹曲线

按照这种思路,基尼系数的计算公式为

$$G = a/A \tag{4-48}$$

显然,基尼系数最小为 0,最大为 1,且其越接近 0 表明收入分配越是趋向平等。一般认为,基尼系数小于 0.2 时,居民收入过于平均,处于 0.2~0.3 时较为平均,处于 0.3~0.4 时比较合理,处于 0.4~0.5 时差距过大,大于 0.5 时则差距悬殊。基尼系数是国际上通用的用以衡量一个国家或地区居民收入差距的常用指标之一。当然,同样的思路也可以用于对其他指标的处理。

5. 泰尔指数

泰尔指数（Theil index）是泰尔（Theil）于 1967 年提出的衡量个人之间或者地区间收入差距（或者称不平等度）的指标，其计算公式为

$$T = \frac{1}{n} \sum_{i=1}^{n} \frac{a_i}{\bar{a}} \ln \frac{a_i}{\bar{a}} \tag{4-49}$$

其中，a_i 为第 i 个人（地区）的收入水平；$\bar{a}$ 为所有人（地区）收入水平的平均值，n 为考察的总人（地区）数。

与基尼系数类似，泰尔系数的值越小，说明个人（地区）之间的收入差距越小，反之则越大。泰尔系数的一个优点在于其可以进行分解分析。例如，可以对考察对象进行分组，将以泰尔系数衡量的总体（所有考察对象的）差距水平分解为组内差距和组间差距。

第 5 章

多元统计分析

统计学(statistics)是收集、处理、分析和解释数据,并从数据中得出结论的科学[1]。本章主要介绍一些适用于能源经济分析的多元统计分析方法。

5.1 聚类分析

聚类分析就是将对象根据其性质的相似程度分为多个类(cluster)的过程。根据思路的不同,聚类分析主要有系统聚类和动态聚类两种。

5.1.1 相似度衡量方法

聚类分析的基础之一,是衡量两个对象之间的相似程度。常用的相似度衡量方法有距离和相似系数[2]。

用距离衡量相似度时,显然距离越大则相似度越低,反之则越高。4.1.2 节已经对常用距离的计算方法进行了介绍,这里不再重复。

设 X_i 和 X_j 为两个聚类对象,$x_{1i},x_{2i},\cdots,x_{ni}$ 和 $x_{1j},x_{2j},\cdots,x_{nj}$ 分别为两个对象 n 个属性的属性值,记 c_{ij} 为 X_i 和 X_j 的相似系数,则一般要求 c_{ij} 满足下列条件:

(1) $|c_{ij}| \leqslant 1$ 且 $c_{ii}=1$;
(2) $|c_{ij}|=\pm 1 \Leftrightarrow x_i = Cx_j$($C$ 为常数且 $C \neq 0$);
(3) $c_{ij}=c_{ji}$。

c_{ij} 的绝对值越接近 1,变量 x_i 和 x_j 的关系越紧密。一般而言,c_{ij} 越接近 1,则说明两个对象的相似度越高;反之,c_{ij} 越接近 -1,则说明两个对象的相似度越低。常用的相似系数指标有相关系数和夹角余弦。

相关系数的计算方法为

$$c_{ij}=\frac{\sum_{t=1}^{n}(x_{ti}-\bar{x}_i)(x_{tj}-\bar{x}_j)}{\sqrt{\sum_{t=1}^{n}(x_{ti}-\bar{x}_i)^2}\sqrt{\sum_{t=1}^{n}(x_{tj}-\bar{x}_j)^2}} \tag{5-1}$$

夹角余弦的计算方法为

$$c_{ij}=\frac{\sum_{t=1}^{n}x_{ti}x_{tj}}{\sqrt{\sum_{t=1}^{n}x_{ti}^2}\sqrt{\sum_{t=1}^{n}x_{tj}^2}} \tag{5-2}$$

5.1.2 系统聚类

系统聚类(hierarchical clustering)通常有两种基本思路:一是首先将每一个聚类对象视为一个类,然后通过建立相似性度量,逐步将类由多变少;二是首先将所有聚类对象视为一个类,然后通过建立相似性度量,逐步将类由少变多。在实际工作中,前一种思路采用较多,具体步骤如下。

第1步,将每一个聚类对象视为一个类,这时类间相似度和样本间相似度是相等的。

第2步,计算任意两个类的相似度。

第3步,将相似度最高的两个类合并为一类,并计算新类与其余每个类之间的相似度。

第4步,重复第3步,直到所有类归为一类。

第5步,按照精度要求,设定合理的阈值,确定聚类结果。

上述聚类过程可以通过图形的形式形象地表达出来,这种图形成为谱系聚类图。

在聚类过程中,有一个重要的问题,就是对于两个类而言,当至少其中一个类中所包含的聚类对象的个数大于1时,如何确定两个类的相似度。设 G_K 和 G_L 是两个类,x_i 和 x_j 分别为这两个类中所包含的聚类对象,令 s_{ij} 表示 x_i 和 x_j 的相似度,则 G_K 和 G_L 两个类的相似度 S_{KL} 通常有以下算法。

(1) 最大相似度法。

公式如下:

$$S_{KL}=\max_{x_i\in G_K,x_j\in G_L}s_{ij} \tag{5-3}$$

(2) 最小相似度法。

公式如下:

$$S_{KL} = \min_{x_i \in G_K, x_j \in G_L} s_{ij} \quad (5-4)$$

(3) 中间相似度法。G_K 和 G_L 两个类的相似度既不是两类中相似度最高的聚类对象的相似度,也不是相似度最低的聚类对象的相似度,而是两者的中间值。

(4) 重心法。首先计算每个类的重心,即该类中所有聚类对象各属性值的平均值。然后以重心的相似度作为两类的相似度。

(5) 类平均法。类平均法通常有两种定义,一种是两类之间所有聚类对象相似度的平均值,即

$$S_{KL} = \frac{1}{n_K n_L} \sum_{x_i \in G_K, x_j \in G_L} s_{ij} \quad (5-5)$$

其中,n_K 和 n_L 分别为类 G_K 和 G_L 中所包含的聚类对象的个数。

另一种定义是两类之间所有聚类对象相似度的平方值的平均值,即

$$S_{KL} = \frac{1}{n_K n_L} \sum_{x_i \in G_K, x_j \in G_L} s_{ij}^2 \quad (5-6)$$

类平均法较好地利用了两个类中所有聚类对象的信息,被认为是一种比较好的类相似度计算方法。

(6) 离差平方和法。借鉴方差分析的思想,从数值分类学的角度看,比较适当的分类应该满足类内聚类对象的离差平方和尽量小,同时类间的离差平方和尽量大。采用这种思路进行聚类的方法称为离差平方和法。

5.1.3 动态聚类

当分类对象较多且对样本分类的确定性要求较弱时,可以采用动态聚类的方法。动态分类的基本思路是,首先确定若干聚点;然后将每个分类对象和其相似度最高的聚点归为一类,从而得到初始分类;最后将上述初始分类进行调整,得到最终的分类结果。在动态聚类过程中,有两个核心问题需要解决。一是如何确定分类的初始聚点;二是如何对初始聚点和分类进行调整,从而使得到的最终分类结果比较合理。

确定分类初始聚点的方法主要有以下几种[3]。

(1) 经验选点法。如果对评价对象有较好的经验知识或训练样本,则可以凭借经验知识确定目前样本的分类,并确定每一类的代表样本作为聚点。

(2) 随机选点法。当聚类对象的数量非常多时,可以先随机抽选 p 个聚类

对象,然后采用系统聚类的方法对其分类,以每类的重心作为初始聚类点。

(3) 极小极大原则。计算聚类对象的两两相似度,以相似度最低的两个聚类对象作为两个聚点。当确定了 t 个聚类对象作为聚点后,在剩余的聚类对象中,以与 t 聚点的最大相似度最小的聚类对象作为下一个聚点。重复这个过程,直到选出所需要数量的聚点。

(4) 界值确定法。首先设定一个值 d,并把所有聚类对象的重心作为第一个聚点,然后计算所有聚类对象与第一个聚点的相似度。若相似度小于 d,则将该聚类对象作为一个聚点,直到所有聚类对象处理完毕。由于后续聚点(除第一个以外)可能相似度较高,所以这种方法确定的初始聚点可能科学性较差,需要后续进行针对性的调整。

(5) 密度法。设定两个值 d_1 和 d_2,并以每个聚类对象为球心,以 d_1 为半径,计算相似度大于该半径的样本数量,称为该聚类对象的密度。选取密度最大的聚类对象作为第一个聚点。从剩下的聚类对象中选择密度最大的聚类对象,计算其与已有聚类点的相似度,若相似度小于 d_2,则将其作为一个新的聚点。按照密度大小依次重复上述过程,直到所有样本点处理完毕。这样得到的聚点,其两两相似度都小于 d_2。

对初始聚点和分类进行调整可以采用按批修改原则。在确定初始聚点并完成初始分类后,计算每一类的重心。以重心作为新的聚点,对所有聚类对象重新聚类。重复上述过程,直到所有新的重心形成的聚点与上次的聚点重合,这时聚类结束。

k-Means 方法是一种比较特殊的动态聚类算法,有较为独特的确定聚点和分类调整的思路,以下对此进行介绍。

第 1 步,确定 3 个参数值 k、C 和 R。

第 2 步,随机取 k 个聚类对象作为聚点,计算 k 个聚点的两两相似度。如果两个聚点的相似度大于 C,则用两个聚点的重心作为新聚点。重复上述过程,直到得到若干相似度小于 C 的聚点。

第 3 步,将余下的 $n-k$ 个聚类对象逐个进行处理。若一个聚类对象与现有聚点的最大相似度小于 R,则将该聚类对象作为一个新的聚点。若大于 R,则将该聚类对象归入相似度最大的类。当所有 $n-k$ 个聚类对象处理完毕后,重新计算每一类的重心,并以此重心为新的聚点,返回第 2 步。

第 4 步,将所有聚类对象进行处理,按照第 3 步进行归类。如果新的分类结果与上次完全相同,则聚类过程结束;否则,则重复第 4 步。

k-Means 方法的应用较为广泛,但是要注意其可能的缺陷。

(1) k、C 和 R 值需要预先给定,但给定合理的参数值往往并不容易。

(2) 初始聚点的选择是随机的,但不同的选择结果可能会造成完全不同的聚类结果。

(3) 该算法并不适用所有的数据类型,不能处理非球形簇、不同尺寸和不同密度的簇。

(4) 该算法容易陷入局部最优解。

5.2 综合案例：华北五省终端能源消费特征的聚类分析

华北地区是我国地理区划之一,也是我国重要的经济和能源消费的中心之一。本节以第一、第二和第三产业的能源强度(单位 GDP 的终端能源消费量)以及人均居民生活能源消费量为指标,对华北地区各省进行聚类分析。

5.2.1 数据选择

华北地区在行政区划上包括北京市、天津市、山西省、河北省中南部(不包括承德市和秦皇岛市)和内蒙古中部(呼和浩特市、乌兰察布市、包头市和鄂尔多斯市)。为了便于获取统计数据,上述省、自治区和直辖市(以下统称省)的全部地区均包含在内。

为了计算各产业部门的能源强度,需要获得各省各产业部门的增加值和终端能源消费量,而各省人口和居民生活能源消费量则是计算人均居民生活能源消费量所需要的基础数据。本节以 2019 年的数据作为聚类基础。

各产业部门和居民生活的能源消费数据,来源于《中国能源统计年鉴2020》,由各省的能源平衡表整理得到。其中,第一产业的能源消费量近似为"农业、林业、牧业、渔业"的终端能源消费量;第二产业的能源消费量为"工业"和"建筑业"的终端能源消费量之和;第三产业能源消费来源于"交通运输、仓储和邮政业"、"批发和零售业、住宿和餐饮业"和"其他"3 个部门终端能源消费量之和。上述各产业部门的能源消费数据为各类能源的实物量,为了便于计算,需要折算为标准煤并汇总到一起。

各产业部门的增加值和人口数据,来源于《中国统计年鉴2020》。其中,增加值数据来源于"3-9 地区生产总值(2019)"数据表,人口数量来源于"2-6 分地区年末人口数"数据表。采用上述途径收集并整理后的数据列于表 5-1 中。

表 5-1 华北五省的能源经济数据

省	第一产业		第二产业		第三产业		居民生活	
	增加值/亿元	能源消费量/万吨标准煤	增加值/亿元	能源消费量/万吨标准煤	增加值/亿元	能源消费量/万吨标准煤	人口/万人	能源消费量/万吨标准煤
京	113.69	29.76	5715.06	1189.07	29542.53	2912.94	2154	1321.21
津	185.23	75.82	4969.18	3223.86	8949.87	1054.36	1562	979.04
冀	3518.44	315.31	13597.26	9561.03	17988.82	2424.81	7592	3042.89
晋	824.72	228.74	7453.09	6262.22	8748.87	1550.71	3729	1210.23
蒙	1863.19	281.02	6818.88	10601.45	8530.46	2100.57	2540	1786.95

根据表 5-1 所示的数据,可以计算得到各省各产业部门的能源强度及人均居民生活能源消费量,列于表 5-2 中。

表 5-2 各省各产业部门的能源强度及人均居民生活能源消费量

省	第一产业	第二产业	第三产业	人均居民生活
	能源强度/吨标准煤每万人	能源强度/吨标准煤每万人	能源强度/吨标准煤每万人	能源消费量/吨标准煤每人
京	0.262	0.208	0.099	0.613
津	0.409	0.649	0.118	0.627
冀	0.09	0.703	0.135	0.401
晋	0.277	0.84	0.177	0.325
蒙	0.151	1.555	0.246	0.704

5.2.2 聚类过程及结果分析

首先,对表 5-2 的数据进行预处理。为了避免数据量纲的差异对聚类结果的影响,对表 5-2 的数据按照式(5-7)进行预处理。

$$x_{ij}^* = \frac{x_{ij} - \min x_j}{\max x_j - \min x_j} \quad (5-7)$$

其中,$i=1,2,3,4,5$,分别表示京、津、冀、晋和蒙 5 省;$j=1,2,3,4$,分别表示第一产业能源强度、第二产业能源强度、第三产业能源强度和人均居民生活能源消费量;$\min x_j$ 和 $\max x_j$ 分别表示第 j 列的最小值和最大值。

然后，计算各省之间的两两相似度。这里采用第 4 章介绍的欧几里得距离作为相似度的衡量指标，得到距离矩阵

$$\begin{bmatrix} 0 & 0.581 & 0.894 & 1.040 & 1.476 \\ 0.581 & 0 & 1.171 & 0.994 & 1.381 \\ 0.894 & 1.171 & 0 & 0.690 & 1.283 \\ 1.040 & 0.994 & 0.690 & 0 & 1.288 \\ 1.476 & 1.381 & 1.283 & 1.288 & 0 \end{bmatrix}$$

显然，距离越小，相似度越高。

最后，根据距离矩阵进行聚类。距离矩阵沿主对角线对称，因此只考虑上（或下）三角矩阵即可。这里采用最大相似度法确定两个类的距离。在上三角矩阵中，最小值为 0.581，所以京、津首先聚为一类。次小值为 0.690，因此将冀、晋聚为另一类。剩余数据的最小值为 0.894，为京、冀之间的距离，但这时京、冀已分别与津、晋聚为一类，因此这时京、津、冀、晋聚为一类。此时，只有蒙没有与其他省聚在一起。蒙与其他 4 省的距离分别为 1.476、1.381、1.283 和 1.288。因此，将聚类的距离阈值扩大到 1.283 时，京、津、冀、晋、蒙全部聚为一类。上述聚类过程可以通过图 5-1 所示的谱系图表示出来。

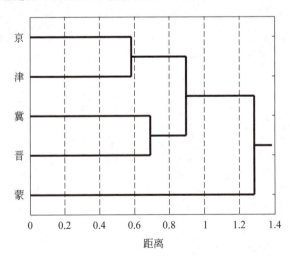

图 5-1　华北五省终端能源消费特征聚类谱系图

根据图 5-1 所示的谱系图，可以知道在任意距离（相似度）阈值下的聚类结果。

5.2.3 主要 MATLAB 程序

主要 MATLAB 程序如下：

```
x0=[…];                               %表 5-1
x1=[x0(:,2)./x0(:,1) x0(:,4)./x0(:,3) x0(:,6)./x0(:,5) ...
    x0(:,8)./x0(:,7)];
x1=roundn(x1,-3);                     %表 5-2;能源强度和人均居民生活用电量
x21=(x1(:,1)-min(x1(:,1)))/(max(x1(:,1))-min(x1(:,1)));
%第 1 列数据预处理
x22=(x1(:,2)-min(x1(:,2)))/(max(x1(:,2))-min(x1(:,2)));
%第 2 列数据预处理
x23=(x1(:,3)-min(x1(:,3)))/(max(x1(:,3))-min(x1(:,3)));
%第 3 列数据预处理
x24=(x1(:,4)-min(x1(:,4)))/(max(x1(:,4))-min(x1(:,4)));
%第 4 列数据预处理
x2=[x21 x22 x23 x24]
for i=1:5
    for k=1:5
        d(i,k)=sum((x2(i,:)-x2(k,:)).^2).^0.5;      %欧几里得距离
    end
end
plot([0 0.581],[9 9],'-k',[0 0.581],[7 7],'-k',[0.581 0.581],[7 9], ...
    '-k');hold on
plot([0 0.690],[5 5],'-k',[0 0.690],[3 3],'-k',[0.690 0.690],[3 5], ...
    '-k')
plot([0.581 0.894],[8 8],'-k',[0.690 0.894],[4 4],'-k', ...
    [0.894 0.894],[4 8],'-k')
plot([0.894 1.283],[6 6],'-k',[0 1.283],[1 1],'-k',[1.283 1.283], ...
    [1 6],'-k')
plot([1.283 1.283+0.1],[3.5 3.5],'-k')
axis([0 1.4 0 10])
set(gca,'yTick',[1 3 5 7 9])
set(gca,'yTickLabel',{'蒙','晋','冀','津','京'})
set(gca,'xTick',[0 0.2 0.4 0.6 0.8 1 1.2 1.4])
ax=gca;
ax.XGrid='on';
ax.YGrid='off';
ax.GridLineStyle='-.';
ax.GridAlpha=0.75;
```

5.3 主成分分析

主成分分析(principal component analysis)也称主分量分析,是霍特林(Hotelling)于1933年在前人工作的基础上,总结成熟的一种多变量降维分析方法。

5.3.1 主成分分析的基本思想

在对某一对象进行实证研究时,为了更全面和准确地反映研究对象的特征,往往需要考虑与研究对象有关的多个指标,这些指标在多元统计中也称为变量。在实际工作中,往往容易产生一个冲突:一方面,为了避免遗漏重要信息,应采用尽可能多的指标对研究对象的特征进行描述;另一方面,指标的增多将增加问题的复杂性,由于各指标均是对同一事物的反映,极容易造成信息的大量重叠,这种信息的重叠有时候甚至会抹杀实物的真正特征和内在规律。基于上述问题,人们希望通过较少数量的变量代表较多的信息,从而在很大程度上替换较多数量的原始变量。主成分分析正是研究如何通过原始变量的少数几个线性组合来解释原始变量绝大多数信息的一种多元统计方法[4]。

主成分分析的前提是变量之间存在相关性。如果变量之间是不相关的,则主成分分析是没有必要的。一般而言,主成分分析通过对原始变量的相关矩阵或协方差矩阵内部结构关系进行研究,利用原始变量的线性组合形成几个综合指标(称主成分),在保留原始变量主要信息的前提下,起到降维和简化问题的作用,使得在研究复杂问题时更容易抓住主要矛盾。一般而言,主成分与原始变量之间应有如下基本关系。

(1) 每个主成分都是各原始变量的线性组合。主成分分析的核心工作,是如何科学地确定各个线性组合的权重向量。

(2) 主成分的数量应远远小于原始变量的数量。主成分分析的优势,在于用数量较少的主成分实现简化问题的效果。

(3) 主成分能够反映原始变量的绝大部分信息。主成分分析不能遗漏较多信息,否则可能使分析结果出现较大偏差。

(4) 主成分之间应该互不相关。主成分分析的主要作用,在于消除原始变量之间的信息重叠。

(5) 主成分应具有可解释性。主成分分析的每个主成分内部都有影响较强的因子,根据影响大小,每个主成分均具有可解释性。

5.3.2 主成分分析的原理及算法

设通过 p 个指标对某一对象的特征进行描述,用 p 维随机向量 $\boldsymbol{X}=[X_1,X_2,\cdots,X_p]^\mathrm{T}$ 进行表示,设该随机向量的协方差矩阵为 $\boldsymbol{C}$。对 $\boldsymbol{X}$ 进行线性变换,可以得到新的综合变量,用 $\boldsymbol{Y}=[Y_1,Y_2,\cdots,Y_m]^\mathrm{T}$ 表示。即

$$\begin{cases}\boldsymbol{F}_1=u_{11}X_1+u_{12}X_2+\cdots+u_{1j}X_j+\cdots+u_{1p}X_p\\ \boldsymbol{F}_2=u_{21}X_1+u_{22}X_2+\cdots+u_{2j}X_j+\cdots+u_{2p}X_p\\ \vdots\\ \boldsymbol{F}_i=u_{i1}X_1+u_{i2}X_2+\cdots+u_{ij}X_j+\cdots+u_{ip}X_p\\ \vdots\\ \boldsymbol{F}_m=u_{m1}X_1+u_{m2}X_2+\cdots+u_{mj}X_j+\cdots+u_{mp}X_p\end{cases} \quad (5\text{-}8)$$

若对 u_{ij} 不进行限制,可以得到无数多个线性变换结果 $\boldsymbol{F}$,每个线性变换结果的统计特征也不完全相同。根据主成分分析的基本思想,希望 $\boldsymbol{F}_i=\boldsymbol{u}_i^\mathrm{T}\boldsymbol{X}$ 的方差尽量大(包含更多的信息),且各 Y_i 之间相互独立。由于

$$\begin{aligned}\mathrm{var}(\boldsymbol{F}_i)&=\mathrm{var}(\boldsymbol{u}_i^\mathrm{T}\boldsymbol{X})\\ &=\boldsymbol{u}_i^\mathrm{T}\boldsymbol{C}\boldsymbol{u}_i\end{aligned} \quad (5\text{-}9)$$

对于任意常数 a,有

$$\begin{aligned}\mathrm{var}(a\boldsymbol{u}_i^\mathrm{T}\boldsymbol{X})&=a\boldsymbol{u}_i^\mathrm{T}\boldsymbol{C}\boldsymbol{u}_i a\\ &=a^2\boldsymbol{u}_i^\mathrm{T}\boldsymbol{C}\boldsymbol{u}_i\end{aligned} \quad (5\text{-}10)$$

因此,如果不对 $\boldsymbol{u}_i$ 进行限制,$\boldsymbol{F}_i$ 的方差可以无限大。鉴于此,通常对上述线性变换进行如下约束。

第一,$\boldsymbol{u}_i^\mathrm{T}\boldsymbol{u}_i=1$。即 $u_{i1}^2+u_{i2}^2+\cdots+u_{ip}^2=1$,其中 $i=1,2,\cdots,m$。

第二,$\boldsymbol{F}_i$ 和 $\boldsymbol{F}_j$ 不相关,即 $i\neq j$,$i=1,2,\cdots,m$,$j=1,2,\cdots,m$。

第三,$\boldsymbol{F}_1$ 是 $X_1,X_2,\cdots,X_p$ 的一切满足第一条约束的线性组合中方差最大者;$\boldsymbol{F}_2$ 是与 $\boldsymbol{F}_1$ 不相关的 $X_1,X_2,\cdots,X_p$ 的一切满足第一条约束的线性组合中方差最大者;以此类推,$\boldsymbol{F}_m$ 是与 $\boldsymbol{F}_1,\boldsymbol{F}_2,\cdots,\boldsymbol{F}_{m-1}$ 都不相关的 $X_1,X_2,\cdots,X_p$ 的一切满足第一条约束的线性组合中方差最大者。

基于以上 3 个约束确定的综合变量 $\boldsymbol{F}_1,\boldsymbol{F}_2,\cdots,\boldsymbol{F}_m$ 分别称为原始变量的第一个、第二个……第 m 个主成分。由于 p 个原始变量观测值矩阵的秩不超过 p,因此有 $m\leqslant p$。对于社会经济数据而言,变量间几乎不会出现完全相关的情况,因此在样本的个数明显大于或等于变量的个数时,通常情况下 $m=p$。在实

际工作中,为了在成分个数以及所包含的信息量二者之间达到均衡,通常只会挑选前几个方差最大的主成分。

上述主成分的具体结果,可以通过拉格朗日乘子法求解得到。对于第一个主成分而言,根据第一和第三个约束,定义拉格朗日乘子

$$\phi(\boldsymbol{u}_1) = \mathrm{var}(\boldsymbol{u}_1^\mathrm{T} \boldsymbol{X}) - \lambda(\boldsymbol{u}_1^\mathrm{T} \boldsymbol{u}_1 - 1)$$
$$= \boldsymbol{u}_1^\mathrm{T} \boldsymbol{C} \boldsymbol{u}_1 - \lambda(\boldsymbol{u}_1^\mathrm{T} \boldsymbol{u}_1 - 1) \tag{5-11}$$

这时有

$$\begin{cases} \dfrac{\partial \boldsymbol{\phi}}{\partial \boldsymbol{u}_1} = 2(\boldsymbol{C} - \lambda \boldsymbol{I})\boldsymbol{u}_1 = 0 \\ \dfrac{\partial \boldsymbol{\phi}}{\partial \lambda} = \boldsymbol{u}_1^\mathrm{T} \boldsymbol{u}_1 - 1 = 0 \end{cases} \tag{5-12}$$

求解式(5-12)实际上就是求解 $\boldsymbol{C}\boldsymbol{u}_1 = \lambda \boldsymbol{u}_1$。即 λ 为协方差矩阵 $\boldsymbol{C}$ 的特征值,$\boldsymbol{u}_1$ 为该特征值对应的特征向量。若要主成分的方差 $\mathrm{var}(\boldsymbol{u}_i^\mathrm{T}\boldsymbol{X})$ 取最大值,只需令 $\boldsymbol{u}_1$ 为最大特征值对应的特征向量即可。根据特征向量的性质,$\boldsymbol{u}_2$ 为第二大特征值对应的特征向量,以此类推。

5.3.3 主成分分析的步骤

根据前述对主成分分析的思想及原理方法的介绍,可以对其步骤总结如下。

第1步,选择相关变量。根据研究对象,选择变量反映其特征。由于后续要进行主成分分析,因此变量的选择可以不必过于考虑相关性,即信息的冗余情况。

第2步,计算样本的协方差矩阵或相关系数矩阵。如果各个变量的量纲一致或者量纲差异较小,可直接进行协方差矩阵,用于后续主成分提取。但是,在大多数情况下,各个变量的量纲并不完全一致。这时,量纲的区别有可能对各个变量的相对影响力产生重大影响,采用协方差矩阵计算得到的主成分将产生不合理的结果,因此必须采用标准化的方法消除量纲的影响。对于变量 $\boldsymbol{X}$ 而言,其第 i 个值标准化以后的结果为

$$Y_i = \frac{X_i - E(\boldsymbol{x})}{\mathrm{std}(\boldsymbol{x})} \tag{5-13}$$

由于将各变量根据式(5-13)标准化以后,$E(Y_i)=0$,$\mathrm{var}(Y_i)=1$,因此这时 $\boldsymbol{Y}=[Y_1,Y_2,\cdots,Y_p]^\mathrm{T}$ 的协方差矩阵 $\boldsymbol{C}$ 即为相关系数矩阵 $\boldsymbol{R}$。

此外，协方差矩阵在实际工作中可能是未知的，需要通过样本的方差进行估计。设 $\boldsymbol{x}=[x_1,x_2,\cdots,x_p]$ 是来自总体 $\boldsymbol{X}$ 的 n 个样本，即

$$\boldsymbol{x}=\begin{bmatrix} x_{11} & x_{12} & \cdots & x_{1p} \\ x_{21} & x_{22} & \cdots & x_{2p} \\ \vdots & \vdots & \ddots & \vdots \\ x_{n1} & x_{n2} & \cdots & x_{np} \end{bmatrix}$$

这时

$$\bar{x}_j = \frac{1}{n}\sum_{i=1}^{n} x_{ij} \tag{5-14}$$

$$c_{ij} = \frac{1}{n-1}\sum_{k=1}^{n}(x_{ik}-\bar{x}_i)(x_{kj}-\bar{x}_j) \Rightarrow \boldsymbol{C}=(c_{ij})_{p\times p} \tag{5-15}$$

$$r_{ij} = \frac{c_{ij}}{\sqrt{c_{ii}c_{jj}}} \Rightarrow \boldsymbol{R}=(r_{ij})_{p\times p} \tag{5-16}$$

第 3 步，提取主成分。计算原始变量或标准化以后变量的协方差矩阵的特征值和对应的特征向量，通过最大特征值对应的特征向量确定第一个主成分，通过第二大特征值对应的特征向量确定第二个主成分，以此类推。

通过标准化以后的变量提取的主成分，具有以下性质。

性质 1：各主成分的均值都为 0，即 $E(F_i)=E(u_i^T\boldsymbol{X})=0$，这是由式(5-13)所示的标准化处理方法所决定的。

性质 2：每个主成分的方差等于构造该主成分时所用到的特征向量对应的特征值，即 $\text{var}(F_i)=\lambda_i$。各主成分互不相关，即 $\boldsymbol{F}$ 的协方差矩阵为对角矩阵（非主对角线元素为 0）。

性质 3：原始变量的总方差等于协方差矩阵特征值之和，即 $\sum_{i=1}^{p}c_{ii}=\sum_{i=1}^{p}\lambda_i$。

提取主成分时，需要考虑的一个问题是如何确定主成分的个数。一种思路认为，应保证提取的主成分的累计贡献率不小于 85%。设保留了 k 个主成分，k 应尽量小，且满足

$$\frac{\sum_{i=1}^{k}\lambda_i}{\sum_{i=1}^{p}\lambda_i} \geqslant 85\% \tag{5-17}$$

另一种思路是，对于原始变量标准化以后提取的主成分，可以按照特征值

大于1来确定主成分的个数。在实际工作中,可以采用上述两种思路之一,或者综合考虑,即特征值大于1,且累计贡献率不小于80%。

第4步,对主成分的意义进行解释。一般而言,每一个主成分均反映了原始变量在某方面的信息,因此是可以进行解释的。

5.4 综合案例: 华北五省能源经济特征的主成分分析

本节以表5-1所示的华北五省的能源经济数据为基础,对8个指标(变量)进行主成分分析。

5.4.1 数据预处理

用x_{ij}表示表5-1的数据。其中,$i=1,2,\cdots,5$,分别表示京、津、冀、晋、蒙5个省;$j=1,2,\cdots,8$,分别第一产业增加值、第一产业能源消费量、$\cdots$、居民生活能源消费量这8个指标。

由于增加值、能源消费量和人口数量的量纲不同,因此必须根据式(5-13)对x_{ij}进行标准化处理,并将结果如表5-3所示。

表5-3 标准化处理后的变量数据

省	第一产业		第二产业		第三产业		居民生活	
	增加值	能源消费量	增加值	能源消费量	增加值	能源消费量	人口	能源消费量
京	−0.932	−1.3808	−0.6508	−1.3847	1.7998	1.3888	−0.6309	−0.4712
津	−0.8759	−0.974	−0.8941	−0.8187	−0.7061	−1.4657	−0.9052	−0.9361
冀	1.7406	1.1407	1.9197	0.9438	0.3939	0.6391	1.8891	1.8678
晋	−0.3739	0.3762	−0.084	0.0263	−0.7305	−0.7034	0.099	−0.622
蒙	0.4413	0.8379	−0.2908	1.2332	−0.7571	0.1411	−0.452	0.1615

可以验证,表5-3的数据每列之和都为0。

5.4.2 主成分提取结果及讨论

根据标准化处理后的数据,计算变量的协方差(相关系数)矩阵,列于表5-4中。

表 5-4　各变量的协方差（相关系数）矩阵

i	1	2	3	4	5	6	7	8
1	1	0.871	0.927	0.837	−0.087	0.285	0.886	0.963
2	0.871	1	0.737	0.966	−0.451	0.019	0.713	0.719
3	0.927	0.737	1	0.617	0.1	0.33	0.994	0.947
4	0.837	0.966	0.617	1	−0.499	0.007	0.569	0.673
5	−0.087	−0.451	0.1	−0.499	1	0.839	0.104	0.176
6	0.285	0.019	0.33	0.007	0.839	1	0.305	0.474
7	0.886	0.713	0.994	0.569	0.104	0.305	1	0.908
8	0.963	0.719	0.947	0.673	0.176	0.474	0.908	1

计算表 5-4 所示的协方差矩阵的特征值和特征向量。并将结果列于表 5-5 中。

表 5-5　协方差矩阵的特征值和特征向量

特征值	特征向量
5.210	$[0.434\quad 0.389\quad 0.416\quad 0.362\quad -0.029\quad 0.135\quad 0.403\quad 0.418]^T$
2.202	$[-0.014\quad -0.264\quad 0.109\quad -0.298\quad 0.672\quad 0.582\quad 0.110\quad 0.162]^T$
0.492	$[-0.028\quad -0.261\quad 0.381\quad -0.499\quad 0.008\quad -0.559\quad 0.471\quad 0.051]^T$
0.096	$[-0.420\quad 0.509\quad 0.130\quad -0.083\quad -0.004\quad 0.238\quad 0.407\quad -0.564]^T$

根据表 5-5 所示结果，由于前两个特征值都大于 1，且累计贡献率为 92.65%（(5.210+2.202)/8=0.9265），因此由前两个特征值对应的特征向量提取两个有效主成分。根据特征值 5.210 对应的特征向量和表 5-1 中所示的数据，可以计算得到第一个主成分为 $[3811.644\ 4259.774\ 14893.142\ 7771.98\ 9390.096]^T$。同理，可以计算得到第二个主成分为 $[22271.626\ 6521.405\ 13340.874\ 6268.095\ 5011.797]^T$。

注意，在表 5-4 中，$i=5$ 和 6（或 $j=5$ 和 6）时该行（列）的数据绝对值普遍较小，说明第三产业增加值和能源消费量在各省之间的变化与其他变量同步性较低。对应于表 5-5 中，第一个特征值（5.210）对应的特征向量中，第 5 个值和第 6 个值明显小于其他值，因此第一个成分可以看作对除第三产业增加值和能源消费量以外其他 6 个变量共同变化特征的概括。相对而言，第二个特征值（2.202）对应的特征向量中，第 5 个值和第 6 个值明显大于其他值，因此第二个主成分可以看作对第三产业增加值和能源消费量共同变化特征的概括。

5.4.3 主要 MATLAB 程序

主要 MATLAB 程序如下：

```
x=[…]                   %表 5-1
Mx=mean(x);             %每个变量的均值
Sx=std(x,1);            %每个变量的标准差
for i=1:5
    for j=1:8
        y(i,j)=(x(i,j)-Mx(j))/Sx(j);
    end
end
C=cov(y,1);             %corrcoef(y');协方差/相关系数矩阵
[Eve,Eva]=eig(C);       %特征向量和特征值
PC1=x*Eve(:,8)          %第一个成分
PC2=x*Eve(:,7)          %第二个成分
```

5.5 因子分析

因子分析(factor analysis)最早起源于皮尔逊(Pearson)和斯皮尔曼(Spearman)等学者在 20 世纪初所做的一些研究，其目的和用途与主成分分析类似，可以看作是主成分分析的推广与发展，但却采用了与主成分分析不同的思路。

5.5.1 因子模型

1. 因子模型的引入

下面，以斯皮尔曼在 1904 年用到的例子解释因子分析的基本模型[4]。斯皮尔曼研究了 33 名学生古典语(C)、法语(F)、英语(E)、数学(M)、辨别(D)和音乐(Mu)6 门课程考试成绩的相关性，得到相关系数矩阵如下：

	C	F	E	M	D	Mu
C	1.00	0.83	0.78	0.70	0.66	0.63
F	0.83	1.00	0.67	0.67	0.65	0.57
E	0.78	0.67	1.00	0.64	0.54	0.51
M	0.70	0.67	0.64	1.00	0.45	0.51
D	0.66	0.65	0.54	0.45	1.00	0.40
Mu	0.63	0.57	0.51	0.51	0.40	1.00

上述相关系数矩阵存在一个有趣的规律,即如果不考虑主对角线元素,任意两列(或行)的元素大致成比例。例如,对于 C 列和 E 列(或 C 行与 E 行),有

$$\frac{0.83}{0.67} \approx \frac{0.70}{0.64} \approx \frac{0.66}{0.54} \approx \frac{0.63}{0.51} \approx 1.2 \tag{5-18}$$

也就是说,古典语(C)和英语(E)成绩与其他课程成绩的相关程度总是接近于一个固定的比率(1.2)。鉴于此,斯皮尔曼指出,每一门课程的考试成绩都遵循以下形式:

$$X_i = a_i \boldsymbol{F} + \varepsilon_i \tag{5-19}$$

其中,X_i 为第 i 门课程标准化以后的成绩,其均值为 0,方差为 1;$\boldsymbol{F}$ 为公共因子,对各科考试成绩均有影响,也是均值为 0,方差为 1;ε_i 为仅对第 i 门课程有影响的特殊因子,$\boldsymbol{F}$ 与 ε_i 相互独立。可以理解为,每一门课程的考试成绩,都可以视为一个公共因子(可以认为是智力水平)与一个特殊因子的和。在满足以上假设的条件下,有

$$\begin{aligned} \operatorname{cov}(X_i, X_j) &= E[(a_i \boldsymbol{F} + \varepsilon_i)(a_j \boldsymbol{F} + \varepsilon_j)] \\ &= a_i a_j \operatorname{var}(\boldsymbol{F}) \\ &= a_i a_j \end{aligned} \tag{5-20}$$

于是,有

$$\frac{\operatorname{cov}(X_i, X_j)}{\operatorname{cov}(X_i, X_k)} = \frac{a_j}{a_k} \tag{5-21}$$

式(5-21)与 i 无关。也就是说,对于任意 $i \neq j$ 且 $i \neq k$,第 j 门课程和第 k 门课程与第 i 门课程的相关系数成固定比例,从而验证了式(5-18)所示的结果。

此外,根据式(5-19)可以得到 X_i 的方差为

$$\begin{aligned} \operatorname{var}(X_i) &= \operatorname{var}(a_i \boldsymbol{F} + \varepsilon_i) \\ &= \operatorname{var}(a_i \boldsymbol{F}) + \operatorname{var}(\varepsilon_i) \\ &= a_i^2 \operatorname{var}(\boldsymbol{F}) + \operatorname{var}(\varepsilon_i) \\ &= a_i^2 + \operatorname{var}(\varepsilon_i) \end{aligned} \tag{5-22}$$

由于各门课程的成绩已经进行了标准化处理,即 X_i 的方差为 1,因此有

$$1 = a_i^2 + \operatorname{var}(\varepsilon_i) \tag{5-23}$$

显然,$-1 \leqslant a_i \leqslant 1$。这样一来,$a_i$ 的意义在于其平方表示了公共因子 $\boldsymbol{F}$ 解释 X_i 方差(或者称信息)的比率,因此称为 X_i 的因子载荷,而 a_i^2 则称为 X_i 的共同度。相应的,ε_i 的方差表示公共因子 $\boldsymbol{F}$ 不能解释的 X_i 方差(信息),是 X_i 特有的信息,因此称为特殊因子。

如果一门课程的考试成绩受到多个公共因子的影响,则式(5-19)可以扩展为

$$X_i = a_{i1}F_1 + a_{i2}F_2 + \cdots + a_{im}F_m + \varepsilon_i \tag{5-24}$$

这时,有

$$\text{var}(X_i) = a_{i1}^2 + a_{i2}^2 + \cdots + a_{im}^2 + \text{var}(\varepsilon_i) = 1 \tag{5-25}$$

其中,$a_{ij}(j=1,2,\cdots,m)$ 称为因子载荷;$a_{i1}^2 + a_{i2}^2 + \cdots + a_{im}^2$ 称为 X_i 的共同度。

根据式(5-25),可以得到 X_i 和 X_j 的相关系数为

$$r_{ij} = a_{i1}a_{j1} + a_{i2}a_{j2} + \cdots + a_{im}a_{jm} \tag{5-26}$$

式(5-26)反映了相关系数与因子载荷的关系。

2. 正交因子模型

下面给出正交因子模型的一般形式:设 $\boldsymbol{X} = (X_1, X_2, \cdots, X_p)^\text{T}$ 是可观测的随机向量,$E(\boldsymbol{X}) = \boldsymbol{\mu}$,$\text{cov}(\boldsymbol{X}) = \boldsymbol{\Sigma}$。且设 $\boldsymbol{F} = (F_1, F_2, \cdots, F_m)^\text{T}(m<p)$ 是不可观测的向量,$E(\boldsymbol{F}) = 0$,$\text{cov}(\boldsymbol{F}) = \boldsymbol{I}_m$($m$ 阶单位矩阵,即 $\boldsymbol{F}$ 的各分量方差为 1 且互不相关)。又设 $\boldsymbol{\varepsilon} = (\varepsilon_1, \varepsilon_2, \cdots, \varepsilon_p)^\text{T}$ 与 $\boldsymbol{F}$ 互不相关,且 $E(\boldsymbol{\varepsilon}) = 0$,$\text{cov}(\boldsymbol{\varepsilon}) = \text{diag}(\sigma_1^2, \sigma_2^2, \cdots, \sigma_p^2)$($p$ 为阶对角矩阵)。假定随机向量 $\boldsymbol{X}$ 满足

$$\begin{cases} X_1 - \mu_1 = a_{11}F_1 + a_{12}F_2 + \cdots + a_{1m}F_m + \varepsilon_1 \\ X_2 - \mu_2 = a_{21}F_1 + a_{22}F_2 + \cdots + a_{2m}F_m + \varepsilon_2 \\ \quad\quad\vdots \\ X_p - \mu_p = a_{p1}F_1 + a_{p2}F_2 + \cdots + a_{pm}F_m + \varepsilon_p \end{cases} \tag{5-27}$$

则式(5-27)称为正交因子模型。用矩阵表示为

$$\boldsymbol{X} = \boldsymbol{\mu} + \boldsymbol{AF} + \boldsymbol{\varepsilon} \tag{5-28}$$

其中,$F_1, F_2, \cdots, F_m$ 称为 $\boldsymbol{X}$ 的公共因子;$\varepsilon_1, \varepsilon_2, \cdots, \varepsilon_p$ 称为 $\boldsymbol{X}$ 的特殊因子;$\boldsymbol{A} = (a_{ij})_{p \times m}$ 是待估的系数矩阵,称为因子载荷矩阵,a_{ij} 称为第 i 个变量在第 j 个因子上的载荷(简称因子载荷)。公共因子一般对 $\boldsymbol{X}$ 的每一个分量 X_i 都有作用,而特殊因子 ε_i 只对 X_i 起作用。各个特殊因子之间以及特殊因子与所有公共因子之间都是互不相关的。

正交因子模型的第 i 个变量和第 j 个变量($i \neq j$)的协方差为

$$\text{cov}(X_i, X_j) = a_{i1}a_{j1} + a_{i2}a_{j2} + \cdots + a_{im}a_{jm} \tag{5-29}$$

第 i 个变量的方差为

$$\text{var}(X_i) = a_{i1}^2 + a_{i2}^2 + \cdots + a_{im}^2 + \sigma_i^2 \tag{5-30}$$

变量与公共因子的协方差为

$$\text{cov}(\boldsymbol{X}, \boldsymbol{F}) = \boldsymbol{A} \tag{5-31}$$

正交因子模型是最常见的(通常也是默认的)因子模型,主要强调两个前提假设:

① 特殊因子互不相关;

② 特殊因子和公共因子互不相关。

3. 因子载荷的统计意义

因子载荷矩阵 $\boldsymbol{A}$ 的第 i 行元素的平方和

$$h_i^2 = \sum_{j=1}^{m} a_{ij}^2 \tag{5-32}$$

称为变量 X_i 的共同度。

根据式(5-30),有

$$\mathrm{var}(X_i) = h_i^2 + \sigma_i^2 \tag{5-33}$$

式(5-33)表明,X_i 的方差(所包含的信息)由两部分构成,第一部分 h_i^2 是全部公共因子对变量 X_i 的总方差所做出的贡献,或者说 X_i 的总方差中能够由全部公共因子解释的部分,称为公共因子方差(共同度);第二部分 σ_i^2 是由特殊因子 ε_i 产生的方差,它仅与 X_i 有关,或者说 X_i 的总方差中不能由全部公共因子解释的部分,称为剩余方差。

显然,在 X_i 的方差既定的情况下,h_i^2 越大,σ_i^2 必然越小,反之亦然。h_i^2 越大表明 X_i 对公共因子的依赖程度越大。极端情况下,当 $h_i^2 = \mathrm{var}(X_i)$,即 $\sigma_i^2 = 0$ 时,X_i 可以完全由公共因子的线性组合表示。反之,h_i^2 越小表明 X_i 对公共因子的依赖程度越小。极端情况下,当 $h_i^2 \approx 0$,即 $\sigma_i^2 \approx \mathrm{var}(X_i)$ 时,公共因子对 X_i 的影响很小,X_i 主要由特殊因子 ε_i 来描述。

因子载荷矩阵 $\boldsymbol{A}$ 的第 j 列元素的平方和记为

$$q_j^2 = \sum_{i=1}^{p} a_{ij}^2 \tag{5-34}$$

其中,q_j^2 表示第 j 个公共因子 F_j 对 $\boldsymbol{X}$ 所有分量 $X_1, X_2, \cdots, X_p$ 的总影响,称为第 j 个公共因子对 $\boldsymbol{X}$ 的贡献,它是衡量第 j 个公共因子相对重要性的指标。显然,q_j^2 越大,表明 F_j 对 $\boldsymbol{X}$ 的贡献越大,因此可以根据 q_j^2 的大小挑选相对比较有影响力的公共因子。

5.5.2 模型参数估计

设有 p 个具有相关性(共线性)的变量的 n 次观测值 $\boldsymbol{X}_{(i)} = (x_{i1}, x_{i2}, \cdots, x_{ip})^{\mathrm{T}} (i=1,2,\cdots,n)$,因子分析的目的是用少数几个公共因子(设为 m 个)来描述上述 p 个变量的协方差结构。根据式(5-29)和式(5-30),有

$$C = AA^T + D \tag{5-35}$$

其中 $A = (a_{ij})$ 为 $p \times m$ 的因子载荷矩阵；$D = \mathrm{diag}(\sigma_1^2, \sigma_2^2, \cdots, \sigma_p^2)$ 为 p 阶对角矩阵。因子模型的参数估计，就是估计公共因子的个数 m、因子载荷矩阵 A 以及特殊因子方差 $\sigma_i^2 (i=1,2,\cdots,p)$，使得式(5-35)成立。常用的参数估计方法有主成分法、主因子解和极大似然法[5]。

1. 主成分法

设 p 阶样本协方差矩阵 C 的特征值为 $\lambda_1 \geqslant \lambda_2 \geqslant \cdots \geqslant \lambda_p \geqslant 0$，相对应的单位正交特征向量为 $l_1, l_2, \cdots, l_p$，则 C 有谱分解式：

$$C = \sum_{i=1}^{p} \lambda_i l_i l_i^T \tag{5-36}$$

当后 $p-m$ 个特征值较小时，C 可以近似地分解为

$$C \approx \lambda_1 l_1 l_1^T + \lambda_2 l_2 l_2^T + \cdots + \lambda_m l_m l_m^T + D$$

$$= \begin{bmatrix} \sqrt{\lambda_1} l_1 & \sqrt{\lambda_2} l_2 & \cdots & \sqrt{\lambda_m} l_m \end{bmatrix} \begin{bmatrix} \sqrt{\lambda_1} l_1 \\ \sqrt{\lambda_2} l_2 \\ \vdots \\ \sqrt{\lambda_m} l_m \end{bmatrix} + \begin{bmatrix} \sigma_1^2 & & & \\ & \sigma_2^2 & & \\ & & \ddots & \\ & & & \sigma_p^2 \end{bmatrix}$$

$$= AA^T + D \tag{5-37}$$

其中，

$$\begin{cases} A = \begin{bmatrix} \sqrt{\lambda_1} l_1 & \sqrt{\lambda_2} l_2 & \cdots & \sqrt{\lambda_m} l_m \end{bmatrix} \\ \sigma_i^2 = c_{ii} - \sum_{t=1}^{m} a_{it}^2 \end{cases} \tag{5-38}$$

式(5-38)给出的 A 和 D 是因子模型的一个解，这个解通常称为主成分解。使用这个解时，需要确定公共因子的个数 m，一般有两种方法：一种是根据实际问题的意义或专业理论知识来确定；二是参照式(5-17)确定主成分个数的原则确定，例如要求累计贡献率不小于 80% 且 $\lambda_m > 1$。

在进行主成分分析时，如果 $X_1, X_2, \cdots, X_p$ 的单位不同，通常需要根据式(5-13)进行标准化处理，标准化后变量的协方差矩阵与相关系数矩阵 R 相同，这时再进行主成分分析。

2. 主轴因子法

将随机变量 $X = (X_1, X_2, \cdots, X_p)^T$ 的相关系数矩阵记作 $R = AA^T + D$，则

$$R^* = R - D = AA^T \tag{5-39}$$

称为约相关阵。

如果已知特殊因子方差的初始估计值为 $(\hat{\sigma}_i^*)^2$,则初始公因子方差(即共同度)的估计值为

$$(h_i^*)^2 = 1 - (\hat{\sigma}_i^*)^2 \tag{5-40}$$

约相关阵可以写作

$$R^* = \begin{bmatrix} (h_1^*)^2 & r_{12} & \cdots & r_{1p} \\ r_{21} & (h_2^*)^2 & \cdots & r_{2p} \\ \vdots & \vdots & \ddots & \vdots \\ r_{p1} & r_{p2} & \cdots & (h_p^*)^2 \end{bmatrix} \tag{5-41}$$

计算 R^* 的特征值和单位正交特征向量,取前 m 个正特征值 $\lambda_1^* \geqslant \lambda_2^* \geqslant \cdots \geqslant \lambda_m^* > 0$,其对应的单位正交特征向量为 $l_1^*, l_2^*, \cdots, l_m^*$,则有近似分解式

$$R^* \approx AA^T \tag{5-42}$$

其中,

$$A = [\sqrt{\lambda_1^*}\, l_1^* \quad \sqrt{\lambda_2^*}\, l_2^* \quad \cdots \quad \sqrt{\lambda_m^*}\, l_m^*] \tag{5-43}$$

令

$$\hat{\sigma}_i^2 = 1 - \sum_{t=1}^{m} a_{it}^2, \quad i = 1, 2, \cdots, p \tag{5-44}$$

则 A 和 $D^* = \text{diag}(\hat{\sigma}_1^2, \hat{\sigma}_2^2, \cdots, \hat{\sigma}_p^2)$ 即为因子模型的一个解,这个解通常称为主因子解。

在实际工作中,由于特殊因子方差 σ_i^2 或公因子方差(或称共同度) h_i^2 是未知的,因此以上得到的解为近似解。为了得到更好的解,通常需要通过迭代的方式对近似解进行调整。即利用 $D^* = \text{diag}(\hat{\sigma}_1^2, \hat{\sigma}_2^2, \cdots, \hat{\sigma}_p^2)$ 作为特殊方差的初始估计值,重复上述过程,直到得到稳定解为止。

在上述计算过程中,需要有特殊因子方差 σ_i^2 和公因子方差 h_i^2 的迭代初始估计值。由于这二者的关系为 $\sigma_i^2 = 1 - h_i^2$,因此只需得到一个变量的初始估计值即可。公因子方差的初始值估计方法主要有以下 3 种。

方法 1:公因子方差 h_i^2 取第 i 个变量与其他所有变量的多重相关系数的平方(或者取 $\sigma_i^2 = 1/r_{ij}$,其中 r_{ij} 是 R^{-1} 的主对角线元素)。

方法 2:公因子方差 h_i^2 取第 i 个变量与其他所有变量的相关系数绝对值的最大值。

方法 3：公因子方差 h_i^2 取 1，这时等价于主成分解。

3. 极大似然法

极大似然估计是以概率分析为基础的一种参数估计方法，它通过已知样本数据来推测最大概率出现该事实的模型参数值，并将这一参数值作为估计的真实值。假定公因子 F 和特殊因子 ε 服从正态分布，可以得到因子载荷矩阵和特殊方差的极大似然估计。设 p 维观测向量 $X_{(1)}, X_{(2)}, \cdots, X_{(n)}$ 为来自正态总体 $N_p(\mu, \Sigma)$ 的随机样本，则样本似然函数为 μ 和 Σ 的函数 $L(\mu, \Sigma)$。

设 $\Sigma = AA^T + D$，取 $\mu = \overline{X}$，则似然函数 $L(\overline{X}, AA^T + D)$ 的对数为 A 和 D 的函数，记为 $\varphi(A, D)$，求 A 和 D 使 φ 达到最大。可以证明，使 $\varphi(A, D)$ 达到极大值的 A 和 D 的估计值满足

$$\begin{cases} S\hat{D}^{-1}\hat{A} = \hat{A}(I + \hat{A}^T\hat{D}^{-1}\hat{A}) \\ \hat{D} = \mathrm{diag}(S - \hat{A}\hat{A}^T) \end{cases} \tag{5-45}$$

其中，$S = \dfrac{1}{n}\sum\limits_{i=1}^{n}(X_{(i)} - \overline{X})(X_{(i)} - \overline{X})^T$。

为了保证式(5-45)有唯一解，可以附加唯一性条件：$A^T D^{-1} A$ 为对角矩阵。

此外，为了得到较为精确的解，式(5-45)一般通过迭代法计算 A 和 D 的极大似然估计值。

在上述 3 种方法中，主成分法由于计算较为简单，因此应用最为广泛。

5.5.3 因子旋转与因子得分

1. 正交因子旋转

因子分析的目的不仅仅是找到公共因子，更重要的是知道每个公共因子的意义。如果计算得到公共因子解后，各个公共因子的典型代表变量不是很突出，就很难对公共因子的实际意义进行解释，这时就需要通过因子旋转对载荷矩阵和对应的公共因子进行调整。

实际上，不管用何种方式确定的因子载荷矩阵 A，它都不是唯一的。例如，设 Q 为任意一个 m 阶正交矩阵，则

$$\begin{aligned} X &= \mu + AF + \varepsilon \\ &= \mu + (AQ)(Q^T F) + \varepsilon \end{aligned} \tag{5-46}$$

令 $B = AQ, Z = Q^T F$，则 $E(Z) = 0, \mathrm{cov}(Z) = I_m, \mathrm{cov}(Z, \varepsilon) = Q^T \mathrm{cov}(F, \varepsilon) = 0$，因此 B 也是一个因子载荷矩阵。

上述由 A 生成 B 以及相应的由 F 生成 Z 的过程称为因子旋转。在因子旋转中,如果公共因子相互正交(即正交因子模型,本节一直以此为基础进行介绍),则称为正交旋转。如果实际问题中产生的公共因子相互间不再独立,而是彼此相关,即 $\text{cov}(F) \neq I_m$,则称上述过程为斜交旋转,本节不对此情况进行讨论。

因子旋转的目的是使载荷因子矩阵的值两极分化,即 B 矩阵的元素的平方按列向 0 或 1 分化,以达到简化结构,便于解释的目的。方差最大正交旋转是其中最常用的方法,以下对此进行介绍[4]。

设 $A_{p \times m}$ 为因子模型中公因子向量 F 的因子载荷矩阵,即

$$A = \begin{bmatrix} a_{11} & a_{12} & \cdots & a_{1i} & \cdots & a_{1m} \\ a_{21} & a_{22} & \cdots & a_{2j} & \cdots & a_{2m} \\ \vdots & \ddots & & \vdots & \ddots & \vdots \\ a_{i1} & a_{i2} & \cdots & a_{ij} & \cdots & a_{im} \\ \vdots & \ddots & & \vdots & \ddots & \vdots \\ a_{p1} & a_{p2} & \cdots & a_{pi} & \cdots & a_{pm} \end{bmatrix} \tag{5-47}$$

根据式(5-46),在进行正交旋转时,特殊因子 ε 并不发生变化。根据式(5-30)和式(5-32),每个变量的共同度 h_i^2 也不会发生变化。这时,对于因子载荷矩阵 A 的每一列而言,如果数值越分散,则方差越大。令

$$d_{ij}^2 = \frac{a_{ij}^2}{h_i^2} \quad i = 1, \cdots, p \text{ 且 } j = 1, \cdots, m \tag{5-48}$$

将第 j 列 p 个数据 $d_{1j}^2, d_{2j}^2, \cdots, d_{pj}^2$ 的方差定义为

$$V_j = \frac{1}{p} \sum_{i=1}^{p} (d_{ij}^2 - \bar{d}_j)^2$$

$$= \frac{1}{p^2} \left[p \sum_{i=1}^{p} \frac{a_{ij}^4}{h_i^4} - \left(\sum_{i=1}^{p} \frac{a_{ij}^2}{h_i^2} \right)^2 \right] \tag{5-49}$$

其中,$\bar{d}_j = \frac{1}{p} \sum_{i=1}^{p} d_{ij}^2$。

这时,因子载荷矩阵 A 的方差为

$$V = \sum_{j=1}^{m} V_j$$

$$= \frac{1}{p^2} \sum_{j=1}^{m} \left[p \sum_{i=1}^{p} \frac{a_{ij}^4}{h_i^4} - \left(\sum_{i=1}^{p} \frac{a_{ij}^2}{h_i^2} \right)^2 \right] \tag{5-50}$$

V 越大,说明因子载荷矩阵 $\boldsymbol{A}$ 的数值越分散,这时因子分析模型越易于解释,因此 V 取极大值是正交旋转的目标。

设 $m=2$,即式(5-47)所示的因子载荷矩阵只有两列。这时,取正交矩阵

$$\boldsymbol{Q} = \begin{bmatrix} \cos\varphi & -\sin\varphi \\ \sin\varphi & \cos\varphi \end{bmatrix}$$

根据式(5-46),有

$$\begin{aligned}
\boldsymbol{B} &= \boldsymbol{AQ} \\
&= \begin{bmatrix} a_{11}\cos\varphi + a_{12}\sin\varphi & -a_{11}\sin\varphi + a_{12}\cos\varphi \\ a_{21}\cos\varphi + a_{22}\sin\varphi & -a_{21}\sin\varphi + a_{22}\cos\varphi \\ \vdots & \vdots \\ a_{p1}\cos\varphi + a_{p2}\sin\varphi & -a_{p1}\sin\varphi + a_{p2}\cos\varphi \end{bmatrix} \\
&= \begin{bmatrix} b_{11} & b_{12} \\ b_{21} & b_{22} \\ \vdots & \vdots \\ b_{p1} & b_{p2} \end{bmatrix}
\end{aligned} \tag{5-51}$$

为 $\boldsymbol{Z} = \boldsymbol{Q}^{\mathrm{T}}\boldsymbol{F}$ 的因子载荷矩阵。

根据式(5-50),若使因子载荷矩阵 $\boldsymbol{B}$ 的方差最大,需满足

$$\frac{\partial V}{\partial \varphi} = \frac{\partial (V_1 + V_2)}{\partial \varphi} = 0 \tag{5-52}$$

整理后可知,若使式(5-52)成立,φ 应满足

$$\tan 4\varphi = \frac{d - 2\alpha\beta/p}{c - (\alpha^2 - \beta^2)/p} \tag{5-53}$$

记 $\mu_i = \left(\frac{a_{i1}}{h_i}\right)^2 - \left(\frac{a_{i2}}{h_i}\right)^2$,$\nu_i = \frac{2a_{i1}a_{i2}}{h_i^2}$(其中 $i=1,2,\cdots,p$),则 $\alpha = \sum_{i=1}^{p}\mu_i$,$\beta = \sum_{i=1}^{p}\nu_i$,$c = \sum_{i=1}^{p}(\mu_i^2 - \nu_i^2)$,$d = 2\sum_{i=1}^{p}\mu_i\nu_i$。

当 $m>2$,即公共因子的个数大于两个时,可逐次对因子载荷矩阵的每两列进行以上旋转,这样共需旋转 C_m^2 次,全部旋转完毕即完成一次循环。需要注意的是,并不是完成一次循环后得到的因子载荷方差就是最大方差,而是需要从旋转后的因子载荷矩阵出发,再进行第二次、第三次循环旋转,直到因子载荷方差不再增大为止。

2. 因子得分

在确定公共因子的个数 m 并得到(经过正交旋转后的)因子载荷矩阵 $\boldsymbol{A}$ 以

及特殊因子方差 $\sigma_i^2(i=1,2,\cdots,p)$ 的估计值后,往往需要把公共因子 $F_j(j=1,2,\cdots,m)$ 表示成原始变量 $X_i(i=1,2,\cdots,p)$ 的线性组合,称为因子得分函数。通过因子得分函数,可以计算每个样本的公共因子得分。估计因子得分的方法有很多种,其中最常用的有加权最小二乘法和回归估计法[2]。

1) 加权最小二乘法

对于式(5-27)所示的正交因子模型,假设均值向量 $\boldsymbol{\mu}$、因子载荷向量 $\boldsymbol{A}$ 和特殊因子方差 σ_i^2 已知,把特殊因子看作是误差。由于不同原始变量对应的特殊因子方差一般是不相等的,因此可以采用加权最小二乘的方法对公共因子进行估计。这里采用误差(特殊因子)方差的倒数作为权重,这时残差(误差)的平方和为

$$\sum_{i=1}^{p} \frac{\varepsilon_i^2}{\sigma_i^2} = \boldsymbol{\varepsilon}^{\mathrm{T}} \boldsymbol{D}^{-1} \boldsymbol{\varepsilon} \tag{5-54}$$
$$= (\boldsymbol{X} - \boldsymbol{\mu} - \boldsymbol{AF})^{\mathrm{T}} \boldsymbol{D}^{-1} (\boldsymbol{X} - \boldsymbol{\mu} - \boldsymbol{AF})$$

其中,$\boldsymbol{D} = \mathrm{diag}(\sigma_1^2, \sigma_2^2, \cdots, \sigma_p^2)$。通过令式(5-55)的取值极小化,可以得到公共因子的估计值为

$$\hat{\boldsymbol{F}} = (\boldsymbol{A}^{\mathrm{T}} \boldsymbol{D}^{-1} \boldsymbol{A})^{-1} \boldsymbol{A}^{\mathrm{T}} \boldsymbol{D}^{-1} (\boldsymbol{X} - \boldsymbol{\mu}) \tag{5-55}$$

这就是因子得分的加权最小二乘估计结果。

2) 回归估计法

将式(5-27)中的观测值向量 $X_i(i=1,2,\cdots,p)$ 和公共因子向量 $F_j(j=1,2,\cdots,m)$ 进行标准化处理。这时,观测值矩阵 $\boldsymbol{X}$ 的相关系数矩阵等于协方差矩阵。公共因子 F_j 与各观测值向量的关系可以写作

$$F_j = b_{j1} X_1 + b_{j2} X_2 + \cdots + b_{jp} X_p + \varepsilon_j \tag{5-56}$$

计算因子得分的关键在于对式(5-57)的回归参数进行估计。但是,与普通的多元回归参数估计问题不同的是,式(5-57)的被解释变量 F_j 是未知的。

根据因子载荷矩阵的意义,有

$$\begin{aligned} a_{ij} &= E(X_i F_j) \\ &= E[X_i(b_{j1} X_1 + b_{j2} X_2 + \cdots + b_{jp} X_p + \varepsilon_j)] \\ &= \sum_{k=1}^{p} b_{jk} r_{ik} \end{aligned} \tag{5-57}$$

即

$$\boldsymbol{R} \boldsymbol{b}_{(j)} = \boldsymbol{a}_{(j)} \tag{5-58}$$

这时,有

$$\boldsymbol{b}_{(j)} = \boldsymbol{R}^{-1} \boldsymbol{a}_{(j)} \tag{5-59}$$

其中，$b_{(j)}=[b_{j1},b_{j2},\cdots,b_{jp}]^T$，$a_{(j)}$ 为观测值矩阵 X 的相关系数矩阵的第 j 列。

因此，对于式(5-59)的回归系数矩阵有

$$B=\begin{bmatrix}b_{(1)}^T\\b_{(2)}^T\\\vdots\\b_{(m)}^T\end{bmatrix}=\begin{bmatrix}(R^{-1}a_{(1)})^T\\(R^{-1}a_{(2)})^T\\\vdots\\(R^{-1}a_{(m)})^T\end{bmatrix}=\begin{bmatrix}a_{(1)}^T\\a_{(2)}^T\\\vdots\\a_{(m)}^T\end{bmatrix}R^{-1}=A^TR^{-1} \tag{5-60}$$

根据式(5-60)，公共因子 F 的估计值为

$$\hat{F}=\begin{bmatrix}\hat{F}_1\\\hat{F}_2\\\vdots\\\hat{F}_m\end{bmatrix}=\begin{bmatrix}b_{(1)}^T X\\b_{(2)}^T X\\\vdots\\b_{(m)}^T X\end{bmatrix}=BX=A^TR^{-1}X \tag{5-61}$$

这就是回归估计法得到的因子得分结果。

特别的，当 $m=2$，也就是只有两个公共因子时，可以以两个公共因子的得分为坐标轴，将各个样本的坐标在二维空间中表示出来，便于在直观上进行聚类分析。此外，上述两种方法计算的因子得分结果可能略有不同，但对于哪一种方法更好，迄今为止尚未有定论[5]。

5.5.4 因子分析小结

前述各节对因子分析的主要关键技术进行了介绍，本节对因子分析的步骤进行总结，并与主成分分析进行比较分析。

1. 因子分析的步骤

进行因子分析时，一般按如下步骤开展。

第1步，选择原始变量及数据。根据所研究的具体问题，选择反应问题不同方面重要特征的变量，并收集若干变量数据。

第2步，数据预处理。将个变量数据参考式(5-13)进行预处理，对处理后的数据进行相关性分析，判断其是否适合进行因子分析。相关性分析可以采用相关系数矩阵等简单方法（实际上仅能判断两个变量的相关性），也可以采用方差膨胀因子等多重相关性检验指标。

第3步，初始参数估计。估计公共因子的个数、因子载荷矩阵以及特殊因子方差，其中主成分法是使用较多的方法。

第4步，因子旋转。为了使公共因子易于解释，通常需要通过正交因子旋转的方式对初始参数估计得到的因子载荷矩阵进行调整。

第 5 步，计算因子得分。以旋转后的因子载荷矩阵为基础，计算每个样本的因子得分。

第 6 步，对因子分析的结果进行讨论分析。

2. 因子分析与主成分分析的联系与区别

(1) 因子分析与主成分分析有很多相似之处。

① 两种方法都是一种降维的数据简化技术。两种方法都可以用少量数据包含大量原始数据中的主要规律性信息。

② 计算方法上有相似性。两种方法都可以从标准化后数据的协方差（相关系数）矩阵为出发点，通过特征值和对应的特征向量计算模型参数。

(2) 因子分析与主成分分析还具有很大的区别。

① 因子分析把变量主要表示为各个公共因子的线性组合，主成分分析把主成分主要表示为各个变量的线性组合。

② 因子分析的参数估计方法有主成分法、主因子解和极大似然法等，且各方法的参数估计结果并不完全相同，而主成分分析只有一种参数估计方法。

③ 与主成分分析相比，因子分析可以通过因子旋转提高模型参数估计结果的解释能力，因此在解释方面更有优势。但是，如果模型的目的仅仅是降维，则主成分分析的计算会相对简单一些。

5.6 综合案例：华北五省能源经济特征的主成分分析

本节以表 5-1 所示的华北五省的能源经济数据为基础，对 8 个指标（变量）进行因子分析。

5.6.1 参数估计结果

5.4 节已经对变量数据进行标准化处理，并计算了协方差（相关系数）矩阵的特征值和特征向量，列于表 5-5 中。参照特征值累计贡献率不小于 80% 且 $\lambda_m > 1$ 的标准，应选择前两个特征值和对应的特征向量（即 $m=2$）计算因子载荷矩阵和特殊因子方差。

根据式(5-36)，第一个因子载荷向量为

$$\sqrt{5.210} \times [0.434 \quad 0.389 \quad 0.416 \quad 0.362 \quad -0.029 \quad 0.135 \quad 0.403 \quad 0.418]^T$$

第二个因子载荷向量为

$$\sqrt{2.202} \times [-0.014 \quad -0.264 \quad 0.109 \quad -0.298 \quad 0.672 \quad 0.582 \quad 0.110 \quad 0.162]^T$$

即因子载荷矩阵为

$$\begin{bmatrix} 0.9911 & 0.8879 & 0.9491 & 0.8252 & -0.0672 & 0.3078 & 0.9210 & 0.9541 \\ -0.0204 & -0.3914 & 0.1621 & -0.4426 & 0.9977 & 0.8637 & 0.1640 & 0.2404 \end{bmatrix}^T$$

特殊因子方差为

$$[0.0174 \quad 0.0584 \quad 0.0730 \quad 0.1232 \quad -0.0000 \quad 0.1593 \quad 0.1249 \quad 0.0320]^T$$

注意,第 5 个变量(第三产业增加值)的特殊因子方差接近于 0,这说明相对于其他指标而言,各省的第三产业增加值更多地由一些隐藏的因素所决定。

5.6.2 因子得分结果

在计算因子得分之前,首先对因子载荷矩阵进行正交旋转,得到因子载荷值更加分化的矩阵

$$\boldsymbol{B} = \begin{bmatrix} 0.9911 & 0.8879 & 0.9491 & 0.8252 & -0.0672 & 0.3078 & 0.9210 & 0.9541 \\ -0.0204 & -0.3914 & 0.1621 & -0.4426 & 0.9977 & 0.8637 & 0.1640 & 0.2404 \end{bmatrix}^T$$

然后再以矩阵 $\boldsymbol{B}$ 为基础,计算因子得分。

在 5.5.3 节介绍的两种计算因子得分的方法中,由于回归估计法需要用到相关系数(协方差)矩阵的逆矩阵,而根据表 5-5 所示的结果,该 8 阶相关系数矩阵仅有 4 个特征值明显不为 0,也就是说其行列式非常接近于 0,这就使得该相关系数矩阵的逆矩阵计算容易出现较大的误差。因此,这里采用加权最小二乘法计算因子得分,其结果为

$$\hat{\boldsymbol{F}} = \begin{bmatrix} 23.8232 & -10.6336 & 7.1508 & -10.3063 & -10.0341 \\ 4.9310 & -2.1023 & 1.3318 & -2.0846 & -2.0760 \end{bmatrix}$$

以两个因子的得分为两个坐标轴,图 5-2 画出了各省的分布情况。

根据图 5-2 所示的结果,蒙、晋、津 3 省距离很近,可以归为一类,冀和京则各自单独为一类。这一结果与图 5-1 的聚类结果差别很大,可能的原因有以下两个。

(1) 聚类指标不同。

(2) 图 5-1 根据指标数据聚类,而图 5-2 则是根据指标数据受共同因素影响的情况聚类。

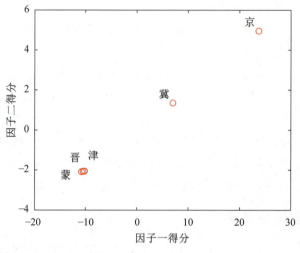

图 5-2 华北五省的因子得分

5.6.3 主要 MATLAB 程序

主要 MATLAB 程序如下：

```
x0=[]';                              %表 5-1
Mx0=mean(x0,2);                      %每个变量的均值
Sx0=std(x0',1);                      %每个变量的标准差
for i=1:8
    for j=1:5
        x(i,j)=(x0(i,j)-Mx0(i))/Sx0(i);
    end
end
C=cov(x',1);                         %corrcoef(y');协方差/相关系数矩阵
[Eve,Eva]=eig(C);                    %特征向量和特征值
A=[Eva(8,8)^0.5*Eve(:,8) Eva(7,7)^0.5*Eve(:,7)];   %因子载荷矩阵
A2=A.^2;
for i=1:8
    S(i)=1-sum(A2(i,:));             %特殊因子方差
end
D=diag(S);
h2=sum(A.^2,2);h=h2.^0.5;
Mu=(A(:,1)./h).^2-(A(:,2)./h).^2;
```

```
Nu=2*A(:,1).*A(:,2)./h2;
Alp=sum(Mu);
Bet=sum(Nu);
c=sum(Mu.^2-Nu.^2);
d=2*sum(Mu.*Nu);
T=(d-2*Alp*Bet/8)/(c-(Alp^2-Bet^2)/8);          %tan4Phi
Phi=atan(T)/4;
B=[A(:,1)*cos(Phi)+A(:,2)*sin(Phi) -A(:,1)*sin(Phi)+A(:,2) ...
   *cos(Phi)];
F=(B'*D^(-1)*B)^(-1)*A'*D^(-1)*x;               %因子得分
plot(F(1,:),F(2,:),'ro');
axis([-20 30 -4 6])
xlabel('因子一得分')
ylabel('因子二得分')
set(gca,'XTick',-20:10:30)
set(gca,'XTicklabel',{'-20','-10','0','10','20','30'})
set(gca,'YTick',-4:2:6)
set(gca,'YTicklabel',{'-4','-2','0','2','4','6'})
```

第 6 章

能源市场分析

与大多数商品的市场结构不同,能源产品市场往往被少数几个厂商控制,呈现出寡头(oligopoly)特征。根据产品特性的不同,不同能源种类的市场可能呈现出纯粹寡头市场(产品无差别)和差别寡头市场(产品有差别)两种情况。本章主要介绍寡头能源市场分析中的一些常用方法。

6.1 马尔可夫模型[①]

马尔可夫模型起源于俄国数学家马尔可夫(Markov)在20世纪初的相关研究,是一种对差别寡头市场的市场占有率进行预测分析的方法。

6.1.1 基本概念

设有参数集 $T\subset(-\infty,+\infty)$,如果对于任意 $t\in T$,总有一随机变量 X_t 与之对应,则称 $\{X_t,t\in T\}$ 为一个随机过程。根据取值情况的不同,随机过程可以分为离散型和连续型两种。若 T 为离散集,同时 X_t 的取值也是离散的,则称 $\{X_t,t\in T\}$ 为一离散型随机过程。

如果系统在每一时刻(或每一步)的状态,仅仅取决于前一时刻(或前一步)的状态,则这一性质称为无后效性。具备无后效性的离散型随机过程,称为马尔可夫链。

对于任意向量,如果其每个元素均非负且所有元素总和等于1,则称该向量为概率向量。

对于 $k\geqslant 1$,记 k 步状态转移概率为

$$p_{ij}^{(k)}=P\{X_{t+k}=j\mid X_t=i\} \tag{6-1}$$

[①] 早期的文献译为马尔科夫。

很显然，$p_{ij}^{(k)}$ 为条件概率，即系统在某个时刻的状态为 i 的前提下，在 k 个时刻后的状态为 j 的概率，注意其结果与 t 无关。特别的，当 $k=1$ 时，$p_{ij}^{(1)}=p_{ij}$ 为一步状态转移概率。

由 k 步状态转移概率组成的矩阵称为 k 步状态转移概率矩阵，即

$$\boldsymbol{P}^{(k)}=[p_{ij}^{(k)}]_{n\times n} \tag{6-2}$$

其中，n 为系统可能的状态个数。

马尔可夫链中任何 k 步状态转移概率(矩阵)都可由 1 步状态转移概率(矩阵)求出。

6.1.2 建模过程

本节通过一个案例介绍 Markov 模型的建模过程。设某地有 A、B 和 C 3 家成品油销售企业。统计数据显示，三家企业上月在该地区的共销售汽油 20 万吨，其中 A、B 和 C 企业分别销售 10 万吨、6 万吨和 4 万吨。由于 3 家企业的营销策略不同，从上月到本月发生的客户流动情况如下(以销售量计)。

A 企业的客户中，70%继续留在 A 企业购油，20%转向 B 企业购油，10%转向 C 企业购油。

B 企业的客户中，60%继续留在 B 企业购油，25%转向 A 企业购油，15%转向 C 企业购油。

C 企业的客户中，90%继续留在 C 企业购油，5%转向 A 企业购油，5%转向 B 企业购油。

设市场总规模不变，没有新企业加入，且上述 3 家企业保持以往的营销策略组合(客户流动情况不变)。第一，预测 3 家企业本月及下月的市场占有率。第二，在经过长时间的客户流动后，有无 3 家企业最终稳定的市场占有率？如果有，是多少？

根据题意，A、B、C 3 家企业上月的市场占有率为 $\boldsymbol{S}_0=[10/20\ 6/20\ 4/20]=[0.5\ 0.3\ 0.2]$。A 企业本月的市场占有率应该来自 3 部分：第一部分是上月在 A 企业购油，本月继续留在 A 企业购油的客户(0.5×0.7)；第二部分是上月在 B 企业购油，本月转向 A 企业购油的客户(0.3×0.25)；第三部分是上月在 C 企业购油，本月转向 A 企业购油的客户(0.2×0.05)。B 企业和 C 企业本月市场占有率的来源也是类似的情况。因此，三家企业本月的市场占有率为

$$\begin{aligned}\boldsymbol{S}_1&=[S_{1,A}\quad S_{1,B}\quad S_{1,C}]\\ &=[0.5\times0.7+0.3\times0.25+0.2\times0.05\\ &\quad\ 0.5\times0.2+0.3\times0.6+0.2\times0.05\end{aligned}$$

$$\begin{aligned}
&\quad\quad 0.5\times 0.1+0.3\times 0.15+0.2\times 0.9]\\
&=[0.5\ \ 0.3\ \ 0.2]\begin{bmatrix}0.7 & 0.2 & 0.1\\ 0.25 & 0.6 & 0.15\\ 0.05 & 0.05 & 0.9\end{bmatrix}\\
&=\boldsymbol{S}_0\boldsymbol{P}\\
&=[0.435\ \ 0.290\ \ 0.275]
\end{aligned} \tag{6-3}$$

其中,$\boldsymbol{S}_0$ 为初始(上月)市场占有率,$\boldsymbol{P}=\begin{bmatrix}0.7 & 0.2 & 0.1\\ 0.25 & 0.6 & 0.15\\ 0.05 & 0.05 & 0.9\end{bmatrix}$ 为一步状态转移概率矩阵。在实际工作中,往往需要直接写出这个矩阵。由于这个矩阵是方阵,非常容易被错误地写成转置的结果,这对于初学者而言需要特别注意。

式(6-3)反映了对于任意相邻的两个月,市场占有率向量的定量关系。根据式(6-3)的描述,3 家企业下月的市场占有率应该为

$$\begin{aligned}
\boldsymbol{S}_2 &= \boldsymbol{S}_1\boldsymbol{P}\\
&=\boldsymbol{S}_0\boldsymbol{P}^2\\
&=[0.391\ \ 0.275\ \ 0.335]
\end{aligned} \tag{6-4}$$

显然,$\boldsymbol{P}^2$ 为二步状态转移概率矩阵。

根据式(6-3)和式(6-4),如果上个月记为第 0 个月,本月记为第 1 个月,以此类推,则第 m 个月的市场占有率为

$$\boldsymbol{S}_m = \boldsymbol{S}_0\boldsymbol{P}^m \tag{6-5}$$

下面考虑最终稳定的市场占有率情况。如果存在这样的市场占有率 $\boldsymbol{S}_n$,则其必须满足

$$\begin{aligned}
\boldsymbol{S}_n &= \boldsymbol{S}_n\boldsymbol{P}\\
&=[S_{n,A}\ \ S_{n,B}\ \ S_{n,C}]\boldsymbol{P}
\end{aligned} \tag{6-6}$$

即第 n 个月的市场占有率在经过一次客户流动后不发生变动。

将式(6-6)展开,可以得到如下方程组:

$$\begin{cases}0.7S_{n,A}+0.25S_{n,B}+0.05S_{n,C}=S_{n,A}\\ 0.2S_{n,A}+0.6S_{n,B}+0.05S_{n,C}=S_{n,B}\\ 0.1S_{n,A}+0.15S_{n,B}+0.9S_{n,C}=S_{n,C}\end{cases} \tag{6-7}$$

将式(6-7)进行整理后,可得

$$\begin{cases}-0.3S_{n,A}+0.25S_{n,B}+0.05S_{n,C}=0\\ 0.2S_{n,A}-0.4S_{n,B}+0.05S_{n,C}=0\\ 0.1S_{n,A}+0.15S_{n,B}-0.1S_{n,C}=0\end{cases} \tag{6-8}$$

很显然,式(6-8)有无穷多个解,这是因为上述方法忽略了对市场占有率的约束,即

$$S_{n,A} + S_{n,B} + S_{n,C} = 1 \tag{6-9}$$

将式(6-8)中任取两个方程(这里取第一个和第二个)和式(6-9)组成方程组

$$\begin{cases} -0.3S_{n,A} + 0.25S_{n,B} + 0.05S_{n,C} = 0 \\ 0.2S_{n,A} - 0.4S_{n,B} + 0.05S_{n,C} = 0 \\ S_{n,A} + S_{n,B} + S_{n,C} = 1 \end{cases} \tag{6-10}$$

显然,式(6-10)具有唯一解。通过克莱姆法则(Cramer's rule)解这个方程组可以得到 $S_n = [S_{n,A}\ S_{n,B}\ S_{n,C}] = [0.255\ 0.196\ 0.549]$[①]。实际上,$S_n$是随着时间推移,3家企业市场占有率变化收敛的极限。

例 6-1　假定某区域电力市场中,上个月的市场交易量为 1×10^8 kW·h,其中电厂 A、B、C 和 D 分别销售了 0.45×10^8 kW·h、0.25×10^8 kW·h、0.15×10^8 kW·h 和 0.15×10^8 kW·h。从上月到本月发生的客户流动情况如下(以售电量计):

A厂: 0.7 留　0.1 转 B　0.1 转 C　0.1 转 D
B厂: 0.4 留　0.2 转 A　0.15 转 C　0.25 转 D
C厂: 0.5 留　0.15 转 A　0.1 转 B　0.25 转 D
D厂: 0.45 留　0.2 转 A　0.15 转 B　0.2 转 C

计算 4 个电厂本月、下月及最终市场占有率。

根据题意,初始市场占有率 $S_0 = [0.45\ 0.25\ 0.15\ 0.15]$,一步状态转移概率矩阵

$$\boldsymbol{P} = \begin{bmatrix} 0.7 & 0.1 & 0.1 & 0.1 \\ 0.2 & 0.4 & 0.15 & 0.25 \\ 0.15 & 0.1 & 0.5 & 0.25 \\ 0.2 & 0.15 & 0.2 & 0.45 \end{bmatrix}$$

因此,4 个电厂本月市场占有率为

$$\boldsymbol{S}_1 = \boldsymbol{S}_0 \times \boldsymbol{P} = [0.4175\ 0.1825\ 0.1875\ 0.2125]$$

下月市场占有率为 $\boldsymbol{S}_2 = \boldsymbol{S}_1 \boldsymbol{P} = \boldsymbol{S}_0 \boldsymbol{P}^2 = [0.3994\ 0.1654\ 0.2054\ 0.2299]$。最终市场占有率需满足 $\boldsymbol{S}_n = [S_{n,A}\ S_{n,B}\ S_{n,C}\ S_{n,D}] = \boldsymbol{S}_n \boldsymbol{P}$。取展开后得到的 4 个方程中的前 3 个,再与 $S_{n,A} + S_{n,B} + S_{n,C} + S_{n,D} = 1$ 构成方程组,解该方程组

[①] 解线性方程组的方法可参阅 A.2.2 中对 MATLAB 算术运算符的介绍。

得 $S_n = [0.3780\ 0.1601\ 0.2203\ 0.2416]$ 即为最终市场占有率。

6.2 产量竞争模型

产量竞争模型假定各个寡头的产品具有同质性,相互替代的成本为0,各个寡头通过调整产量对价格产生影响,并以此获得最大利润。

6.2.1 古诺模型

古诺模型是一种纯粹寡头市场环境下的企业生产决策模型,研究企业在既定内外部条件下,如何通过调整自身产量实现利润最大化的问题。这一模型最早由法国经济学家古诺(Cornot)在1838年出版的《财富理论的数学原理的研究》(Research into the Mathematical Principles of the Theory of Wealth)一书中提出,这也是模型名字的来源。

1. 生产决策过程

经典的古诺模型遵循以下基本假设。

(1) 产品同质的双寡头。即一个产业只有两个寡头,两个寡头的产品同质,且追求利润最大化。古诺模型是双寡头模型中的经典代表。

(2) 同时进行产量决策。即寡头间通过产量影响市场价格,并进而影响自身的利润。

(3) 独立决策。即两个寡头之间无共谋行为。很显然,由于产品同质,如果出现共谋行为,将形成卡特尔(Cartel),近似于完全垄断。

(4) 每个寡头都把对方的产出水平视为既定,并依此确定自己的产量。

(5) 假定边际成本为常数。实际上,即使边际成本不是常数,也可以按照古诺模型进行决策。但当边际成本为常数时,古诺模型会相对比较简单,也更容易理解,因此本节仍按此进行介绍。

假定市场反需求函数为

$$\begin{aligned} P &= 1000 - 10Q \\ &= 1000 - 10(Q_1 + Q_2) \end{aligned} \tag{6-11}$$

其中,P 为市场价格,Q 为该产业的需求总量,Q_1 为对第一个寡头的需求量,Q_2 为对第二个寡头的需求量。

假定两个企业生产的边际成本相同,平均成本也相同,且都为常数100,即 $AC_1 = AC_2 = MC_1 = MC_2 = 100$。图6-1显示了寡头1如何做出产量决策。

如前所述,古诺模型每个寡头都把对方的产出水平视为既定。对于寡头1

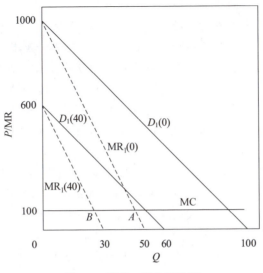

图 6-1 寡头 1 的生产决策

而言,在寡头 2 的每一个既定产出下,都面临着一个自身的需求曲线。图 6-1 画出了其中的两条:$D_1(0)$ 表示寡头 2 的既定产出为 0 时,寡头 1 的面临的需求曲线;$D_1(40)$ 表示寡头 2 的既定产出为 40 时,寡头 1 的面临的需求曲线。

当寡头 2 的既定产出为 0 时,寡头 1 的需求曲线实际上代表了整个产业的市场需求曲线,因此其反需求函数为

$$P = 1000 - 10Q_1 \tag{6-12}$$

寡头 1 的总收益为

$$R_1(0) = 1000Q_1 - 10Q_1^2 \tag{6-13}$$

寡头 1 的边际收益为

$$\mathrm{MR}_1(0) = 1000 - 20Q_1 \tag{6-14}$$

边际收益曲线在图 6-1 中也已画出。

类似的,当寡头 2 的既定产出为 40 时,寡头 1 的反需求函数为

$$P = 1000 - 10(Q_1 + 40)$$
$$= 600 - 10Q_1 \tag{6-15}$$

寡头 1 的总收益为

$$R_1(40) = 600Q_1 - 10Q_1^2 \tag{6-16}$$

寡头 1 的边际收益为

$$\mathrm{MR}_1(40) = 600 - 20Q_1 \tag{6-17}$$

这时的边际收益曲线也在图 6-1 中画出。

当寡头 1 取得最大利润时，$MC_1 = MR_1(0) = MR_1(40) = 100$。其最优产量在图 6-1 中表示为 MC 线与 $MR_1(0)$ 和 $MR_1(40)$ 的交叉点，即 A 点和 B 点。将 $MR_1(0) = 100$ 代入式(6-14)，可得寡头 1 的最优产量 45，即 A 点坐标为(45,100)。也就是说，当寡头 2 的产量为 0 时，寡头 1 的最优产量为 45。类似的，将 $MR_1(40) = 100$ 代入式(6-17)，可得寡头 1 的最优产量 25，即 B 点坐标为(25,100)。也就是说，当寡头 2 的产量为 40 时，寡头 1 的最优产量为 25。

2. 均衡结果分析

以上介绍了当寡头 2 的产量为 0 和 40 时，寡头 1 最优产量的决策过程和结果。也就是说，对于寡头 1 的任何既定产量，寡头 2 都有对应的最优产量。现在将决策过程一般化。根据式(6-11)，当寡头 2 的产量既定时，寡头 1 的总收益为

$$R_1(Q_2) = [1000 - 10(Q_1 + Q_2)]Q_1 \\ = 1000Q_1 - 10Q_1^2 - 10Q_1Q_2 \quad (6\text{-}18)$$

边际收益为

$$MR_1(Q_2) = 1000 - 20Q_1 - 10Q_2 \quad (6\text{-}19)$$

令 $MC_1 = MR_1(Q_2) = 100$，可以得到寡头 1 的最优产量为

$$Q_1^*(Q_2) = 45 - \frac{1}{2}Q_2 \quad (6\text{-}20)$$

式(6-20)表示了寡头 1 对寡头 2 的产出水平做出各种推测的情况下，所能达到的利润最大化的产量，称为寡头 1 的反应函数(reaction function)。

类似的，寡头 2 的反应函数为

$$Q_2^*(Q_1) = 45 - \frac{1}{2}Q_1 \quad (6\text{-}21)$$

图 6-2 画出了寡头 1 和寡头 2 的反应曲线，由此可以分析市场均衡情况。

在图 6-2 中，两个坐标轴分别表示寡头 1 和寡头 2 的产量，平面中的每一个点表示两个寡头的产量组合。A 点为两个寡头反应曲线的交点，只有在这一点两个寡头才同时达到利润最大化，称为古诺均衡(Cornot equilibrium)。根据式(6-20)和式(6-21)，可知在达到古诺均衡时两个寡头的产量都为 30，即 A 点的坐标为(30,30)，这时整个产业的产出水平为 60。根据式(6-11)可知，这时的市场均衡价格为 $1000 - 10 \times 60 = 400$，整个产业的总利润为 $400 \times 60 - 100 \times 60 = 18000$，两个寡头对产业的总利润进行平分，各获得 9000。

古诺均衡的前提假设之一，是两个寡头之间无共谋行为。如果两个寡头之

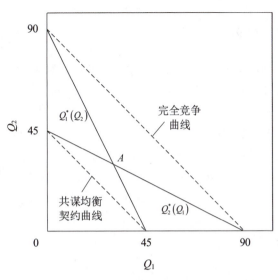

图 6-2 古诺均衡情况

间有勾结,将通过调整总产出追求总体利润的最大化,并进而再进行利润划分。根据式(6-12)有

$$MR = 1000 - 20Q \tag{6-22}$$

根据 $MR = MC = 100$,可知这时整个产业的产出水平为 45,每个寡头的具体产出则依赖于二者的实力和谈判能力。这种寡头通过共谋行为共同瓜分最大利润所达到的均衡称为共谋均衡(collusive equilibrium)。根据式(6-11)可知,共谋均衡时的市场价格为 $1000-10\times 45=550$,整个产业的总利润为 $550\times 45-100\times 45=20250$。

如果对寡头市场按照完全竞争市场的条件确定最优产出,则有 $P = MC = 100$。根据式(6-11)可知,这时整个产业的产出水平为 90,市场价格为 $1000-10\times 90=100$,总利润为 $100\times 90-100\times 90=0$。

共谋均衡契约曲线和完全竞争曲线也已经在图 6-2 中画出。根据以上分析可知,无勾结寡头市场的产出水平高于完全垄断市场的产出水平,但是低于完全竞争的产出水平,而价格和利润情况则正相反。此外,虽然本节采用两个寡头的市场进行介绍,但实际上古诺模型也适用于更多个寡头的情况。

例 6-2 假定市场反需求函数为

$$P = 200 - 2Q \tag{6-23}$$

该市场存在两个寡头厂商,寡头 1 的成本函数为

$$C_1 = 20 + 12Q_1 + 0.5Q_1^2 \tag{6-24}$$

寡头 2 的成本函数为

$$C_2 = 10 + 20Q_2 + Q_2^2 \tag{6-25}$$

采用古诺模型确定两个寡头的最优产量、市场价格及利润情况,并讨论如果两个寡头存在共谋行为,以及按照完全竞争市场条件进行生产决策条件的市场均衡情况。

(1) 讨论古诺均衡情况。

当寡头 1 的产量确定后,寡头 2 的总收益为

$$\begin{aligned} R_2 &= PQ_2 \\ &= [200 - 2(Q_1 + Q_2)]Q_2 \\ &= 200Q_2 - 2Q_1Q_2 - 2Q_2^2 \end{aligned} \tag{6-26}$$

边际收益为

$$MR_2 = 200 - 2Q_1 - 4Q_2 \tag{6-27}$$

根据式(6-25),寡头 2 的边际成本为

$$MC_2 = 20 + 2Q_2 \tag{6-28}$$

根据利润最大化时边际成本等于边际收益,可得寡头 2 的反应函数为

$$Q_2 = 30 - \frac{1}{3}Q_1 \tag{6-29}$$

同理,寡头 1 的边际收益为

$$MR_1 = 200 - 2Q_2 - 4Q_1 \tag{6-30}$$

根据式(6-24),寡头 1 的边际成本为

$$MC_1 = 12 + Q_1 \tag{6-31}$$

根据利润最大化时边际成本等于边际收益,可得寡头 1 的反应函数为

$$Q_1 = 37.6 - 0.4Q_2 \tag{6-32}$$

联立式(6-29)和式(6-32),可得 $Q_1 = 29.54, Q_2 = 20.15$。

这时的市场均衡价格为 $200 - 2 \times (29.54 + 20.15) = 100.62$。对于寡头 1 而言,其总收益为 $100.62 \times 29.54 \approx 2972.31$,总成本为 $20 + 12 \times 29.54 + 0.5 \times 29.54^2 \approx 810.79$,利润为 $2972.31 - 810.79 = 2161.52$。对于寡头 2 而言,其总收益为 $100.62 \times 20.15 \approx 2027.49$,总成本为 $10 + 20 \times 20.15 + 20.15^2 \approx 819.02$,利润为 $2027.49 - 819.02 = 1208.47$。

(2) 讨论寡头存在共谋的情况。

假定两个厂商存在共谋行为,从而形成卡特尔。在市场达到均衡时,两个厂商的边际成本应该相等,即 $MC_1 = MC_2$。根据式(6-28)和式(6-31)有

第6章 能源市场分析

$$Q_1 = 8 + 2Q_2 \qquad (6-33)$$

将式(6-33)代入市场反需求函数式(6-23)得

$$P = 200 - 2(8 + 2Q_2 + Q_2)$$
$$= 184 - 6Q_2 \qquad (6-34)$$

边际收益为

$$\mathrm{MR} = 184 - 12Q_2 \qquad (6-35)$$

根据 $\mathrm{MR} = \mathrm{MC}_2$,将式(6-35)和式(6-28)联立得 $Q_2 = 11.71$。将这个结果代入式(6-33)得 $Q_1 = 31.43$。

这时的市场均衡价格为 $200 - 2 \times (31.43 + 11.71) = 113.72$。两个寡头的总利润为 $113.72 \times (31.43 + 11.71) - (20 + 12 \times 31.43 + 0.5 \times 31.43^2) - (10 + 20 \times 11.71 + 11.71^2) = 3633.47$。

(3) 按照完全竞争市场条件进行生产决策的市场均衡情况。

如果是完全竞争市场,两个厂商生产决策条件为 $P = \mathrm{MC}_1 = \mathrm{MC}_2$。这时,根据式(6-23)、式(6-28)和式(6-31)得 $Q_2 = 20.50$ 和 $Q_1 = 49.00$。

这时的市场均衡价格为 $200 - 2 \times (20.5 + 49.00) = 61.00$。企业1的利润为 $61.00 \times 49 - (20 + 12 \times 49 + 0.5 \times 49^2) = 1180.50$。企业2的利润为 $61.00 \times 20.50 - (10 + 20 \times 20.50 + 20.50^2) = 410.25$。

6.2.2 斯塔克尔伯格模型

斯塔克尔伯格模型由德国经济学家斯塔克尔伯格(Stackelberg)在20世纪30年代提出。与古诺模型类似,斯塔克尔伯格模型也是一个纯粹寡头市场环境下的产量竞争的模型。

在古诺模型中,两个寡头同时做出决定,没有地位的区别,这对于描述实力相当的寡头比较合适。但是,如果寡头之间存在明显的实力差异,实力大的寡头往往在竞争中领先做出决定,这称为先动优势(first mover advantage),而其他小寡头则随后做出决定,这是斯塔克尔伯格模型所适用的情况。

根据寡头实力的不同,斯塔克尔伯格模型通常把厂商分为领导者(leader)和追随者(follower),有时还会有实力更弱的接受者(taker)。本节以一个仅存在领导者和追随者的双寡头市场介绍斯塔克尔伯格模型的决策过程。

仍然采用式(6-11)所示的市场反需求函数,两个寡头的边际成本仍都为100,即 $\mathrm{MC}_1 = \mathrm{MC}_2 = 100$。假定寡头1是领导者,首先做出产量决定。寡头2是追随者,需要根据寡头1的产量做出产量决定。

由于寡头2是在假定寡头1的产量确定的条件下做出的决定,因此参照

式(6-18)～式(6-21),其反应函数为

$$Q_2 = 45 - \frac{1}{2}Q_1 \tag{6-36}$$

对于寡头 1 而言,为了实现利润最大化,其将产量推进到边际收益等于边际成本的水平。寡头 1 的收益为

$$R_1 = 1000Q_1 - 10Q_1^2 - 10Q_1Q_2 \tag{6-37}$$

根据式(6-37),寡头 1 的收益受寡头 2 产量的影响。因此,寡头 1 在做出产量决策时,必须考虑寡头 2 的反应。将寡头 2 的反应函数代入寡头 1 的收益函数式(6-37)得

$$\begin{aligned} R_1 &= 1000Q_1 - 10Q_1^2 - 10Q_1\left(45 - \frac{1}{2}Q_1\right) \\ &= 550Q_1 - 5Q_1^2 \end{aligned} \tag{6-38}$$

寡头 1 的边际收益为

$$\mathrm{MR}_1 = 550 - 10Q_1 \tag{6-39}$$

由于 $\mathrm{MR}_1 = \mathrm{MC}_1 = 100$,可得寡头 1 的最优产量为 45。将这个结果代入式(6-36),可得寡头 2 的最优产量为 22.5。将 $Q = 45 + 22.5 = 67.5$ 代入式(6-11),可得均衡价格为 325。寡头 1 的利润为 $325 \times 45 - 100 \times 45 = 10125$,寡头 2 的利润为 $325 \times 22.5 - 100 \times 22.5 = 5062.5$,行业总利润为 15187.5。

例 6-3 假定市场反需求函数与两个寡头的成本函数均与例 6-2 相同,寡头 1 为市场领导者,寡头 2 为市场追随者。采用斯塔克尔伯格模型确定两个厂商的最优产量、市场均衡价格及利润情况。

在斯塔克尔伯格模型中,作为领导者的寡头 1 首先做出决策,但其在决策时需要考虑追随者寡头 2 的反应。因此,将寡头 2 的反应函数式(6-29)代入寡头 1 的收益函数并计算边际收益得

$$\mathrm{MR}_1 = 140 - \frac{8}{3}Q_1 \tag{6-40}$$

根据 $\mathrm{MR}_1 = \mathrm{MC}_1$,由式(6-31)和式(6-40)可得 $Q_1 = 34.91$。将这一结果代入式(6-29)得 $Q_2 = 18.36$。

这时的市场均衡价格为 $200 - 2 \times (34.91 + 18.36) = 93.46$。对于寡头 1 而言,其总收益为 $93.46 \times 34.91 \approx 3262.69$,总成本为 $20 + 12 \times 34.91 + 0.5 \times 34.91^2 \approx 1048.27$,利润为 $3262.69 - 1048.27 = 2214.42$。对于寡头 2 而言,其总收益为 $93.46 \times 18.36 \approx 1715.93$,总成本为 $10 + 20 \times 18.36 + 18.36^2 \approx 714.29$,利润为 $1715.93 - 714.29 = 1001.64$。

以下通过列表对例 6-2 和例 6-3 所得到的不同均衡结果进行比较。

根据表 6-1 所示的结果可以发现,垄断可以给企业带来超额利润。这种超额利润是企业通过控制产量并进而影响市场价格获得。垄断企业对市场的控制力越强,超额利润的规模就越大。

表 6-1 不同市场类型均衡的结果

市场类型	寡头1产量	寡头2产量	总产量	市场价格	寡头1利润	寡头2利润	总利润
卡特尔(共谋行为)	31.43	11.71	43.14	113.72	—	—	3633.47
古诺模型	29.54	20.15	49.69	100.62	2161.52	1208.47	3369.99
斯塔克尔伯格模型	34.91	18.36	53.27	93.46	2214.42	1001.64	3216.06
完全竞争市场	49.00	20.50	69.50	61.00	1180.50	410.25	1590.75

6.3 价格竞争模型

价格竞争模型假定各个寡头的产品具有差异性,相互替代会产生额外的成本,各个寡头通过调整价格对均衡产量产生影响,并以此获得最大利润。

6.3.1 价格竞争的古诺模型

如果寡头厂商生产的产品是有差别的同类产品(差别寡头市场),例如电动汽车市场,厂商所进行的竞争往往是价格竞争。以下通过一个充分简化的例子介绍价格竞争的古诺模型[1]。

假定两个寡头的固定成本都是 40,生产的产品可以相互替代但有差别。为了使问题简化,假定不存在变动成本,因此边际成本 MC=0。两个寡头所面临的市场需求函数分别如下:

$$Q_1 = 24 - 4p_1 + 2p_2 \tag{6-41}$$

$$Q_2 = 24 - 4p_2 + 2p_1 \tag{6-42}$$

其中,Q_1 与 Q_2 分别表示寡头 1 和寡头 2 的市场需求;p_1 和 p_2 分别表示寡头 1 和寡头 2 收取的价格。

根据式(6-41)和式(6-42),每个寡头的市场需求均受到本厂商产品的定价和竞争对手厂商定价的影响。由于产品之间可替代但有区别,每个厂商的市场需求与本厂商产品的定价反方向变化,与竞争对手厂商产品的定价同方向变化。

对于寡头 1 而言,其收益为

$$R_1 = p_1 Q_1$$
$$= 24p_1 - 4p_1^2 + 2p_1 p_2 \tag{6-43}$$

边际收益为

$$MR_1 = 24 - 8p_1 + 2p_2 \tag{6-44}$$

当寡头 1 取得利润最大化时,$MR_1 = MC = 0$。由此可以得到寡头 1 的反应函数为

$$p_1 = 3 + \frac{1}{4} p_2 \tag{6-45}$$

同理,对于寡头 2 而言,其收益为

$$R_2 = p_2 Q_2$$
$$= 24p_2 - 4p_2^2 + 2p_1 p_2 \tag{6-46}$$

边际收益为

$$MR_2 = 24 - 8p_2 + 2p_1 \tag{6-47}$$

反应函数为

$$p_2 = 3 + \frac{1}{4} p_1 \tag{6-48}$$

根据古诺模型的前提假设,两个寡头同时做出价格决策,且决策时都将竞争对手的价格视为既定。因此,将式(6-45)和式(6-48)进行联立,可以得到两个寡头同时达到利润最大化的古诺均衡解为 $p_1 = 4$ 和 $p_2 = 4$。这时,寡头 1 的产量为 $24 - 4 \times 4 + 2 \times 4 = 16$,利润为 $16 \times 4 - 40 = 24$。寡头 2 的产量和利润与寡头 1 相同。

图 6-3 显示了价格竞争的古诺均衡情况。

图 6-3 的横轴和纵轴分别为寡头 2 和寡头 1 的产品定价。根据式(6-45)和式(6-48)可以画出两个寡头的反应曲线,两条曲线的交点,也就是 E 点为古诺均衡点。只有在这一点,两个寡头才能同时达到利润最大化。

与数量竞争的寡头一样,价格竞争的寡头也可能产生共谋行为。这时,寡头 1 和寡头 2 价格决策的目标为总体利润的最大化。根据式(6-43)和式(6-46),两个企业的总收益为

$$R = R_1 + R_2$$
$$= 24p_1 + 24p_2 - 4p_1^2 - 4p_2^2 + 4p_1 p_2 \tag{6-49}$$

由于两个寡头的生产成本 $C_1 = C_2 = 40$,总成本为 $C = C_1 + C_2 = 80$。因此,

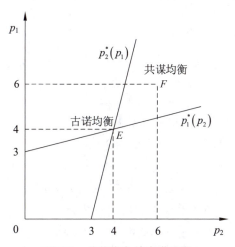

图 6-3 价格竞争的古诺均衡

两个寡头的总利润为

$$\pi = R - C$$
$$= 24p_1 + 24p_2 - 4p_1^2 - 4p_2^2 + 4p_1 p_2 - 80 \tag{6-50}$$

当总利润达到最大时，π 对 p_1 和 p_2 的偏导数应同时等于 0，即

$$\begin{cases} \dfrac{\partial \pi}{\partial p_1} = 24 - 8p_1 + 4p_2 = 0 \\ \dfrac{\partial \pi}{\partial p_2} = 24 - 8p_2 + 4p_1 = 0 \end{cases} \tag{6-51}$$

解这个方程组可得 $p_1 = p_2 = 6$。将这一结果代入式(6-41)和式(6-42)可得寡头 1 和寡头 2 的产量为 $Q_1 = Q_2 = 12$。将价格决策结果代入式(6-49)，可得两个企业的总利润为 64。共谋均衡的价格也标注在图 6-3 中。

例 6-4 假定两个寡头企业所面临的市场需求函数分别为

$$Q_1 = 50 - 4p_1 + 2p_2 \tag{6-52}$$
$$Q_2 = 60 - 5p_2 + 2p_1 \tag{6-53}$$

两个寡头的成本函数分别为

$$C_1 = 3 + 0.25Q_1 + 0.12Q_1^2 \tag{6-54}$$
$$C_2 = 4 + 0.3Q_2 + 0.1Q_2^2 \tag{6-55}$$

根据价格竞争的古诺模型确定两个寡头的价格、产量和利润以及存在共谋情况下两个寡头的价格、产量和总利润。

(1) 价格竞争的古诺均衡。

根据式(6-52)，寡头 1 的收益为
$$R_1 = p_1 Q_1$$
$$= 50p_1 - 4p_1^2 + 2p_1 p_2 \tag{6-56}$$

边际收益为
$$MR_1 = 50 - 8p_1 + 2p_2 \tag{6-57}$$

根据式(6-54)，寡头 1 的边际成本为
$$MC_1 = 0.25 + 0.24Q_1$$
$$= 0.25 + 0.24(50 - 4p_1 + 2p_2) \tag{6-58}$$
$$= 12.25 - 0.96p_1 + 0.48p_2$$

根据 $MR_1 = MC_1$，可得寡头 1 的反应函数为
$$p_1 = 5.3622 + 0.2159p_2 \tag{6-59}$$

根据式(6-53)，寡头 2 的收益为
$$R_2 = p_2 Q_2$$
$$= 60p_2 - 5p_2^2 + 2p_1 p_2 \tag{6-60}$$

边际收益为
$$MR_2 = 60 - 10p_2 + 2p_1 \tag{6-61}$$

根据式(6-55)，寡头 2 的边际成本为
$$MC_2 = 0.3 + 0.2Q_2$$
$$= 0.3 + 0.2(60 - 5p_2 + 2p_1) \tag{6-62}$$
$$= 12.3 - p_2 + 0.4p_1$$

根据 $MR_2 = MC_2$，可得寡头 2 的反应函数为
$$p_2 = 5.3 + 0.1778p_1 \tag{6-63}$$

联立式(6-59)和式(6-63)得 $p_1 = 6.7662$ 以及 $p_2 = 6.5030$。将上述结果代入式(6-52)和式(6-53)得 $Q_1 = 35.9408$ 以及 $Q_2 = 41.0176$。寡头 1 的利润为 $6.7662 \times 35.9408 - (3 + 0.25 \times 35.9408 + 0.12 \times 35.9408^2) \approx 76.1921$。寡头 2 的利润为 $6.5030 \times 41.0176 - (4 + 0.3 \times 41.0176 + 0.1 \times 41.0176^2) \approx 82.1878$。

(2) 共谋均衡。

如果两个寡头存在共谋的情况，则价格调整的目标为总利润最大化。两个寡头的总利润函数为
$$\pi = p_1 Q_1 + p_2 Q_2 - C_1 - C_2$$
$$= 50p_1 - 4p_1^2 + 2p_1 p_2 + 60p_2 - 5p_2^2 + 2p_1 p_2 -$$

$$[3+0.25(50-4p_1+2p_2)+0.12(50-4p_1+2p_2)^2]- \tag{6-64}$$
$$[4+0.3(60-5p_2+2p_1)+0.1(60-5p_2+2p_1)^2]$$

当总利润取得最大时,总利润函数对 p_1 和 p_2 的偏导数同时为0,即

$$\begin{cases} \dfrac{\partial \pi}{\partial p_1}=74.4-12.64p_1+7.92p_2=0 \\ \dfrac{\partial \pi}{\partial p_2}=97+7.92p_1-15.96p_2=0 \end{cases} \tag{6-65}$$

由式(6-65)可得 $p_1=14.0687, p_2=13.0592$。将上述结果代入式(6-52)和式(6-53)可得 $Q_1=19.8436, Q_2=22.8414$。这时的总利润为 $14.0687 \times 19.8436 + 13.0592 \times 22.8414 - (3+0.25 \times 19.8436+0.12 \times 19.8436^2) - (4+0.3 \times 22.8414+0.1 \times 22.8414^2) \approx 459.2256$。

6.3.2 霍特林模型

价格竞争的古诺模型假定不同寡头的产品在物质性能上存在差别,因此具备差异性。实际上,产品差异性的来源非常广泛,除上述来源外,还可能是由于空间位置的不同(或其他类似原因)。霍特林(Hotelling)在1929年提出了产品物质性能相同但空间位置不同的厂商决策模型,一般称为霍特林模型。

1. 充分简化的霍特林模型

以下通过一个充分简化的例子对此进行介绍[2]。假定在一条长度为1的街道上有两个厂商,分别位于街道的两端,坐标分别为0和1。这两个厂商产品的物质性能相同,但定价不同。消费者均匀的分布在这个街道上,他们的关注点在于产品价格与运输成本之和。图6-4对上述条件进行了简单的展示。

图6-4 霍特林模型的位置条件

假定两个厂商的单位成本均为 c,$p_i(i=1,2)$ 为厂商 i 的销售价格,单位产品单位距离的运输成本为 t,则位于 x 位置的消费者 x 从厂商1购买1单位产品的费用为 p_1+tx,从厂商2购买1单位产品的费用为 $p_2+t(1-x)$。

如果消费者 x 恰好处于在两个厂商间购买产品无差异的位置,即

$$p_1+tx=p_2+t(1-x) \tag{6-66}$$

则位于消费者 x 左侧的消费者均会从厂商1购买,位于消费者 x 右侧的消费者都会从厂商2购买。由于消费者沿街道均匀分布,因此 $0-x$ 的长度(即 x)可

以视为厂商1的销售量，$x-1$的长度(即$1-x$)可以视为厂商2的销售量。这时，根据式(6-66)，厂商1和厂商2的需求函数分别为

$$D_1(p_1,p_2)=x$$
$$=\frac{p_2-p_1+t}{2t} \quad (6-67)$$

$$D_2(p_1,p_2)=1-x$$
$$=\frac{p_1-p_2+t}{2t} \quad (6-68)$$

利润函数分别为

$$\pi_1(p_1,p_2)=(p_1-c)D_1(p_1,p_2)$$
$$=\frac{(p_1-c)(p_2-p_1+t)}{2t} \quad (6-69)$$

$$\pi_2(p_1,p_2)=(p_2-c)D_1(p_1,p_2)$$
$$=\frac{(p_2-c)(p_1-p_2+t)}{2t} \quad (6-70)$$

当两个厂商都达到最大利润时，必须满足

$$\begin{cases}\dfrac{\partial \pi_1(p_1,p_2)}{\partial p_1}=p_2+c+t-2p_1=0\\ \dfrac{\partial \pi_2(p_1,p_2)}{\partial p_2}=p_1+c+t-2p_2=0\end{cases} \quad (6-71)$$

根据式(6-71)可知，有两个厂商的最优定价为

$$p_1^*=p_2^*=c+t \quad (6-72)$$

将式(6-72)代入式(6-69)和式(6-70)可知，每个企业的均衡利润为

$$\pi_1^*=\pi_2^*=\frac{t}{2} \quad (6-73)$$

2. 一般化的霍特林模型

上面介绍的是一种充分简化的情况，下面对更一般化的情况进行分析。实际上，两个厂商不一定位于一条街道的两端。假定整个街道的长度依然为1，消费者仍均匀的分布在这个街道上，厂商1位于位置$a(a\geqslant 0)$，厂商2位于位置$1-b(b\geqslant 0)$。为了不失一般性，假定$1-a-b\geqslant 0$，即厂商1位于厂商2的左侧。图6-5显示了上述位置关系。

假定两个厂商的单位成本仍都为c，$p_i(i=1,2)$为厂商i的销售价格，单位产品的运输成本为运输距离的平方，即td^2，其中d为消费者到厂商的距离。

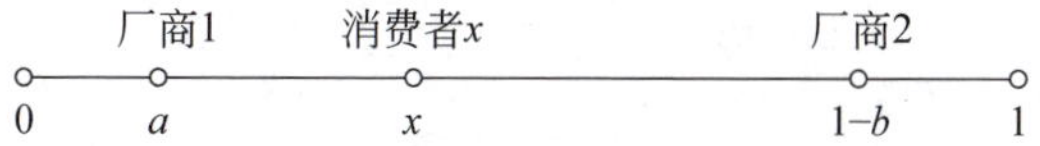

```
    厂商1        消费者x           厂商2
○────●──────────●──────────────●────○
0     a          x             1−b    1
```

图 6-5 一般化霍特林模型的位置条件

设消费者 x 处于两个厂商的分界点位置,即在两个厂商间购买产品无差异的位置,这时有

$$t(x-a)^2 + p_1 = t(1-b-x)^2 + p_2 \tag{6-74}$$

由式(6-74)可以得到,两个厂商的需求函数分别为

$$D_1(p_1,p_2) = x$$
$$= a + \frac{1-b-a}{2} + \frac{p_2-p_1}{2t(1-b-a)} \tag{6-75}$$

$$D_2(p_1,p_2) = 1-x$$
$$= b + \frac{1-b-a}{2} + \frac{p_1-p_2}{2t(1-b-a)} \tag{6-76}$$

由式(6-75)可知,厂商1的需求可以分为3部分:一是点 a 左侧的需求,二是 a 点和 $1-b$ 点之间需求的一半,三是受两个厂商价格影响的需求。同理,根据式(6-76),厂商2的需求也具有类似情况。

由式(6-75)和式(6-76)可知,两个厂商的利润函数分别为

$$\begin{aligned}\pi_1(p_1,p_2) &= (p_1-c)\left[a + \frac{1-b-a}{2} + \frac{p_2-p_1}{2t(1-b-a)}\right] \\ &= -ac - \frac{(1-b-a)c}{2} - \frac{cp_2}{2t(1-b-a)} + \\ &\quad \left[a + \frac{1-b-a}{2} + \frac{p_2+c}{2t(1-b-a)}\right]p_1 - \\ &\quad \frac{p_1^2}{2t(1-b-a)}\end{aligned} \tag{6-77}$$

$$\begin{aligned}\pi_2(p_1,p_2) &= (p_2-c)\left[b + \frac{1-b-a}{2} + \frac{p_1-p_2}{2t(1-b-a)}\right] \\ &= -bc - \frac{(1-b-a)c}{2} - \frac{cp_1}{2t(1-b-a)} + \\ &\quad \left[b + \frac{1-b-a}{2} + \frac{p_1+c}{2t(1-b-a)}\right]p_2 - \\ &\quad \frac{p_2^2}{2t(1-b-a)}\end{aligned} \tag{6-78}$$

市场均衡条件为

$$\begin{cases} \dfrac{\partial \pi_1(p_1,p_2)}{\partial p_1} = a + \dfrac{1-b-a}{2} + \dfrac{p_2+c-2p_1}{2t(1-b-a)} = 0 \\ \dfrac{\partial \pi_2(p_1,p_2)}{\partial p_2} = b + \dfrac{1-b-a}{2} + \dfrac{p_1+c-2p_2}{2t(1-b-a)} = 0 \end{cases} \quad (6\text{-}79)$$

由式(6-79)得

$$\begin{cases} p_1^* = c + t(1-b-a)\left(1 + \dfrac{a-b}{3}\right) \\ p_2^* = c + t(1-b-a)\left(1 + \dfrac{b-a}{3}\right) \end{cases} \quad (6\text{-}80)$$

将式(6-80)的结果代入式(6-77)和式(6-78),即可得到两个厂商的利润。

6.4 斯维齐模型

根据前述各节的分析,寡头市场的厂商具有相互依存的关系,一个厂商的决策可能会造成连锁反应,这种不确定性会促使厂商尽可能地减少价格的波动。为了解释寡头市场产品价格的刚性(rigidity),美国经济学家斯维齐(Sweezy)在 1939 年提出一种假说,认为寡头市场的价格之所以呈现出刚性特征,在某一水平固定下来后不经常变动,是因为寡头所面临的市场需求曲线不是一条顺滑线,而是在某一价格水平出现拐折点,然后折转向下倾斜。因此,斯维齐模型也称为拐折的需求曲线(kinked demand curve)模型。

图 6-6 对上述理论进行了详细的解释[3]。

在图 6-6 中,假定某寡头的现行产量为 Q_0,面临的价格为 P_0,对应于图中的 C 点。从 C 点开始,可以建立两条需求曲线。一条需求曲线是 ACD(有效部分为 CD),表示当该寡头降价时,其竞争对手为了避免失去市场份额也随之降价,从而使得该寡头的市场需求并没有随之大量增加,表现为 CD 斜率的绝对值较大。另一条需求曲线是 BCE(有效部分为 BC),表示当该寡头提价时,其竞争对手不会跟随其提价,从而使得该寡头面临的市场需求大量减少,表现为 BC 斜率的绝对值较小。因此,由于在该寡头提价和降价时其竞争对手的不同反应,该寡头面临的市场需求曲线是 BCD,在 C 点出现拐折。

由于该寡头的需求曲线出现了拐折,其边际收益曲线也因此变得不连续。BF 是需求曲线 BC 对应的边际收益曲线,GH 是需求曲线 CD 对应的边际收益曲线,这两段边际收益曲线在市场需求为 Q_0 时出现了不连续的情况。不连续部分的空隙(即 FG)的长度,取决于 BC 与 CD 两条曲线斜率的差异。具体而

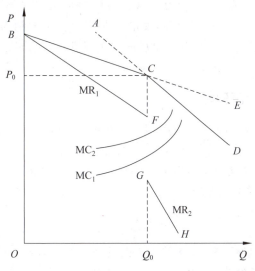

图 6-6 折弯的寡头需求曲线

言,BC 段斜率的绝对值越小,同时 CD 段斜率的绝对值越大,FG 的长度就越大,反之则越小。当 BCD 呈直角时,FG 的长度达到极大值(无穷大)。

根据图 6-6 所示的需求曲线拐折的情景,即使寡头的成本状况发生一些变化,只要边际成本 MC 曲线穿过 F 点和 G 点之间,其利润最大化的产量仍是 Q_0。例如,假设当前的边际成本曲线为 MC_1。产量大于 Q_0 时,$MC_1 > MR_2$,表示增加产量会使得总利润减少;产量小于 Q_0 时,$MC_1 < MR_1$,表示增加产量会使得总利润增加。因此,该寡头会选择 Q_0 的产量。如果由于生产条件的变化,使得边际成本曲线由 MC_1 移动到 MC_2,上述结论仍然会成立。

斯维齐模型对寡头市场的价格为什么表现出黏性(sticky),即不轻易变动这种现象提供了一种合理的假说。但它并没有说明该产品的价格是定在哪一点,也没有说明为什么不能定在另一点。但是它对于紧密的相互依存的寡头行为,在保留传统的利润最大化的前提下,并假定各寡头并不勾结,对寡头市场价格比较稳定的现象提出了有用的理论解释。

6.5 综合案例:双市场环境下的火电企业生产决策

自 2015 年新一轮电力工业改革以来,我国开始大规模组建电力市场。火电企业在首先满足电网调度部门的发电要求后,可以通过电力市场直接向工商企业出售剩余电力。此外,为助力"双碳"目标的实现,全国碳排放权交易市场(简称碳市场)于 2021 年正式启动,发电行业成为首个被纳入的行业。这样一来,火电企业将面临电力市场和碳市场的双市场环境,生产决策问题比较复杂,本节对此进行分析。

6.5.1 生产决策环境

火电企业出售给电网公司的电力,其电量由电网公司决定,上网电价为固定价格,因此这里对这部分电量不予考虑,假定其为 0,即火电企业的全部发电量均用于市场交易。考虑到输电成本等因素,这里假定区域电力市场为寡头市场,其电力市场逆需求函数为

$$p_e = a_0 - a_1 \sum_{i=1}^{N} E_i \tag{6-81}$$

其中,p_e 为电力市场价格;E_i 为第 i 个火电企业的发电量;N 为火电企业的个数;a_0 和 a_1 为市场参数。

碳市场是一个全国统一的市场,这里假定该市场的碳排放权交易价格为常数,不受特定企业的影响。对于一个发电企业而言,如果其拥有的碳排放权配额大于实际碳排放量,其可以通过在碳市场出售排放权获取收益。反之,如果其拥有的碳排放权配额小于实际碳排放量,其或者从碳市场购买排放权,或者缴纳罚金,需要付出成本。这里假定配额具有一定的稀缺性,即多余的排放权一定能售出,但买到的排放权不一定完全够用。这样一来,第 i 个火电企业的碳市场交易成本/收益为

$$C_{c,i} = \begin{cases} p_q \Delta C_i + p_f (C_{r,i} - C_{q,i} - \Delta C_i), & C_{r,i} > C_{q,i} \\ p_q \Delta C_i, & C_{r,i} \leqslant C_{q,i} \end{cases} \tag{6-82}$$

其中,$C_{r,i}$ 为第 i 个火电企业的实际碳排放;$C_{q,i}$ 为该企业分配得到的碳排放权配额;p_q 为碳排放权交易市场价格;p_f 为惩罚系数,即一单位碳排放的罚金。当 $C_{r,i} > C_{q,i}$ 时,$0 \leqslant \Delta C_i \leqslant C_{r,i} - C_{q,i}$;当 $C_{r,i} \leqslant C_{q,i}$ 时,$\Delta C_i = C_{r,i} - C_{q,i}$。因此 $\Delta C_i > 0$ 表示该企业需要在碳市场付出成本;$\Delta C_i < 0$ 则表示该企业在碳市场获得收益(负成本)。

火电企业获得的排放权配额,由实际发电量和排放权分配系数(或称基准值)(ε)决定。假定该企业的碳排放系数为常数(γ_i),则式(6-82)可进一步写作

$$C_{c,i} = \begin{cases} (p_q - p_f) \Delta C_i + p_f (\gamma_i - \varepsilon) E_i, & C_{r,i} > C_{q,i} \\ p_q (\gamma_i - \varepsilon) E_i, & C_{r,i} \leqslant C_{q,i} \end{cases} \tag{6-83}$$

根据式(6-83),碳市场交易的边际成本/收益为

$$D_{c,i} = \frac{\partial C_{c,i}}{\partial E_i}$$
$$= \begin{cases} p_f(\gamma_i - \varepsilon)_i, & C_{r,i} > C_{q,i} \\ p_q(\gamma_i - \varepsilon)_i, & C_{r,i} \leqslant C_{q,i} \end{cases} \qquad (6\text{-}84)$$

设火电企业的发电成本为发电量的二次函数,因此火电企业的运营成本(包括发电成本和碳交易成本)为

$$C_{o,i} = b_{0,i} + b_{1,i} E_i + \frac{b_{2,i}}{2} E_i^2 + C_{c,i} \qquad (6\text{-}85)$$

边际运营成本为

$$D_{o,i} = \frac{\partial C_{o,i}}{\partial E_i}$$
$$= b_{1,i} + b_{2,i} E_i + D_{c,i} \qquad (6\text{-}86)$$

总利润为

$$R_i = p_e E_i - C_{o,i} \qquad (6\text{-}87)$$

6.5.2 最优决策与市场均衡

考虑到 N 个火电企业的市场力不大可能完全相同,因此这里采用斯塔克尔伯格模型来描述电力市场的结构。设在全部 N 个火电企业中,第 $1-L$、$L+1-M$ 和 $M+1-N$ 个企业分别为市场领导者、追随者和接受者。

1. 生产决策过程

对于市场接受者而言,其发电规模很小,不会对市场价格产生影响。因此,根据式(6-85)和式(6-87),其最优发电量应满足

$$\frac{\partial R_u}{\partial E_u} = p_e - b_{1,u} - b_{2,u} E_u - D_{c,u}$$
$$= 0 \qquad (6\text{-}88)$$

其中,$u = M+1, M+2, \cdots, N$。

因此,市场接受者的反应函数为

$$E_u = \frac{p_e - b_{1,u} - D_{c,u}}{b_{2,u}} \qquad (6\text{-}89)$$

对于市场领导者和追随者而言,在市场接收者的发电量既定时,其面临的逆需求函数为

$$p_e = a_0 - a_1 \sum_{i=1}^{M} E_i - a_1 \sum_{u=M+1}^{N} \frac{p_e - b_{1,u} - D_{c,u}}{b_{2,u}}$$

$$= \frac{a_0 + a_1 \sum_{u=M+1}^{N} \frac{b_{1,u} + D_{c,u}}{b_{2,u}}}{1 + \sum_{u=M+1}^{N} \frac{a_1}{b_{2,u}}} - \frac{a_1}{1 + \sum_{u=M+1}^{N} \frac{a_1}{b_{2,u}}} \sum_{i=1}^{M} E_i \qquad (6-90)$$

简记为

$$p_e = d_0 - d_1 \sum_{i=1}^{M} E_i \qquad (6-91)$$

其中

$$d_0 = \frac{a_0 + a_1 \sum_{u=M+1}^{N} \frac{b_{1,u} + D_{c,u}}{b_{2,u}}}{1 + \sum_{u=M+1}^{N} \frac{a_1}{b_{2,u}}} \qquad (6-92)$$

$$d_1 = \frac{a_1}{1 + \sum_{u=M+1}^{N} \frac{a_1}{b_{2,u}}} \qquad (6-93)$$

市场追随者的产量将会对市场价格产生影响。因此,根据式(6-85)和式(6-87),其最优发电量应满足

$$\frac{\partial R_v}{\partial E_v} = p_e + \frac{\partial p_e}{\partial E_v} E_v - b_{1,v} - b_{2,v} E_v - D_{c,v}$$
$$= 0 \qquad (6-94)$$

其中 $v = L+1, L+2, \cdots, M$。

因此,市场追随者的反应函数为

$$E_v = \frac{d_0 - b_{1,v} - D_{c,v} - d_1 \sum_{\substack{i=1 \\ i \neq v}}^{M} E_i}{2d_1 + b_{2,v}} \qquad (6-95)$$

根据式(6-95),所有市场追随者的发电量之和为

$$\sum_{v=L+1}^{M} E_v = \frac{\sum_{v=L+1}^{M} \frac{d_0 - b_{1,v} - D_{c,v}}{d_1 + b_{2,v}}}{1 + \sum_{v=L+1}^{M} \frac{d_1}{d_1 + b_{2,v}}} - \frac{\sum_{v=L+1}^{M} \frac{d_1}{d_1 + b_{2,v}}}{1 + \sum_{v=L+1}^{M} \frac{d_1}{d_1 + b_{2,v}}} \sum_{i=1}^{L} E_i \qquad (6-96)$$

将式(6-96)代入式(6-91),可以得到市场领导者面临的逆需求函数为

$$p_e = g_0 - g_1 \sum_{i=1}^{L} E_i \qquad (6-97)$$

其中

$$g_0 = \frac{d_0 + d_1 \sum_{v=L+1}^{M} \frac{b_{1,v} + D_{c,v}}{d_1 + b_{2,v}}}{1 + \sum_{v=L+1}^{M} \frac{d_1}{d_1 + b_{2,v}}} \quad (6\text{-}98)$$

$$g_1 = \frac{d_1}{1 + \sum_{v=L+1}^{M} \frac{d_1}{d_1 + b_{2,v}}} \quad (6\text{-}99)$$

这时,市场领导者获得最大利润的条件为

$$\frac{\partial R_w}{\partial E_w} = p_e + \frac{\partial p_e}{\partial E_w} E_w - b_{1,w} - b_{2,w} E_w - D_{c,w} \quad (6\text{-}100)$$
$$= 0$$

反应函数为

$$E_{s,w} = \frac{g_0 - b_{1,w} - D_{c,w} - g_1 \sum_{\substack{i=1 \\ i \neq w}}^{L} E_i}{2g_1 + b_{2,w}} \quad (6\text{-}101)$$

根据式(6-101),所有市场领导者的发电量之和为

$$\sum_{w=1}^{L} E_w = \frac{\sum_{w=1}^{L} \frac{g_0 - b_{1,w} - D_{c,w}}{g_1 + b_{2,w}}}{1 + \sum_{w=1}^{L} \frac{g_1}{g_1 + b_{2,w}}} \quad (6\text{-}102)$$

2. 市场均衡状态

将式(6-102)代入式(6-97),可以得到电力市场出清价格为

$$p_e^* = \frac{g_0 + g_1 \sum_{w=1}^{L} \frac{b_{1,w} + D_{c,w}}{g_1 + b_{2,w}}}{1 + \sum_{w=1}^{L} \frac{g_1}{g_1 + b_{2,w}}} \quad (6\text{-}103)$$

将出清价格代入式(6-89),可以得到市场接受者的最优发电量。
将式(6-91)代入式(6-95),可以得到市场跟随者的最优发电量为

$$E_v = \frac{p_e^* - b_{1,v} - D_{c,v}}{d_1 + b_{2,v}} \quad (6\text{-}104)$$

采用同样的方式,可以得到市场领导者的最优发电量为

$$E_w = \frac{p_e^* - b_{1,w} - D_{c,w}}{g_1 + b_{2,w}} \quad (6\text{-}105)$$

根据式(6-81),可知市场出清电量为

$$\sum_{i=1}^{N} E_i = \frac{a_0 - p_e^*}{a_1} \tag{6-106}$$

在确定各火电企业的发电量后,根据碳排放系数,即可计算得到各企业的碳排放量。

3. 共谋行为的影响

在前述决策过程中,各火电企业以自身的利润最大化为目标,独立进行决策。但是,如果在缺乏有效监管的情况下,各企业可能会通过协调各自的行为而获得更大的集体利润,在极端情况下会形成卡特尔市场结构。这时,在电力市场达到均衡时需满足两个条件。

(1) 各企业的边际运营成本相等。
(2) 边际运营成本等于边际收益(边际利润等于0),即

$$\begin{cases} D_{o,i} = D_{o,j} & \text{(a)} \\ \dfrac{\partial R_i}{\partial E_i} = 0 & \text{(b)} \end{cases} \tag{6-107}$$

根据式(6-86)和式(6-107a),对于第 i 和第 j 个火电企业,有

$$E_j = \frac{b_{1,i} + D_{c,i} - b_{1,j} - D_{c,j}}{b_{2,j}} + \frac{b_{2,i}}{b_{2,j}} E_i \tag{6-108}$$

因此

$$\sum_{j=1}^{N} E_j = \sum_{j=1}^{N} \frac{b_{1,i} + D_{c,i} - b_{1,j} - D_{c,j}}{b_{2,j}} + \sum_{j=1}^{N} \frac{b_{2,i}}{b_{2,j}} E_i \tag{6-109}$$

将式(6-109)代入式(6-81),可以得到第 i 个企业的逆需求函数为

$$p_e = a_0 - a_1 \sum_{j=1}^{N} \frac{b_{1,i} + D_{c,i} - b_{1,j} - D_{c,j}}{b_{2,j}} - a_1 \sum_{j=1}^{N} \frac{b_{2,i}}{b_{2,j}} E_i \tag{6-110}$$

将式(6-85)和式(6-110)代入式(6-87),当第 i 个火电企业达到最优发电量时需满足

$$\begin{aligned} \frac{\partial R_i}{\partial E_i} &= a_0 - b_{1,i} - D_{c,i} - a_1 \sum_{j=1}^{N} \frac{b_{1,i} + D_{c,i} - b_{1,j} - D_{c,j}}{b_{2,j}} - \\ & \quad \left(2 a_1 \sum_{j=1}^{N} \frac{1}{b_{2,j}} + 1\right) b_{2,i} E_i \\ &= 0 \end{aligned} \tag{6-111}$$

即

$$E_i = \frac{a_0 - b_{1,i} - D_{c,i} - a_1 \sum_{j=1}^{N} \dfrac{b_{1,i} + D_{c,i} - b_{1,j} - D_{c,j}}{b_{2,j}}}{\left(2a_1 \sum_{j=1}^{N} \dfrac{1}{b_{2,j}} + 1\right) b_{2,i}} \quad (6\text{-}112)$$

得到各火电企业的最优发电量以后,电力市场的出清电价、出清电量以及各企业的碳排放量均容易计算得到。

6.5.3 数据验证分析[①]

设某地区有三家火电企业,其在电力市场的地位、成本参数(成本单位为元,发电量单位为兆瓦时)和碳排放系数列于表6-2中。

表6-2 各火电企业的市场地位、成本参数和碳排放系数

市场地位	编号(i)	$b_{0,i}$	$b_{1,i}$	$b_{2,i}$	$\gamma_i / tCO_2 \times (MW \cdot h)^{-1}$
领导者	1	0	12	0.045	0.8
追随者	2	0	19.5	0.1	0.85
接受者	3	0	18	0.3	0.9

电力市场的逆需求函数的参数 a_0 和 a_1 分别为120和0.24。

碳市场的排放权分配系数 $\varepsilon = 0.85 tCO_2/MW \cdot h$;碳排放权交易市场价格为 $p_q = 50$ 元/吨;惩罚系数 $p_f = 100$ 元/吨。三家火电企业中,领导者剩余的碳排放权能够全部售出,因此碳市场交易的边际成本/收益为 $D_{c,1} = -2.5$ 元/吨;追随者的碳排放系数恰好等于排放权分配系数,因此不参与碳市场交易, $D_{c,2} = 0$ 元/吨;接受者仅能买到少量的碳排放权(为了便于后续计算,假设仅为0.1吨),必须缴纳罚金,因此碳市场交易的边际成本/收益为 $D_{c,3} = 5$ 元/吨。

在计算斯塔克尔伯格市场结构下各企业的最优决策并对市场均衡状态进行描述时,可参照如下步骤。

第1步,将上述参数代入式(6-92)和式(6-93),计算得到 d_0 和 d_1 的值。

第2步,将 d_0 和 d_1 的值以及其他相关参数代入式(6-98)和式(6-99),计算得到 g_0 和 g_1 的值。

[①] 本节的各种参数,参照相关论文、我国碳市场的实际情况和生态环境部的相关文件进行设定,这里并未对此进行合理性调整。

第 3 步,将 g_0 和 g_1 的值以及其他相关参数代入式(6-103),计算得到电力市场的出清电价为 $p_e^* = 37.6354$ 元/MW·h。

第 4 步,将出清电价的值和其他相关参数分别代入式(6-89)、式(6-104)和式(6-105),分别得到市场接收者的最优发电量 $E_3^* = 48.7846$ MW·h、市场追随者的最优发电量 $E_2^* = 77.7230$ MW·h 和市场领导者的最优发电量 $E_1^* = 216.6784$ MW·h。3 家火电企业最优发电量之和与将市场出清电价为 $p_e^* = 37.6353$ 元/MW·h 代入式(6-81)得到的市场出清电量(343.1860MW·h)相同。

第 5 步,将 3 家火电企业最优发电量和相关参数代入式(6-83),得到每家火电企业的碳市场交易成本/收益。将 3 家火电企业的碳市场交易成本/收益、最优发电量和相关参数代入式(6-85),得到每家企业的运营成本。将 3 家火电企业的运营成本、最优发电量和市场出清电价代入式(6-87),得到市场接受者的利润 $R_3^* = 849.8354$ 元、市场追随者的利润 $R_2^* = 1107.4917$ 元以及市场领导者的利润 $R_1^* = 5039.9621$ 元,这时 3 家企业的总利润为 6997.2893 元。

第 6 步,根据 3 家火电企业最优发电量和每家企业的碳排放系数,计算得到市场接受者的碳排放量 $C_{r,3}^* = 43.9061$ 吨、市场追随者的碳排放量 $C_{r,2}^* = 66.0645$ 吨以及市场领导者的碳排放量 $C_{r,1}^* = 173.3427$ 吨,这时 3 家企业的总碳排放量为 283.3134 吨。

如果企业存在不受任何限制的共谋行为,将形成卡特尔市场结构。在计算卡特尔市场结构下各家企业的最优决策并对市场均衡状态进行描述时,可参照如下步骤。

第 1 步,将相关参数代入式(6-112)可以得到企业 3、企业 2 和企业 1(这时已无市场接受者、跟随者和领导者的区别)的最优发电量分别为 $E_{c,3}^* = 3.0627$ MW·h、$E_{c,2}^* = 27.6568$ MW·h 和 $E_{c,1}^* = 178.7208$ MW·h。这时,3 家火电企业最优发电量之和为 209.4403MW·h。

第 2 步,将 3 家火电企业最优发电量之和代入式(6-81)得到的市场出清电价为 $p_{c,e}^* = 69.7343$ 元/MW·h。

第 3 步,将 3 家火电企业最优发电量和相关参数代入式(6-83),得到每家火电企业的碳市场交易成本/收益。将 3 家火电企业的碳市场交易成本/收益、最优发电量和相关参数代入式(6-85),得到每家企业的运营成本。将 3 家火电企业的运营成本、最优发电量和市场出清电价代入式(6-87)可以得到 3 家火电企业的利润分别为 $R_{c,3}^* = 177.3549$ 元、$R_{c,2}^* = 1351.0768$ 元和 $R_{c,1}^* = 10046.4494$ 元,这时 3 家企业的总利润为 11574.8811 元。

第 4 步,根据 3 家火电企业最优发电量和每家企业的碳排放系数,计算得到 3 家企业的碳排放量分别为 $C_{cr,3}^* = 2.7565$ 吨、$C_{cr,2}^* = 23.5083$ 吨和 $C_{cr,1}^* = 142.9766$ 吨,这时,3 家企业的总碳排放量为 169.2414 吨。

以下对 Stackelberg 和 Cartel 两种市场均衡的结果进行比较。表 6-3 列出了两种市场均衡的结果。

表 6-3 两种市场结构的均衡状态

市场结构	出清电价	出清电量	企业利润	碳排放量
Stackelberg	37.6354	343.1860	6997.2893	283.3134
Cartel	69.7343	209.4403	11574.8811	169.2414

根据表 6-3 所示的结果,与 Stackelberg 市场相比,Cartel 市场的火力发电企业通过勾结行为集体控制发电量,从而提升了市场出清电价,并因此获得更大的利润。此外,Cartel 市场结构下,企业的总碳排放量出现了下降。这种降低大部分来源于总发电量的减少,少部分来源于发电结构的优化。例如,在 Stackelberg 市场结构下,碳排放系数最高的市场接受者(企业 3)的发电比例为 $48.7846/343.1860 = 14.22\%$,而在 Cartel 市场结构下,企业 3 的发电比例为 $3.0627/209.4403 = 1.46\%$,这也许是企业共谋行为带来的唯一好处。

6.5.4 主要 MATLAB 程序

主要 MATLAB 程序如下:

```
a0=120;a1=0.24;
b01=0;b11=12;b21=0.045;Dc1=-2.5;
b02=0;b12=19.5;b22=0.1;Dc2=0;
b03=0;b13=18;b23=0.3;Dc3=5;
%以下为Stackelberg市场结构
d0=(a0+a1*(b13+Dc3)/b23)/(1+a1/b23);
d1=a1/(1+a1/b23);
g0=(d0+d1*(b12+Dc2)/(d1+b22))/(1+d1/(d1+b22));
g1=d1/(1+d1/(d1+b22));
pce=(g0+g1*(b11+Dc1)/(g1+b21))/(1+g1/(g1+b21));    %出清电价
E3=(pce-b13-Dc3)/b23                               %市场接受者的最优发电量
E2=(pce-b12-Dc2)/(d1+b22)                          %市场追随者的最优发电量
E1=(pce-b11-Dc1)/(g1+b21)                          %市场领导者的最优发电量
Ec=(a0-pce)/a1;                                    %市场出清电量
```

```
R3=pce*E3-b03-b13*E3-b23/2*E3^2-0.1*50-...
    (E3*(0.8-0.85)-0.1)*500      %市场接受者的利润
R2=pce*E2-b02-b12*E2-b22/2*E2^2-E2*(0.85-0.85)*0
%市场追随者的利润
R1=pce*E1-b01-b11*E1-b21/2*E1^2-E1*(0.8-0.85)*50
                                 %市场领导者的利润
Rt=R3+R2+R1                      %3家企业的总利润
Cr3=E3*0.9                       %市场接受者的碳排放量
Cr2=E2*0.85                      %市场追随者的碳排放量
Cr1=E1*0.8                       %市场领导者的碳排放量
Crt=Cr3+Cr2+Cr1                  %3家企业的总碳排放量
%以下为 Cartel 市场结构
Ec3_nom=a0-b13-Dc3-a1*((b13+Dc3-b11-Dc1)/b21+...
    (b13+Dc3-b12-Dc2)/b22);
Ec3_don=(2*a1*(1/b21+1/b22+1/b23)+1)*b23;
Ec3=Ec3_nom/Ec3_don     %Cartel 市场结构下企业3的最优发电量
Ec2_nom=a0-b12-Dc2-a1*((b12+Dc2-b11-Dc1)/b21+...
    (b12+Dc2-b13-Dc3)/b23);
Ec2_don=(2*a1*(1/b21+1/b22+1/b23)+1)*b22;
Ec2=Ec2_nom/Ec2_don     %Cartel 市场结构下企业2的最优发电量
Ec1_nom=a0-b11-Dc1-a1*((b11+Dc1-b12-Dc2)/b22+...
    (b11+Dc1-b13-Dc3)/b23);
Ec1_don=(2*a1*(1/b21+1/b22+1/b23)+1)*b21;
Ec1=Ec1_nom/Ec1_don     %Cartel 市场结构下企业1的最优发电量
Ecc=Ec3+Ec2+Ec1         %Cartel 市场结构下的出清电量
pcce=a0-a1*Ecc          %Cartel 市场结构下的出清电价
Rc3=pcce*Ec3-b03-b13*Ec3-b23/2*Ec3^2-0.1*50-(Ec3*...
    (0.8-0.85)-0.1)*100     %Cartel 市场结构下企业3的利润
Rc2=pcce*Ec2-b02-b12*Ec2-b22/2*Ec2^2-Ec2*(0.85-0.85)*0
%Cartel 市场结构下企业2的利润
Rc1=pcce*Ec1-b01-b11*Ec1-b21/2*Ec1^2-Ec1*(0.8-0.85)*50
%Cartel 市场结构下企业1的利润
Rct=Rc3+Rc2+Rc1         %Cartel 市场结构下3家企业的总利润
Ccr3=Ec3*0.9            %Cartel 市场结构下企业3的碳排放量
Ccr2=Ec2*0.85           %Cartel 市场结构下企业2的碳排放量
Ccr1=Ec1*0.8            %Cartel 市场结构下企业1的碳排放量
Ccrt=Ccr3+Ccr2+Ccr1     %Cartel 市场结构下3家企业的总碳排放量
```

第 7 章

能源投入产出分析

投入产出分析是一种同时将"投入"和"产出"放在一起进行分析的数量经济分析方法。在能源经济领域,其主要功能在于对完全能耗相关指标的测算与分析。

7.1 投入产出分析的起源与发展

投入产出分析在不同时期和地区曾经有不同的称谓。例如,苏联曾将其称为"部门联系平衡法",日本则称其为"产业关联",但"投入产出分析"是迄今为止应用最广泛的称谓。投入产出分析的投入(input)是指一个系统进行某项活动过程中的消耗,产出(output)是指一个系统进行某项活动过程的结果。投入产出分析是利用数学方法研究某个系统(例如经济系统)各项活动中的投入与产出之间的数量关系,特别是研究和分析国民经济各个部门在产品的生产和消耗之间数量依存关系的一门学科[1]。

投入产出分析起源于 20 世纪 30 年代初期里昂惕夫(Leontief)对美国经济结构的研究。1936 年,他在美国期刊《经济统计评论》(*The Review of Economics and Statistics*)上发表了论文《美国经济系统中的投入与产出数量关系》(*Quantitative input and output relations in the economic system of the United States*)[2],通常被认为是投入产出分析产生的标志。1941 年,里昂惕夫在哈佛大学出版社出版了专著《美国经济结构 1919—1929》(*The Structure of American Economy 1919—1929*)。在此书中,他系统地论述了投入产出技术的原理和方法,并利用美国发布的统计资料编制了美国经济 1919 年和 1929 年投入产出表。

然而,作为一种在当时较为新颖的研究领域,投入产出分析在第二次世界大战前并没有受到美国经济学界和政府机构的重视。第二次世界大战开始后,美国在安排军用设备生产时,仅按照惯例考虑了原材料的直接消耗,而忽视了间接消耗,从而引起了部分原材料的严重短缺。美国政府在这时才认识到投入产出分析技术在安排生产等领域的重要性。1944 年,美国劳动统计局在里昂惕夫的指导下推出了世界上第一个投入产出表——美国经济部门在 1939 年的投入产出表,得到了美国各界的广泛重视。

从 20 世纪 50 年代起,投入产出分析在冷战时期分别以美国和苏联为首的两大阵营中均得到了重视,各国都纷纷对此展开了应用研究。为了规范化投入产出表的编制方法以便于横向比较,联合国统计局于 1968 年正式规定"投入产出"为国民经济核算的一个重要组成部分,并制定了编制投入产出表的标准部门分类目录、指标解释和计算方法。据联合国统计,截至 1979 年,世界上至少已有 89 个国家和地区编制了自己的投入产出表,这为投入产出分析的广泛应用奠定了基础。

在国内,投入产出分析的研究起始于 20 世纪 50 年代末。1959 年,在钱学森和华罗庚的积极倡导下,中国科学院数学研究所和中国科学院经济研究所分别成立了一个投入产出问题的研究小组,但是不久之后,受政治影响,这方面的研究和应用不得不中断。直到 20 世纪 70 年代初,我国才有少数学者逐渐恢复和坚持了这方面的研究工作。1974—1976 年,在国家计划委员会和国家统计局的领导和支持下,由中国科学院、北京经济学院(现首都经济贸易大学)和中国人民大学等单位联合编制了 1973 年全国 61 种产品的实物型投入产出表,这是我国第一个全国性的投入产出表。此后我国又多次编制了自己的投入产出表,但并没有成为系统性和规律性的活动。

1987 年 3 月,国务院发布了《关于进行全国投入产出调查的通知》(国发办〔1987〕18 号),由国家统计局负责编制 1987 年全国投入产出表,并明确规定此后每 5 年(逢 2 和逢 7 的年份)进行投入产出调查,并编制投入产出表。此外,按照惯例,国家统计局在每两张时间相邻的投入产出表的中间年份(一般为逢 5 和逢 10 的年份)编制投入产出延长表。投入产出延长表以此前最近年份的投入产出表资料为基础,通过补充调整后续年份数据编制而成,通常也统称为投入产出表。从这时起,我国投入产出表的编制和使用开始进入规范化和制度化的新阶段。

7.2 投入产出分析技术

本节对投入产出技术的核心方法进行介绍,这是进行能源投入产出分析的基础。

7.2.1 直接消耗与完全消耗

学习投入产出分析的一个重要基础,就是理解直接消耗与完全消耗。以能源消耗为例,绝大多数统计数据在核算某部门的能源消耗时,都是统计直接消耗,即在进行最终生产时所消耗的能源,而对所耗费的中间产品在生产过程中的能源消耗(称为间接消耗)则不予考虑,而实际上这些中间产品在生产过程中所消耗的能源对于最终的生产活动也是必不可少的。图 7-1 以粮食生产对电力的消耗为例[1],展示了上述两个指标的关系。

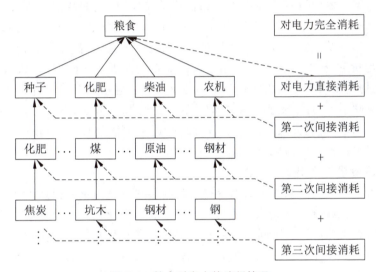

图 7-1 粮食对电力的消耗情况

根据图 7-1 所示的生产关系,在粮食的生产过程中,除了直接消耗的电力外,其消耗的中间产品(种子、化肥、柴油和农机)在生产过程中也消耗电力,中间产品在生产过程中所消耗的中间产品(化肥、煤、原油和钢材)在生产过程中也同样消耗电力,以此类推。因此,国民经济各部门之间除了发生直接联系并产生直接消耗以外,还存在着间接联系,产生间接消耗。直接消耗和间接消耗合称完全消耗。

相对于直接消耗,完全消耗在进行边际分析以及安排国民经济计划等场景中更有实际意义。但是,完全消耗很难通过直接的统计活动获得,而是需要以反映直接消耗的投入产出表为基础,通过计算得到。

7.2.2 投入产出表

投入产出表也称为投入平衡表,是指能够把国民经济各部门之间所有产品的投入与产出关系都表现出来的统计表格。它根据调查和统计资料编制,能够表示在指定年度内各部门之间的相互联系、相互影响、相互制约以及相互交流的情况。根据不同标准,投入产出表通常有以下几种。

1. 价值型投入产出表和实物型投入产出表

按照计量单位的不同,投入产出表分可以分为价值型和实物型。其中,价值型投入产出表中所有指标都以产品价格单位度量,例如我国的人民币元、万元和亿元等;实物型投入产出表中所有指标都以产品实物单位度量,例如千克、吨、米、千米以及千瓦时等。实物型投入产出表所反映的各类产品在生产过程中的相互联系,基本上是由生产技术条件决定的。因此,与价值型投入产出表相比,实物型投入产出表更能较为确切地反映国民经济中各类产品在生产过程中的技术联系,并且不受到价格变动等因素的影响。但是,由于各类产品的计量单位不同,实物型投入产出表的各行之间通常不能相加,只能反映各类产品生产过程中各种具体消耗,却无法反映各类产品的消耗总额。

2. 区域投入产出表

投入产出表中按照所用数据资料的范围不同可分为世界投入产出表、国家投入产出表、地区投入产出表、部门投入产出表和企业投入产出表。其中,世界投入产出表反映世界上不同国家之间的贸易往来及相互依存关系;国家投入产出表以整个国民经济为描述对象,反映各产品(或部门)间投入与产出关系,这也是最常见的一类投入产出表;地区投入产出表与国家投入产出表类似,研究一个地区内不同产业部门产品的相互依存关系,地区的含义可以指行政区划意义上的地区,也可以指由经济发展所形成的地区;部门投入产出表研究部门内部各种产品(子部门)之间的相互联系,以及某一部门与国民经济各个部门(产品)的相互依存关系;企业投入产出表是以数学的形式反映各个车间和各个产品之间的生产联系、物资供应、设备和劳动资源利用的投入产出表,这种投入产出表与企业的生产计划、财务成本、物资、劳动工资以及销售等管理活动都有直接关系。

3. 报告期投入产出表和计划期投入产出表

报告期投入产出表所用数据资料都是报告期的实际数据,反映报告期投入与产出的综合平衡情况。计划期投入产出表所用数据资料都是计划期的计划数据,反映计划期或预测计划期国民经济的发展情况。

4. 竞争型投入产出表和非竞争型投入产出表

竞争型投入产出表是传统上应用最广泛的投入产出表。非竞争型投入产出表是对竞争型表的细化，将竞争型投入产出表的中间使用和最终使用均按照国产品和进口品加以区分，就形成了非竞争型投入产出表。我国从 2017 年开始编制非竞争型投入产出表。

考虑到研究对象以及数据的可获性等原因，价值型、适用于国家的、报告期的竞争型投入产出表应用最为广泛，图 7-2 显示了这种表的基本结构。

投入		产出							总产出
		中间使用			最终使用				
		部门 1	部门 2	…	部门 m	消费 m+1	投资 m+2	…	出口 n	
中间投入	部门 1	第Ⅰ象限 x_{ij}				第Ⅱ象限 x_{ij}				x_i
	部门 2									
	⋮									
	部门 m									
增加值	折旧 m+1	第Ⅲ象限 x_{ij}				第Ⅳ象限 x_{ij}				
	工资 m+2									
	⋮									
	纳税 p									
总投入		x_j								

图 7-2 常用投入产出表的框架结构

如图 7-2 所示，投入产出表在主体结构上可以分为 4 个象限：第Ⅰ象限为物质交流象限，包括第 1～m 行以及第 1～m 列所构成的矩阵，表示投入与产出的关系。第Ⅱ象限包括从第 1～m 行以及从第 m+1～n 列所构成的矩阵，表示最终需求关系。第Ⅲ象限为增加价值象限，包括第 m+1～p 行以及第 1～m 列所构成的矩阵，表示增加价值关系。第Ⅳ象限为直接购买关系象限，包括从第 m+1～p 行以及从第 m+1～n 列所构成的矩阵，表示直接购买要素关系。其中，第Ⅰ、Ⅱ和Ⅲ象限为投入产出表的关键部分。

在图 7-2 中，每行（$i=1-m$）的元素，表明报告期一个特定部门的总产出的分配使用去向，即总产出的去向。也就是说，对于第 i 个部门而言，其在报告期

内的总产出为 $\sum_{j=1}^{n} x_{ij}$，其中用于第 j 个部门的产出为 x_{ij}。每列（$j=1-m$）的元素，表明报告期内一个特定部门对各种投入要素的消耗和使用，即总投入的来源。也就是说，对于第 j 个部门而言，其在报告期内的总投入量为 $\sum_{i=1}^{n} x_{ij}$，其中来源于第 i 个部门的投入量为 x_{ij}。

7.2.3 投入产出模型算法

投入产出模型的主要功能，在于将投入产出表所反映的各个经济部门的内在联系用数学方程组表示出来。

1. 产出平衡方程组和投入平衡方程组

在图 7-2 所示的投入产出表的各行中，每个生产部门分配给各个部门的生产性（中间使用）产品的价值加上该部门用于最终需求（最终使用）的产品价值，就等于该部门的总产品价值，于是：

$$\begin{cases} x_1 = x_{11} + x_{12} + \cdots + x_{1m} + y_1 \\ x_2 = x_{21} + x_{22} + \cdots + x_{2m} + y_2 \\ \vdots \\ x_m = x_{m1} + x_{m2} + \cdots + x_{mm} + y_m \end{cases} \quad (7\text{-}1)$$

简记为

$$x_i = \sum_{j=1}^{m} x_{ij} + y_i \quad (7\text{-}2)$$

其中，$y_i = \sum_{j=m+1}^{n} x_{ij} (i=1,2,\cdots,m)$ 为第 i 个生产部门用于最终使用的价值。

这个方程组表示了各个生产部门产出的分配关系，称为产出平衡方程组或分配平衡方程组。

在投入产出表的各列中，对于每个生产部门而言，各部门为其投入（中间投入）的产品价值加上该部门新投入（增加值）的价值，就等于该部门的总投入的价值。即

$$\begin{cases} x_1 = x_{11} + x_{21} + \cdots + x_{m1} + z_1 \\ x_2 = x_{12} + x_{22} + \cdots + x_{m2} + z_2 \\ \vdots \\ x_m = x_{1m} + x_{2m} + \cdots + x_{mm} + z_m \end{cases} \quad (7\text{-}3)$$

简记为

$$x_j = \sum_{i=1}^{m} x_{ij} + z_j \tag{7-4}$$

其中，$z_j = \sum_{i=m+1}^{p} x_{ij}(j=1,2,\cdots,m)$ 表示第 j 个生产部门接受的增加值的价值。

这个方程组表示了各个生产部门投入的来源关系，称为投入平衡方程组或消耗平衡方程组。

2. 直接消耗系数平衡方程组

第 j 个生产部门每生产一单位产品对第 i 个生产部门产品的直接消耗量，称为第 j 个部门对第 i 个部门的直接消耗系数。直接消耗系数表示生产要素和产品之间的生产技术比例，所以又称为技术系数。

根据图 7-2 所示的投入产出表结构，直接消耗系数应为

$$a_{ij} = \frac{x_{ij}}{x_j} \tag{7-5}$$

因此

$$x_{ij} = a_{ij} x_j \tag{7-6}$$

也就是说，对于投入产出表中第 I 象限（物质交流象限）的数值，x_{ij}（第 i 个部门的产出中用于第 j 个部门的生产活动的价值；或者说，第 j 个部门生产过程中，来源于第 i 个部门的投入值）等于第 j 个部门的产值与该部门一单位产值所消耗的第 i 个部门产值的乘积。

直接消耗系数是整个投入产出模型系统中最重要的基础概念，其准确与否是投入产出模型能否成功的前提和关键。引入直接消耗系数以后，可以将物质生产中的技术联系置入模型中，从而使投入产出表的各行之间连接起来，平衡数量关系得到深化。

将式(7-6)代入产出平衡方程组式(7-1)，可以得到如下所示的直接消耗系数平衡方程组

$$\begin{cases} x_1 = a_{11}x_1 + a_{12}x_2 + \cdots + a_{1m}x_m + y_1 \\ x_2 = a_{21}x_1 + a_{22}x_2 + \cdots + a_{2m}x_m + y_2 \\ \quad\vdots \\ x_m = a_{m1}x_m + a_{m2}x_2 + \cdots + a_{mm}x_{mm} + y_m \end{cases} \tag{7-7}$$

简记为

$$x_i = \sum_{j=1}^{m} a_{ij} x_j + y_i \tag{7-8}$$

式(7-7)可用矩阵表示为

$$X = AX + Y \tag{7-9}$$

或

$$(I - A)X = Y \tag{7-10}$$

其中，

$$A = \begin{bmatrix} a_{11} & a_{12} & \cdots & a_{1m} \\ a_{21} & a_{21} & \cdots & a_{2m} \\ \vdots & \vdots & \ddots & \vdots \\ a_{m1} & a_{m1} & \cdots & a_{mm} \end{bmatrix} \quad X = \begin{bmatrix} x_1 \\ x_2 \\ \vdots \\ x_m \end{bmatrix} \quad 且 \quad Y = \begin{bmatrix} y_1 \\ y_2 \\ \vdots \\ y_m \end{bmatrix}$$

式(7-10)是一种比较原始的投入产出模型，它反映了投入和产出之间的数量联系关系。其中，$(I-A)$ 称为里昂惕夫(Leontief)矩阵。

将式(7-10)的等号左右两侧同时除以 $(I-A)$ 得

$$X = (I - A)^{-1} Y \tag{7-11}$$

其中，$(I-A)^{-1}$ 称为里昂惕夫逆矩阵。

例 7-1 表 7-1 为一个静态价值型投入产出表示例[1]。根据该表计算各产业部门的直接消耗系数。

表 7-1 静态价值型投入产出表示例　　　　　　　　　单位：亿元

投入		产出								总产出
		中间使用				最终使用				
		1 农业	2 工业	3 其他	合计	消费	资本形成	净出口	合计	
中间投入	1 农业	200	200	0	400	450	100	50	600	1000
	2 工业	200	800	300	1300	500	250	−50	700	2000
	3 其他	0	200	100	300	400	300	0	700	1000
	合计	400	1200	400	2000	1350	650	0	2000	4000
增加值	固定资产折旧	50	100	50	200					
	从业人员报酬	400	350	300	1050					
	生产税净额	50	150	100	300					
	营业盈余	100	200	150	450					
	合计	600	800	600	2000					
总投入		1000	2000	1000	4000					

根据式(7-5)计算各产业部门的直接消耗系数。也就是说,用表 7-1 第 I 象限的数据,除以各产业部门对应的总投入。例如,第 1 个部门每生产一单位产品对第 2 个部门产品的直接消耗量(a_{21}),其结果应为 $200/1000=0.2$。这样一来,直接消耗系数矩阵为 $\boldsymbol{A} = \begin{bmatrix} 0.2 & 0.1 & 0 \\ 0.2 & 0.4 & 0.3 \\ 0 & 0.1 & 0.1 \end{bmatrix}$。

3. 完全消耗系数平衡方程组

参照直接消耗系数的定义,第 j 个部门对第 i 个部门的间接消耗系数可以定义为第 j 个部门每生产一单位产品对第 i 个部门产品的间接消耗量。由于第 j 个部门每生产一单位产品对第 i 个部门产品的完全消耗由直接消耗和间接消耗两部分构成,因此第 j 个部门对第 i 个部门的完全消耗系数可以定义为第 j 个部门每生产一单位的产品对第 i 个部门产品的直接和间接消耗量之和。

根据上述完全消耗的概念,完全消耗系数 b_{ij} 可以表示为

$$b_{ij} = a_{ij} + \sum_{k=1}^{m} a_{ik}a_{kj} + \sum_{k=1}^{m}\sum_{s=1}^{m} a_{is}a_{sk}a_{kj} + \sum_{k=1}^{m}\sum_{s=1}^{m}\sum_{t=1}^{m} a_{it}a_{ts}a_{sk}a_{kj} + \cdots \tag{7-12}$$

令 $\boldsymbol{B} = \begin{bmatrix} b_{11} & b_{12} & \cdots & b_{1m} \\ b_{21} & b_{21} & \cdots & b_{2m} \\ \vdots & \vdots & \ddots & \vdots \\ b_{m1} & b_{m1} & \cdots & b_{mm} \end{bmatrix}$ 为完全消耗系数矩阵,则式(7-12)可以用矩阵表示为

$$\boldsymbol{B} = \boldsymbol{A} + \boldsymbol{A}^2 + \boldsymbol{A}^3 + \boldsymbol{A}^4 + \cdots = (\boldsymbol{I} - \boldsymbol{A})^{-1} - \boldsymbol{I} \tag{7-13}$$

实际上,完全消耗系数还可以用另一种思路进行计算。一个部门对另一个部门的间接消耗可以通过中间消耗环节对另一个部门的完全消耗得到。例如,粮食对电力的间接消耗可以用粮食部门直接消耗的种子、化肥、柴油和农机等的数量乘以这些部门产品对电力的完全消耗系数。因此,第 j 个部门对第 i 个部门的完全消耗系数就可以表示为

$$b_{ij} = a_{ij} + \sum_{k=1}^{m} b_{ik}a_{kj} \tag{7-14}$$

其矩阵形式为

$$\boldsymbol{B} = \boldsymbol{A} + \boldsymbol{B}\boldsymbol{A} \tag{7-15}$$

即

$$\boldsymbol{B} = (\boldsymbol{I} - \boldsymbol{A})^{-1} - \boldsymbol{I} \tag{7-16}$$

由(7-16)可知,完全消耗系数可以由直接消耗系数得到。只要根据直接消耗系数求得里昂惕夫逆矩阵,再从中减去单位矩阵 I,就可以得到完全消耗系数矩阵 B。

对照式(7-16)和式(7-11),可以得到投入和最终产品之间对应关系:

$$X = (B + I)Y \tag{7-17}$$

式(7-17)反映了考虑间接消耗的情况下,各部门投入与最终产出的数量关系,称为完全消耗系数平衡方程组。

例 7-2   根据表 2-1 中的数据,计算各产业部门的完全消耗系数。

在例 7-1 中已经计算得到了产业部门的直接消耗系数,将其代入式(7-16)得

$$B = \left[\begin{bmatrix} 1 & 0 & 0 \\ 0 & 1 & 0 \\ 0 & 0 & 1 \end{bmatrix} - \begin{bmatrix} 0.2 & 0.1 & 0 \\ 0.2 & 0.4 & 0.3 \\ 0 & 0.1 & 0.1 \end{bmatrix} \right]^{-1} - \begin{bmatrix} 1 & 0 & 0 \\ 0 & 1 & 0 \\ 0 & 0 & 1 \end{bmatrix} = \begin{bmatrix} 0.308 & 0.231 & 0.077 \\ 0.462 & 0.846 & 0.615 \\ 0.051 & 0.205 & 0.179 \end{bmatrix} 。$$

7.3 能耗相关指标测算分析

以投入产出表和能源统计年鉴数据为基础,采用投入产出模型算法,可以对能耗相关指标进行测算分析。

7.3.1 实物型能源投入产出表

与前述广泛采用的价值型投入产出表不同,理想的能源投入产出表是实物型的。原因在于,人们习惯上用实物量(例如千瓦时、吨标准煤以及立方米等)而不是价值量(例如元)表示能源的消耗量。此外,相对于价值型投入产出表而言,实物型投入产出表的测算结果不受价格波动的影响,往往更为精准,也更易于不同国家或地区的横向比较。但是,实物型投入产出表也有一些缺陷,例如由于不同产品的计量单位不同,不能反映不同产品部门的比例等。图 7-3 所示的实物型能源投入产出表的框架结构。

在图 7-3 中,E 表示能源产品;N 表示非能源产品;x_{ij}^{EE} 表示能源产品对能源产品的消耗;x_{ij}^{EN} 表示非能源产品对能源产品的消耗;x_{ij}^{NE} 表示能源产品对非能源产品的消耗;以此类推。将图 7-3 所示的实物型能源投入产出表与图 7-2 所示的普通价值型投入产出表进行比较,可以发现前者有两个明显特征:

(1) 实物型能源投入产出表将所有产品分为能源产品和非能源产品两类。这里假设国民经济中有 m 个产品部门,其中 k 个能源产品部门,$m-k$ 个非能源产品部门。

第7章 能源投入产出分析

投入			产出					总产出
			中间使用		最终使用			
			能源产品 1, 2, ⋯, k	非能源产品 k+1, k+2, ⋯, m	消费 m+1	投资 m+2	⋯	出口 n	
中间投入	能源产品	1 2 ⋮ k	x_{ij}^{EE}	x_{ij}^{EN}	x_i^E			x_i^E
	非能源产品	k+1 k+2 ⋮ m	x_{ij}^{NE}	x_{ij}^{NN}	x_i^N			x_i^N
增加值		折旧 m+1 工资 m+2 ⋮ 纳税 p	x_{ij}^E	x_{ij}^N				

图 7-3 实物型能源投入产出表的框架结构

（2）与一般实物型投入产出表一样，实物型能源投入产出表没有"总投入"行。这是因为各实物产品的计量单位不同，不能进行加总，因此实物型能源投入产出表没有列向平衡关系。

7.3.2 直接能耗系数与直接综合能耗

与一般的实物型投入产出表一样，实物型能源投入产出表虽然没有列向平衡关系，但却存在行向平衡关系。也就是说，表示各部门产品流向的关系是存在的。因此，

$$\sum_{j=1}^{k} x_{ij}^{EE} + \sum_{j=k+1}^{m} x_{ij}^{EN} + \sum_{j=m+1}^{n} x_{ij}^{E} = x_i^{E} \tag{7-18}$$

$$\sum_{j=1}^{k} x_{ij}^{NE} + \sum_{j=k+1}^{m} x_{ij}^{NN} + \sum_{j=m+1}^{n} x_{ij}^{N} = x_i^{N} \tag{7-19}$$

定义直接消耗系数矩阵 A 如下：

$$A = \begin{bmatrix} A_{ij}^{EE} & A_{ij}^{EN} \\ A_{ij}^{NE} & A_{ij}^{NN} \end{bmatrix} \tag{7-20}$$

其中，$A_{ij}^{EE} = (a_{ij}^{EE})_{k \times k} = (x_{ij}^{EE}/x_j^{E})_{k \times k}$；$A_{ij}^{EN} = (a_{ij}^{EN})_{k \times (m-k)} = (x_{ij}^{EN}/x_j^{N})_{k \times (m-k)}$；$A_{ij}^{NE} = (a_{ij}^{NE})_{(m-k) \times k} = (x_{ij}^{NE}/x_j^{E})_{(m-k) \times k}$；$A_{ij}^{NN} = (a_{ij}^{NN})_{(m-k) \times (m-k)} = (x_{ij}^{NN}/x_j^{N})_{(m-k) \times (m-k)}$。

在式(7-20)中，a_{ij}^{EE} 和 a_{ij}^{EN} 分别表示第 j 种能源产品和非能源产品对第 i 种

能源产品的直接消耗系数；a_{ij}^{NE} 和 a_{ij}^{NN} 分别表示第 j 种能源产品和非能源产品对第 i 种非能源产品的直接消耗系数。鉴于此，直接消耗系数矩阵 A 的前 k 行，即 $A^E = [A_{ij}^{EE} \quad A_{ij}^{EN}]_{k \times m}$ 称为直接能耗系数矩阵。

直接综合能耗（系数）一般指按标准煤计算的单位产品生产过程中对所有种类的能源的直接消耗量之和。因此，第 $j(j \in [1,k])$ 种能源产品的直接综合能耗为

$$d_j^{EE} = \sum_{i=1}^{k} \eta_i a_{ij}^{EE} \tag{7-21}$$

其中，η_i 为第 i 种能源的标准煤折算系数。

第 $j(j \in [k+1, m])$ 种非能源产品的直接综合能耗为

$$d_j^{EN} = \sum_{i=1}^{k} \eta_i a_{ij}^{EN} \tag{7-22}$$

令 $\eta = [\eta_i]_{1 \times k}$，则式（7-22）和式（7-23）综合表示为

$$\begin{aligned} D^E &= \eta A^E \\ &= [\eta A^{EE} \quad \eta A^{EN}] \end{aligned} \tag{7-23}$$

一般情况下，直接综合能耗是指按标准煤计算的单位产品生产过程中对所有种类的能源的直接和间接消耗量之和。

需要强调的是，由于上述算法以图 7-3 所示的实物型能源投入产出表为基础，因此计算得到的能耗指标以一单位产品为基础。例如，一辆小汽车的直接能耗系数和直接综合能耗。

7.3.3　完全能耗系数与完全综合能耗

根据投入产出模型算法以及方程（7-20）所示的结构，完全消耗系数矩阵 B 为

$$\begin{aligned} B &= (I - A)^{-1} - I \\ &= \begin{bmatrix} B_{ij}^{EE} & B_{ij}^{EN} \\ B_{ij}^{NE} & B_{ij}^{NN} \end{bmatrix} \end{aligned} \tag{7-24}$$

完全消耗系数矩阵 B 的前 k 行，即 $B^E = [B_{ij}^{EE} \quad B_{ij}^{EN}]_{k \times m}$ 称为完全能耗系数矩阵。

一般情况下，完全综合能耗（系数）是指按标准煤计算的单位产品生产过程中对所有种类的能源的直接消耗量和间接消耗量之和。完全综合能耗的计算并不像直接综合能耗那样简单，主要问题在于能源可以分为一次能源和二次能源（二次能源是指一次能源经过加工转换以后得到的能源，例如汽油、煤油和火

电等),而对二次能源的处理方法存在争议。以下介绍 4 种计算完全综合能耗的方法[1]:

方法 1:仿照直接综合能耗的计算方法,即式(7-21)~式(7-23),第 $j(j \in [1,k])$ 种能源产品的完全综合能耗为

$$t_j^{\mathrm{EE}} = \sum_{i=1}^{k} \eta_i b_{ij}^{\mathrm{EE}} \tag{7-25}$$

其中,η_i 为第 i 种能源的标准煤折算系数。

第 $j(j \in [k+1,m])$ 种非能源产品的完全综合能耗为

$$t_j^{\mathrm{EN}} = \sum_{i=1}^{k} \eta_i b_{ij}^{\mathrm{EN}} \tag{7-26}$$

令 $\eta = [\eta_i]_{1 \times k}$,则式(7-25)和式(7-26)综合表示为

$$\begin{aligned} \boldsymbol{T}^{\mathrm{E}} &= \eta \boldsymbol{B}^{\mathrm{E}} \\ &= [\eta \boldsymbol{B}^{\mathrm{EE}} \quad \eta \boldsymbol{B}^{\mathrm{EN}}] \end{aligned} \tag{7-27}$$

这种方法的计算较为简单,但是对完全综合能耗存在严重的高估,主要原因在于产品对一次能源的完全综合能耗包含了该产品通过二次能源对一次能源的消耗。例如,当计算某产品的完全综合能耗时,这种方法既包含了该产品对煤电的直接消耗,也包含了用于发电的煤炭的间接消耗,这显然是重复计算。鉴于此,这种方法很少在实践中使用。

方法 2:为了消除由于一次能源向二次能源转化引起的重复计算问题,在计算完全综合能耗时可以只考虑各种产品对能源本身的直接和间接消耗,而不考虑能源在生产过程中又出现的各种形式的能源对能源的消耗。由于生产过程的不同,这种方法对于非能源产品和能源产品分别进行处理。

对于非能源产品而言,其完全综合能耗为

$$\begin{aligned} \boldsymbol{T}^{\mathrm{EN}} &= \eta \boldsymbol{A}^{\mathrm{EN}} + \eta \boldsymbol{A}^{\mathrm{EN}} \boldsymbol{A}^{\mathrm{NN}} + \eta \boldsymbol{A}^{\mathrm{EN}} (\boldsymbol{A}^{\mathrm{NN}})^2 + \eta \boldsymbol{A}^{\mathrm{EN}} (\boldsymbol{A}^{\mathrm{NN}})^3 + \cdots \\ &= \eta \boldsymbol{A}^{\mathrm{EN}} (\boldsymbol{I} - \boldsymbol{A}^{\mathrm{NN}})^{-1} \end{aligned} \tag{7-28}$$

或

$$\begin{aligned} \boldsymbol{T}^{\mathrm{EN}} &= \eta \boldsymbol{A}^{\mathrm{EN}} + \boldsymbol{T}^{\mathrm{EN}} \boldsymbol{A}^{\mathrm{EN}} \\ &= \eta \boldsymbol{A}^{\mathrm{EN}} (\boldsymbol{I} - \boldsymbol{A}^{\mathrm{NN}})^{-1} \end{aligned} \tag{7-29}$$

其中,$\eta \boldsymbol{A}^{\mathrm{EN}}$ 为非能源产品生产过程中对能源的直接综合能耗;$\eta \boldsymbol{A}^{\mathrm{EN}} \boldsymbol{A}^{\mathrm{NN}}$ 为非能源产品生产过程中通过消耗非能源产品对能源的第一次间接综合能耗;$\eta \boldsymbol{A}^{\mathrm{EN}} (\boldsymbol{A}^{\mathrm{NN}})^2$ 为非能源产品生产过程中通过消耗非能源产品对能源的第二次间接综合能耗,以此类推。

对于能源产品而言,其完全综合能耗等于其在生产过程中直接消耗的能源

与通过消耗非能源产品间接消耗的能源之和,即

$$T^{EE} = \eta A^{EE} + T^{EN} A^{NE}$$
$$= \eta A^{EE} + \eta A^{EN} (I - A^{NN})^{-1} A^{NE} \quad (7\text{-}30)$$

其中,ηA^{EE} 表示能源产品生产过程中对能源的直接综合能耗;$T^{EN}A^{NE}$ 表示能源产品生产过程中通过消耗非能源产品对能源的间接综合能耗。

这种方法的优点是在计算对能源的间接消耗时不考虑能源对能源的消耗,从而避免了由于能源产品之间相互转化而导致的能耗重复计算;缺点是在计算非能源产品的完全综合能耗时,没有包括产品生产过程中所消耗的能源通过消耗非能源产品所造成的能耗。

方法3:这种方法是将方法2遗漏的能源消耗补上,是对该方法的改进。具体而言,非能源产品的完全综合能耗等于直接综合能耗加上通过消耗非能源产品对能源的间接消耗,并加上消耗能源产品在生产过程中对非能源产品消耗而造成的对能源的间接消耗。与方法1不同的是,这种方法并没有包括能源产品对能源产品的间接消耗。因此,非能源产品的完全综合能耗可以表示为

$$T^{EN} = \eta A^{EN} + \eta A^{EN}(A^{NN} + A^{NE}A^{EN}) + \eta A^{EN}(A^{NN} + A^{NE}A^{EN})^2 + \cdots$$
$$= \eta A^{EN}(I - A^{NN} - A^{NE}A^{EN})^{-1} \quad (7\text{-}31)$$

其中,ηA^{EN} 为非能源产品的直接综合能耗;第二项 $\eta A^{EN}(A^{NN} + A^{NE}A^{EN})$ 可以写成 $\eta A^{EN}A^{NN} + \eta A^{EN}A^{NE}A^{EN}$,第一项为非能源产品通过消耗非能源产品对能源的第一次间接消耗,第二项为非能源产品消耗的能源产品在生产过程中通过消耗非能源产品而产生的第一次间接消耗,二者之和为非能源产品通过消耗能源产品和非能源产品的第一次间接消耗(未考虑能源对能源的消耗)。

方法4:这种方法在能源投入产出表的基础上,进一步对能源部门进行分类。假定能源投入产出表第 $1-k$ 个部门为能源部门,其中前 s 个部门为一次能源部门,后 $k-s$ 个部门为二次能源部门。根据前述分析,二次能源为重复计算的部分,因此在计算完全综合能耗时可以不予考虑。这样一来,完全综合能耗就是产品对一次能源的完全消耗系数折算成标准煤后的简单相加。具体而言,

$$t_j^{EE} = \sum_{i=1}^{s} \eta_i b_{ij}^{EE} \quad j = 1, 2, \cdots, k \quad (7\text{-}32)$$

$$t_j^{EN} = \sum_{i=1}^{s} \eta_i b_{ij}^{EN} \quad j = k+1, k+2, \cdots, n \quad (7\text{-}33)$$

令 Ω 表示 k 阶对角矩阵,其对角线上前 s 个元素为1,后 $k-s$ 个元素为0(表示不计算二次能源),式(7-32)和式(7-33)可以用矩阵表示为

第7章 能源投入产出分析

$$T^E = \eta\Omega B^E$$
$$= \begin{bmatrix} \eta\Omega B^{EE} & \eta\Omega B^{EN} \end{bmatrix} \tag{7-34}$$

上述 4 种方法中,方法 1 通常情况下误差最大,对完全综合能耗存在明显的高估。方法 2 对完全综合能耗的计算通常存在少量的漏算。方法 3 和方法 4 相对而言较为精准。

例 7-3 表 7-2 为一个充分简化的实物型能源投入产出表。根据该表数据计算各产品部门的直接综合能耗,并采用上述 4 种方法计算完全综合能耗。

表 7-2 实物型投入产出表示例

投入	中间需求			最终需求	总产出
	一次能源	二次能源	非能源产品		
中间投入 一次能源/吨标准煤	10	40	10	20	80
二次能源/吨标准煤	10	5	20	5	40
非能源产品/个	40	40	80	40	200
增加值/万元	30	100	150		

注:表中能源数据为使用量,单位为吨标准煤(ton coal equivalent,TCE)。

根据表 7-2 数据,可以计算得到直接消耗系数矩阵为

$$A = \begin{bmatrix} \dfrac{10}{80} & \dfrac{40}{40} & \dfrac{10}{200} \\ \dfrac{10}{80} & \dfrac{5}{40} & \dfrac{20}{200} \\ \dfrac{40}{80} & \dfrac{40}{40} & \dfrac{80}{200} \end{bmatrix} = \begin{bmatrix} 0.125 & 1 & 0.05 \\ 0.125 & 0.125 & 0.1 \\ 0.5 & 1 & 0.4 \end{bmatrix}$$

因此,能源产品部门的直接能耗系数为 $\begin{bmatrix} 0.125 & 1 \\ 0.125 & 0.125 \end{bmatrix}$,直接综合能耗为 $\begin{bmatrix} 0.25 & 1.125 \end{bmatrix}$;非能源产品部门直接能耗系数为 $\begin{bmatrix} 0.05 \\ 0.1 \end{bmatrix}$,直接综合能耗为 0.15。

根据方法 1,完全消耗系数矩阵为

$$B = (I - A)^{-1} - I = \begin{bmatrix} 0.9429 & 2.9714 & 0.6571 \\ 0.5714 & 1.2857 & 0.4286 \\ 2.5714 & 6.2857 & 1.9286 \end{bmatrix}$$

这时,能源产品部门的完全综合能耗为 $\begin{bmatrix} 1.5143 & 4.2571 \end{bmatrix}$;非能源产品部门的完

全综合能耗为 1.0857。

根据方法 2，能源产品部门的完全综合能耗为

$$T^{EE} = \eta A^{EE} + \eta A^{EN}(I-A^{NN})^{-1}A^{NE}$$

$$= [1 \quad 1] \times \begin{bmatrix} 0.125 & 1 \\ 0.125 & 0.125 \end{bmatrix} +$$

$$[1 \quad 1] \times \begin{bmatrix} 0.05 \\ 0.1 \end{bmatrix} \times [1-0.4]^{-1} \times [0.5 \quad 1]$$

$$= [0.375 \quad 1.375]$$

非能源产品部门的完全综合能耗为

$$T^{EN} = \eta A^{EN}(I-A^{NN})^{-1}$$

$$= [1 \quad 1] \times \begin{bmatrix} 0.05 \\ 0.1 \end{bmatrix} \times [1-0.4]^{-1}$$

$$= 0.25$$

根据方法 3，能源产品部门的完全综合能耗与方法 2 的计算结果相同；非能源产品部门的完全综合能耗为

$$T^{EN} = \eta A^{EN}(I-A^{NN}-A^{NE}A^{EN})^{-1}$$

$$= [1 \quad 1] \times \begin{bmatrix} 0.05 \\ 0.1 \end{bmatrix} \times \left[1-0.4-[0.5 \quad 1] \times \begin{bmatrix} 0.05 \\ 0.1 \end{bmatrix}\right]^{-1}$$

$$= 0.3158$$

根据方法 4，能源产品部门的完全综合能耗为

$$T^{EE} = \eta \Omega B^{EE} = T^{EN} = \eta \Omega B^{EN}$$

$$= [1 \quad 1] \times \begin{bmatrix} 1 & 0 \\ 0 & 0 \end{bmatrix} \times \begin{bmatrix} 0.9429 & 2.9714 \\ 0.5714 & 1.2857 \end{bmatrix}$$

$$= [0.9429 \quad 2.9714]$$

非能源产品部门的完全综合能耗为

$$T^{EN} = \eta \Omega B^{EN} = [1 \quad 1] \times \begin{bmatrix} 1 & 0 \\ 0 & 0 \end{bmatrix} \times \begin{bmatrix} 0.6571 \\ 0.4286 \end{bmatrix} = 0.6571$$

上述不同方法计算结果区别较大主要受计算方法差异和实际数据关系两方面因素的共同影响。

7.3.4 投入产出表的调整

前述对综合能耗相关指标的计算，需要以 7.3.1 节的所示的实物型能源投入产出表为基础，而实物型能源投入产出表可以通过普通的实物型投入产出表

调整得到。实物型投入产出表在我国有比较久的编制历史,国内第一个全国性的投入产出表(1973年表)就是实物型的。主要原因在于,计划经济时期,物资比较短缺,国家对国民经济主要产品的实物平衡非常重视。此外,那一时期的价格主要并不是由市场决定,通常与实际价值偏离较多。然而,实物型投入产出表需要大量的资料,使得编制工作非常复杂。因此,在1987年3月,国务院发布了《关于进行全国投入产出调查的通知》(国发办〔1987〕18号),规定此后每5年(逢2逢7)编制一次的投入产出表都是价值型的,仅在1987年和1992年编制了实物型投入产出表。但是,如前所述,人们习惯上用实物量(例如千瓦时、吨标准煤以及立方米等)而不是价值量(例如元)来表示能耗相关指标。为解决上述矛盾,通常通过编制混合型能源投入产出表或含能源实物流量的价值型能源投入产出表进行处理[1]。

1. 混合型能源投入产出表

混合型能源投入产出表即将实物单位与价值单位混合在一起的投入产出表。其中,能源部门用实物量进行表示,非能源部门用价值量进行表示。能源部门用实物量进行表示时,可以采用不同能源种类的原始单位,例如原煤用万吨,天然气用亿立方米,电力用亿千瓦时等,也可统一采用万吨标准煤(国内采用较多)或标准油(国外采用较多)等统一单位。价值量数据与普通价值型投入产出表相同,一般采用万元或亿元为单位。

具体而言,混合型能源投入产出表的结构与图7-3所示的实物型能源投入产出表类似,也是将所有部门分为能源产品部门和非能源产品部门。其中,能源产品,即第$1-k$行的数据(水平方向)用实物量进行表示,其他数据用价值量进行表示。

与实物型能源投入产出表类似,混合型能源投入产出表可以根据行向平衡关系计算直接消耗系数,但这时需要注意区分不同部分直接消耗系数的单位,即

$$A = \begin{bmatrix} A_{ij}^{EE} & A_{ij}^{EN} \\ A_{ij}^{NE} & A_{ij}^{NN} \end{bmatrix}$$

$$= \begin{bmatrix} \dfrac{实物}{实物} & \dfrac{实物}{价值} \\ \dfrac{价值}{实物} & \dfrac{价值}{价值} \end{bmatrix} \qquad (7\text{-}35)$$

混合型能源投入产出表的完全能耗系数和完全综合能耗可以参照 7.3.3 节介绍的方法 2 至方法 4 进行计算。

2. 含能源实物流量的价值型能源投入产出表

含能源实物流量的价值型能源投入产出表与混合型能源投入产出表的结构相似，也区分能源产品部门和非能源产品部门。但是，与混合型能源投入产出表不同的是，能源部门不仅有价值流量，而且在水平方向（即第 $1-k$ 行）列出了能源实物流量。因此，含能源实物流量的价值型能源投入产出表相当于混合型能源投入产出表的扩充。

在编制能源投入产出表时，能源实物流量需要区分能源消耗量和能源使用量。能源消耗量是各部门生产过程中实际消耗及损失的能源数量。能源使用量包括能源消耗量和加工转换的能源数量。对一次能源及其他部门，能源消耗量＝能源使用量＝能源终端消费量＋损失量。对于二次能源部门，由于其存在能源加工转换，其能源消耗量＝能源终端消费量＋损失量（包括加工转换损失量），但能源使用量＝能源终端消费量＋损失量＋加工转换投入量。在含能源实物流量的价值型能源投入产出表中，二次能源部门的能源实物流量通常有两部分构成：能源消耗量和能源使用量，一次能源部门的能源实物流量为能源消耗量（与能源使用量相同）。

7.4 综合案例：我国主要产业部门的能耗指标

本节以 2020 年投入产出表数据及能源平衡表数据为基础，测算我国主要非能源产品部门的完全能耗系数和完全综合能耗。

7.4.1 部门合并与调整

投入产出的价值量数据以《中国 2020 年投入产出表》为基础进行调整计算。该表将整个国民经济分为 153 个产品部门，其中和能源相关的产品部门有 6 个。为了适应能源投入产出表的编制需要，对上述能源部门中的两个进行调整。其中，石油和天然气开采产品（07007）拆分为石油开采品（02）和天然气开采品（03）两个部门；电力、热力生产和供应（44098）拆分为一次电力生产和供应（04）、火电生产和供应（05）和热力生产和供应（08）3 个部门。这样一来，共得到 9 个能源产品部门。所有能源产品部门的部门性质、拆分调整情况、新编代码以及对应的能源产品列于表7-3中。

表 7-3　能源产品部门的调整

部门性质	能源投入产出表中的能源部门（代码）	投入产出表中的部门（代码）	对应的能源产品
一次能源	煤炭开采和洗选产品（01）	煤炭开采和洗选产品（06006）	原煤、洗精煤、其他洗煤
一次能源	石油开采品（02）	石油和天然气开采产品（07007）	原油
一次能源	天然气开采品（03）	石油和天然气开采产品（07007）	天然气、液化天然气
一次能源	一次电力生产和供应（04）	电力、热力生产和供应（44098）	水电、核电、风电
二次能源	火电生产和供应（05）	电力、热力生产和供应（44098）	火电
二次能源	精炼石油和核燃料加工品（06）	精炼石油和核燃料加工品（25041）	汽油、煤油、柴油、燃料油、石脑油、润滑油、石蜡、溶剂油、石油沥青、石油焦、其他石油制品
二次能源	煤炭加工品（07）	煤炭加工品（25042）	煤制品、煤矸石、焦炭、其他焦化产品
二次能源	热力生产和供应（08）	电力、热力生产和供应（44098）	热力
二次能源	燃气生产和供应（09）	燃气生产和供应（45099）	焦炉煤气、高炉煤气、转炉煤气、其他煤气、液化石油气、炼厂干气

除了对能源产品部门进行调整外，为了在有限的篇幅中显示能源投入产出表的编制过程及结果，这里对非能源产品部门也进行了合并调整。按照《国民经济行业分类》（GB/T 4754—2002）和行业分类惯例，将所有非能源产品部门合并为农林牧渔业（10）、采矿业（11）、制造业（12）、建筑业（13）、批发和零售业（14）、交通运输、仓储和邮政业（15）、住宿业和餐饮业（16）、信息传输、软件和信息技术服务业（17）和其他（18），共9个部门。其中，《中国2020年投入产出表》中水的生产和供应（46100）本应属于电力、煤气及水的生产和供应业，不属于制造业。但由于电力和煤气生产及供应已经作为独立的能源产品部门，而水的生

产和供应业又相对规模很小,因此将其合并到制造业(12)中。

7.4.2 编制能源投入产出表

在确定行业分类后,需要以新行业分类为基础编制能源投入产出表。这里编制含能源实物流量的价值型能源投入产出表,而混合型能源投入产出表只是这个表的简化。主要编制过程如下。

1. 合并非能源产品部门价值数据

将《中国 2020 年投入产出表》中非能源产品部门的数据,按照前述合并规则进行合并,注意对应的行和列都要进行合并。

2. 填充能源产品部门的价值分配数据

对第 1~9 行(即能源产品部门)的价值数据,需要分几种情况进行填充。

(1) 煤炭开采和洗选产品(01)、精炼石油和核燃料加工品(06)、煤炭加工品(07)、燃气生产和供应(09)这 4 个未进行拆分的能源产品部门,其在上述 4 个能源产品部门内的使用量直接采用《2020 年全国投入产出表》中的数据,其在非能源产品部门的使用量按照前述合并规则进行合并。

(2) 上述 4 个未拆分的能源产品部门在石油开采品(02)、天然气开采品(03)、一次电力生产和供应(04)、火电生产和供应(05)和热力生产和供应(08)这 5 个拆分得到的能源产品部门的使用数据根据拆分比例进行分配。而拆分比例则根据《中国能源统计年鉴 2021》中的"表 5-2 全国能源平衡表(标准量)—2020"进行确定。例如,根据《中国 2020 年投入产出表》,煤炭开采和洗选产品(06006/01)分配给石油和天然气开采产品(07007)部门的数量为 6.3785 亿元。根据上述能源统计年鉴的数据,2020 年我国原油和天然气的生产量分别为 27824.64 万吨标准煤和 24565.68 万吨标准煤,因此煤炭开采和洗选产品(06006/01)分配给石油开采品(02)和天然气开采品(03)两个部门的数量分别为 3.39 亿元和 2.99 亿元。

(3) 石油开采品(02)、天然气开采品(03)、一次电力生产和供应(04)、火电生产和供应(05)和热力生产和供应(08)这 5 个拆分得到的能源产品部门,其数据按照拆分比例得到,然后进行填充。

(4) 特殊情况。除一次电力生产和供应(04)自身外,其他能源产品均不分配给一次电力生产和供应(04)部门,这是根据一次电力生产的实际情况进行的设定。

3. 填充非能源产品部门对能源产品部门的价值分配数据

对第 10~18 行和第 1~9 列的数据进行填充时,未进行拆分的能源产品部门对非能源产品部门的消耗数据直接参照合并规则进行合并,拆分得到的能源产品部门对非能源产品部门的消耗数据按比例进行拆分后再进行合并(也可先合并再进行拆分)。

4. 调整增加值数据

调整一次电力生产和供应(04)和火电生产和供应(05)的增加值数据,使调整后的投入产出表保持平衡。

5. 添加能源产品实物流量数据

根据"能源消耗量＝能源终端消费量＋损失量"的原则,从上述全国能源平衡表中选取数据,并通过计算得到每个能源产品部门的能源消耗量。在《中国2020年投入产出表》及后续以此为基础对产品部门进行调整后的投入产出表中,存在"中间使用＋最终使用－进口＝总产出"的行平衡关系。但是上述能源消费量仅包括中间使用和最终使用两部分,因此将总产出和进口进行合并,这里称为总消费。将计算得到的各能源产品消耗量在该部门的对应行中按照价值数据比例进行分配,并将分配结果添加到调整后的价值型投入产出表中。按照含能源实物流量的价值型能源投入产出表编制惯例,还需要添加二次能源产品部门的能源使用量数据,具体做法是在能源消费量的基础上加上加工转换投入量。但是,根据前述对完全综合能耗计算方法的介绍,当采用第 3 种计算方法时,二次能源产品部门的数据调整与非能源产品部门的完全能耗系数和完全综合能耗计算结果无关,因此这里并未进行添加。此外,在所有能源产品部门中,一次电力生产和供应(04)和火电生产和供应(05)两个部门比较特殊,因为全国能源平衡表未对其消费量进行区分,但提供了电力消费量。因此,可将电力消费量按照这两个部门的产出比例进行划分,作为这两种能源产品的消费量。

表 7-4 列出了整理得到的含能源实物流量的价值型能源投入产出表。

7.4.3 能耗指标的测算

首先,以表 7-4 的数据为基础,根据式(7-20)计算得到直接消耗系数,并划分出 A_{ij}^{EE}、A_{ij}^{EN}、A_{ij}^{NE} 和 A_{ij}^{NN},其中 A_{ij}^{EN} 为非能源产品部门直接能耗系数矩阵,列于表 7-5 中。

然后,根据式(7-31)计算得到非能源产品部门完全能耗系数矩阵,也列于表 7-5 中。

表 7-4 含能源实物流量的价值型能源投入产出表

投入	01	02	03	04	05	06	07	08	09	10	11	12	13	14	15	16	17	18	最终使用	总消费
01	3620	3	3	0	7731	20	2180	1649	236	61	179	9082	84	5	13	5	0	242	−114	25000
01E	7538	7	6	0	16097	42	4539	3434	491	127	373	18910	175	10	27	10	0	504	−238	52054
02	2	15	13	0	295	9978	0	63	1797	0	3	1193	0	0	0	0	0	4	73	13436
02E	0	1	1	0	14	463	0	3	83	0	0	55	0	0	0	0	0	0	3	624
03	2	13	12	0	260	8809	0	56	1586	0	2	1054	0	0	0	0	0	4	64	11862
03E	6	38	33	0	740	25044	1	158	4509	0	7	2995	0	0	0	0	0	11	183	33722
04	219	52	46	4421	0	189	42	943	51	274	389	6598	1079	327	428	108	245	1037	1616	18064
04E	363	87	77	7315	0	312	69	1561	85	454	644	10916	1785	540	707	178	405	1715	2673	29886
05	481	115	102	0	9691	413	91	2068	113	602	853	14463	2365	716	937	236	537	2272	3541	39596
05E	795	190	168	0	16033	684	151	3421	186	995	1411	23927	3913	1184	1551	390	889	3759	5859	65509
06	66	18	16	0	818	2073	21	175	83	500	838	9664	3548	330	9634	87	111	4885	3994	36861
06E	136	37	32	0	1697	4300	44	362	172	1037	1738	20044	7359	684	19982	180	230	10132	8285	76453
07	4	3	3	0	32	0	174	7	105	0	19	5394	165	0	0	16	0	0	414	6338
07E	33	26	22	0	242	0	1329	52	803	0	145	41135	1258	0	0	122	0	0	3158	48334
08	149	36	32	0	3011	128	28	642	35	187	265	4493	735	222	291	73	167	706	1100	12302

中间投入

续表

投入\产出	01	02	03	04	05	06	07	08	09	10	11	12	13	14	15	16	17	18	最终使用	总消费
08E	247	59	52	0	4977	212	47	1062	58	309	438	7427	1215	368	481	121	276	1167	1819	20335
09	3	1	1	0	165	70	12	35	999	16	9	563	4	11	1966	257	9	542	3467	8127
09E	11	4	4	0	607	259	43	129	3677	59	33	2073	15	41	7238	946	33	1995	12762	29919
10	20	0	0	3	6	1	0	2	0	18313	3	67137	1883	1	15	5386	51	2663	44109	139595
11	142	901	795	9	19	32	3	6	0	0	1337	28508	2412	6	19	0	0	35	613	34842
12	3160	554	489	1993	4368	2492	454	1357	177	21610	3770	515056	121611	4220	14771	14152	10743	86744	353012	1160731
13	14	2	1	69	152	4	2	47	3	76	5	326	10279	149	200	90	96	3485	271586	286586
14	604	41	36	399	875	920	169	272	230	3244	494	56804	14308	1123	3545	2804	1587	13418	48984	149851
15	547	35	31	333	730	875	245	227	169	2550	416	31807	7745	9098	17326	1528	1379	17501	31305	123849
16	76	11	9	53	116	69	16	36	22	238	95	4891	1488	719	2182	94	589	16732	18540	45976
17	32	7	6	122	267	19	11	83	38	238	71	5928	3943	1127	3637	319	19411	15614	48415	99289
18	2365	315	278	1165	2554	1141	191	794	525	3085	1343	47450	42374	36439	19274	3492	16800	121434	348361	649382
增加值	12000	3597	3176	9495	8501	7866	2193	3839	1957	82174	11285	244633	72009	95360	45677	14552	44801	353309		
总投入	23507	5720	5049	18061	39589	35101	5833	12300	8127	133169	21378	1055041	286032	149852	119918	43199	96524	640635		

注："最终使用"包含进出口;"E"表示该产品部门的能源消费量,单位为万吨标准煤;价值量单位为亿元。

表 7-5 非能源产品部门的直接能耗和完全能耗

能耗系数		部门								
		10	11	12	13	14	15	16	17	18
直接能耗系数	01	0.00091	0.01070	0.01629	0.00061	0.00007	0.00022	0.00023	0.00000	0.00078
	02	0.00000	0.00000	0.00005	0.00000	0.00000	0.00000	0.00000	0.00000	0.00000
	03	0.00325	0.00019	0.00258	0.00000	0.00000	0.00000	0.00000	0.00000	0.00002
	04	0.00713	0.01848	0.00940	0.00623	0.00361	0.00571	0.00387	0.00408	0.00264
	05	0.00743	0.04050	0.02061	0.01365	0.00790	0.01252	0.00849	0.00895	0.00579
	06	0.00000	0.04989	0.01727	0.02568	0.00457	0.16134	0.00392	0.00232	0.01560
	07	0.00000	0.00416	0.03544	0.00439	0.00000	0.00389	0.00265	0.00000	0.00000
	08	0.00221	0.01257	0.00640	0.00424	0.00245	0.05844	0.00264	0.00278	0.00180
	09	0.00042	0.00095	0.00179	0.00005	0.00027	0.24212	0.02058	0.00033	0.00307
	综合	0.02136	0.13743	0.10983	0.05485	0.01887	0.00704	0.04239	0.01846	0.02970
完全能耗系数	01	0.00735	0.01555	0.03241	0.01685	0.0034	0.00704	0.01222	0.00627	0.00738
	02	0.00002	0.00002	0.00009	0.00005	0.00001	0.00002	0.00003	0.00002	0.00002
	03	0.00097	0.00088	0.00502	0.00247	0.00048	0.00102	0.00182	0.00094	0.00101
	04	0.00825	0.02246	0.02105	0.01825	0.00719	0.01222	0.01297	0.01016	0.00822
	05	0.01809	0.04924	0.04615	0.04001	0.01575	0.02678	0.02842	0.02226	0.01802
	06	0.02445	0.06351	0.05341	0.06481	0.02858	0.20579	0.03526	0.02272	0.03808
	07	0.01332	0.01364	0.06898	0.03851	0.00653	0.01405	0.02769	-0.0129	0.01368
	08	0.00561	0.01529	0.01432	0.01242	0.00489	0.00831	0.00882	0.00691	0.00559
	09	0.00418	0.00372	0.00921	0.00827	0.00738	0.07222	0.0276	0.00521	0.00903
	综合	0.08225	0.1843	0.25064	0.20163	0.0742	0.34746	0.15484	0.08739	0.10103

注：表中的"完全能耗系数"并非式(7-24)的计算结果，而是式(7-31)在乘以标准煤折算系数向量 η 前的结果。

最后,以计算得到的非能源产品部门直接能耗系数矩阵和完全能耗系数矩阵为基础,根据标准煤折算系数向量 η,计算得到直接综合能耗和完全综合能耗,也列于表 7-5 中。由于表 7-4 中的能源消费数据已经采用了标准煤作为单位,因此标准煤折算系数向量 η 在这里为单位向量。

需要说明的是,表 7-5 所示的直接综合能耗与一般意义上的能源强度不同。主要区别在于,前者是一单位产出的能源消费量,后者是一单位增加值的能源消费量。

图 7-4 显示了各非能源产品部门直接综合能耗和完全综合能耗的计算结果。

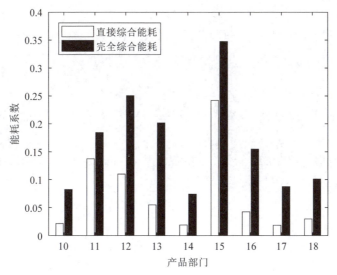

图 7-4 非能源产品部门的能耗系数

如图 7-4 所示,由于间接能耗的存在,各产品部门的完全综合能耗都明显大于直接综合能耗。在所有产品部门中,交通运输、仓储和邮政业(15)的直接综合能耗和完全综合能耗都是最高的。根据表 7-5 所示的计算结果,造成该产品部门能耗最高的主要原因是其对精炼石油和核燃料加工品(06)的消耗较多。此外,批发和零售业(14)在所有产品部门中的直接综合能耗和完全综合能耗都是最低的。

7.4.4 主要 MATLAB 程序

主要 MATLAB 程序如下:

```
X=[…];                                    %表7-4,第Ⅰ象限
Y=[…];                                    %表7-4,总消费
for i=1:18
    for j=1:18
        A(i,j)=X(i,j)/Y(j);
    end
end
AEN=A(1:9,10:18)                          %非能源产品部门直接能耗系数
ANE=A(10:18,1:9);
ANN=A(10:18,10:18);
it=ones(1,9);
DEN=it*AEN
%方法3
BEN=AEN*(eye(9)-ANN-ANE*AEN)^(-1)
TEN=it*BEN
bar([DEN',TEN'],0.85,'grouped')
axis([0.5 9.5 0 0.4])
set(gca,'XTick',1:9)
set(gca,'XTicklabel',{'10','11','12','13','14','15','16','17','18'})
xlabel('产业部门')
ylabel('能耗系数')
legend('直接综合能耗','完全综合能耗','Orientation','vertical',...
    'Location','northwest')
```

第 8 章

季节性能源需求预测模型

由于受到自然环境、生产条件和生活习惯等因素的影响,月或季度能源需求往往随着季节的变化而呈现出周期性波动,这种趋势通常称为季节性趋势,本章主要介绍对这种趋势能源需求的预测方法。

8.1 季节性趋势

季节性趋势可以分为两种:一种是季节性水平趋势,即只有季节性波动,没有长期上升或下降的趋势。这种趋势的预测较为简单,一般采用完整周期的平均值乘以季节比率或加上季节增量(季节比率和季节增量的概念将在下文进行介绍)进行预测。另一种是季节性上升趋势,既有季节性波动,又有长期上升(或下降)趋势。这种趋势的预测问题较为复杂,本章主要对此进行介绍。

表 8-1 显示了 2017 年 1 月—2019 年 12 月我国月发电量数据,这是典型的季节性上升趋势时间序列。

表 8-1 2017 年 1 月—2019 年 12 月我国月发电量

单位:$1\times 10^8 \text{kW} \cdot \text{h}$

年月	2017年1月	2017年2月	2017年3月	2017年4月	2017年5月	2017年6月	2017年7月	2017年8月	2017年9月	2017年10月	2017年11月	2017年12月
发电量	4658	4658	5169	4767	4947	5203	6047	5946	5220	5038	5196	5699
年月	2018年1月	2018年2月	2018年3月	2018年4月	2018年5月	2018年6月	2018年7月	2018年8月	2018年9月	2018年10月	2018年11月	2018年12月
发电量	5227	5227	5283	5108	5443	5551	6400	6405	5483	5330	5543	6200

续表

年月	2019年1月	2019年2月	2019年3月	2019年4月	2019年5月	2019年6月	2019年7月	2019年8月	2019年9月	2019年10月	2019年11月	2019年12月
发电量	5491	5491	5698	5440	5589	5834	6573	6682	5908	5714	5890	6544

注：数据来源：国家统计局网站(http://www.stats.gov.cn/)。

国家统计局仅提供了每年1月和2月发电量的累计值，没有对这两个月分开进行统计，因此此处每年1月和2月发电量均取这两个月累计值的一半。

将表8-1所示的数据用折线图表示出来，可以得到图8-1所示的效果。

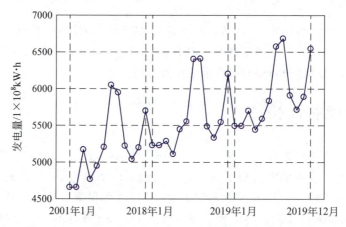

图8-1　2017年1月—2019年12月我国月发电量变化趋势

如图8-1所示，2017年1月—2019年12月我国月发电量变化曲线呈典型的季节性上升趋势，不仅有明显上升的主趋势，而且还存在周期性的波动。由于上述趋势很复杂，因此很难对这种趋势直接进行外推，尤其是在样本数量较为有限的情况下。对于这种趋势的预测，一般会首先将历史数据曲线进行拆分，并对拆分后不同趋势的数列分别采用不同方法进行预测，最后再将预测结果进行合并。

8.2　季节性叠加趋向模型

季节性叠加趋向模型适用于既有长期线性变化趋势又含有季节波动，且季节波动幅度不随长期线性趋势的增减而变化的时间序列[1]。季节性叠加趋向模型在建立时，先分离出线性趋势，再计算季节增量，最后进行预测。

设有 $n(n \geq 2)$ 个周期的历史数据,将这些数据进行连续编号。即 x_1 表示第一个周期的第一个数据,则最后一个周期的最后一个数据为 x_{nL},其中 L 为周期长度,即一个周期中有多少个数据,对于月度数据而言 $L=12$,对于季度数据而言则 $L=4$。这种方法的主要步骤如下。

第 1 步,确定线性趋势方程。设

$$S_t = a + bt \tag{8-1}$$

表示时间序列的线性趋势变动。当 n 比较大时,可以首先对历史数据进行移动平均处理,然后采用普通最小二乘或其他方法对参数 a 和 b 进行估计。当 n 较小时,可以采用以下经验公式法确定参数 a 和 b 的估计值。

令 $\bar{P}_1$ 和 $\bar{P}_n$ 分别表示历史数据第 1 个周期和第 n 个周期的平均值,即 $\bar{P}_1 = \frac{1}{L}\sum_{t=1}^{L} x_t, \bar{P}_n = \frac{1}{L}\sum_{t=(n-1)L+1}^{nL} x_t$,则

$$\hat{b} = \frac{\bar{P}_n - \bar{P}_1}{(n-1)L} \tag{8-2}$$

$$\hat{a} = \bar{P}_1 - \hat{b}\left(\frac{L+1}{2}\right) \tag{8-3}$$

本质上,线性趋势值 S_t 表示如果没有季节变动时,实际数据应该是多少。

第 2 步,确定季节增量的估计值。季节增量即由于季节因素的变化,使得实际值相对于线性趋势值的偏离量。当参数 a 和 b 的估计值确定后,将 $t=1,2,\cdots,nL$ 输入式(8-1),可以得到时间序列的线性趋势估计值 $\hat{S}_t$($t=1,2,\cdots,nL$),这时 $x_t - \hat{S}_t$ 即为初始季节增量,而季节增量的估计值为初始季节增量在同一月的平均值,即

$$\hat{d}_i = \frac{1}{n}\sum_{k=0}^{n-1}(x_{i+k\cdot L} - \hat{S}_{i+kL}) \tag{8-4}$$

其中,$i=1,2,\cdots,L$。这样做的用意在于尽可能地消除随机因素对季节增量估计值的影响。

第 3 步,预测。根据"预测值=该月(季)直线趋势值+该月(季)季节增量"的思路对 x_t 进行预测。例如,对于未来一个周期内的数据,预测结果为

$$\hat{x}_t = \hat{a} + \hat{b}t + \hat{d}_{t-nL} \tag{8-5}$$

其中,$t = nL+1,\cdots,(n+1)L$。

对历史数据的拟合以及未来更长时间的预测,也可以采取类似的方法。

例 8-1 以表 8-1 中 2017—2018 年的数据为基础,建立季节性叠加趋向模型对 2017—2018 年的数据进行拟合,并预测 2019 年我国各月发电量。

首先，确定线性趋势方程。根据表 8-1 中所示数据，可以计算得到 2017 年和 2018 年各月发电量的平均值分别为 $5212.3×10^8 kW·h$ 和 $5600.0×10^8 kW·h$。因此，式（8-1）中参数 b 的估计值为 $(5600.0-5212.3)/12×10^8 kW·h=32.31×10^8 kW·h$，参数 a 的估计值为 $5212.2-32.32×6.5×10^8 kW·h=5002.3×10^8 kW·h$。因此，线性趋势方程为

$$\hat{S}_t = 5002.3 + 32.31t \tag{8-6}$$

将 $t=1,2,\cdots,12$ 和 $t=13,14,\cdots,24$ 分别代入式（8-6），可以得到 2017 年 1 月—2018 年 12 月的线性趋势值，再根据各月的实际值和线性趋势值计算原始季节增量，上述结果列于表 8-2 中。

表 8-2 各月线性趋势值及初始季节增量

年 月	2017年1月	2017年2月	2017年3月	2017年4月	2017年5月	2017年6月	2017年7月	2017年8月	2017年9月	2017年10月	2017年11月	2017年12月
t	1	2	3	4	5	6	7	8	9	10	11	12
$\hat{S}_t / 1×10^8 kW·h$	5035	5067	5099	5132	5164	5196	5228	5261	5293	5325	5358	5390
$x_t - \hat{S}_t / 1×10^8 kW·h$	-376.7	-409	69.7	-364.6	-216.9	6.8	818.5	685.2	-73.1	-287.4	-161.7	309
年 月	2018年1月	2018年2月	2018年3月	2018年4月	2018年5月	2018年6月	2018年7月	2018年8月	2018年9月	2018年10月	2018年11月	2018年12月
t	13	14	15	16	17	18	19	20	21	22	23	24
$\hat{S}_t / 1×10^8 kW·h$	5422	5455	5487	5519	5552	5584	5616	5648	5681	5713	5745	5778
$x_t - \hat{S}_t / 1×10^8 kW·h$	-195.3	-227.6	-203.9	-411.2	-108.5	-32.8	783.8	756.5	-197.8	-383.1	-202.4	422.3

接下来，确定季节增量的估计值。根据表 8-2 中所示的初始季节增量，通过计算同一月的平均值，得到 1—12 月季节增量的估计值分别[-286,-318.3,-67.1,-387.9,-162.7,-13,801.2,720.9,-135.4,-335.2,-182,365.7]。

最后，拟合及预测。将表 8-2 所示的 2017 年及 2018 年各月的线性趋势值加上对应月的季节增量，即可得到 2017 年 1 月—2018 年 12 月我国发电量的拟合值。另外，将 $t=25,26,\cdots,36$ 代入式（8-6），可以得到 2019 年 1 月—2019 年 12 月的线性趋势值。将 2018 年各月的线性趋势值加上对应月的季节增量，即可得到 2019 年各月我国发电量的预测值。表 8-3 显示了上述拟合值及预测值结果。

表 8-3 季节性叠加趋向模型对我国月发电量的拟合值及预测值

单位：$1\times10^8 \text{kW}\cdot\text{h}$

年月	2017年1月	2017年2月	2017年3月	2017年4月	2017年5月	2017年6月	2017年7月	2017年8月	2017年9月	2017年10月	2017年11月	2017年12月
拟合值	4749	4749	5032	4744	5001	5183	6030	5982	5158	4990	5176	5756
年月	2018年1月	2018年2月	2018年3月	2018年4月	2018年5月	2018年6月	2018年7月	2018年8月	2018年9月	2018年10月	2018年11月	2018年12月
拟合值	5136	5136	5420	5131	5389	5571	6417	6369	5545	5378	5563	6143
年月	2019年1月	2019年2月	2019年3月	2019年4月	2019年5月	2019年6月	2019年7月	2019年8月	2019年9月	2019年10月	2019年11月	2019年12月
预测值	5524	5524	5808	5519	5777	5959	6805	6757	5933	5766	5951	6531

8.3 季节性交乘趋向模型

季节性交乘趋向模型适用于既有长期线性变化趋势又含有季节波动，且季节波动幅度随长期线性趋势的增减而同步变化的时间序列[1]。直接比率法和平均季节比率法是这种模型最常用的两种具体算法[2]。

8.3.1 直接比率法

与季节性叠加趋向模型一样，直接比率法也需要 $n(n\geqslant 2)$ 个周期的历史数据。

第 1 步，采取与季节性叠加趋向模型一样的方法（或类似的方法）确定线性趋势方程。

第 2 步，确定季节比率（或称季节指数）。

季节比率是对季节因素影响能力进行描述的指标，通常采用实际值除以趋势值进行表示。在采用直接比率法进行预测时，需要计算预测年前一年（即 $t=(n-1)L+1\sim t=nL$ 时刻）的季节比率。因此，在采用直接比率法确定季节比率时，需要首先计算预测年前一年各月（季）的线性趋势值。当参数 a 和 b 的估计值在第一步确定后，将 $t=(n-1)L+1,\cdots,nL$ 输入式(8-1)，可以得到时间序列的线性趋势估计值 $\hat{S}_t(t=(n-1)L+1,\cdots,nL)$。这时，季节比率的估计值为

$$\hat{I}_{t-(n-1)\cdot L} = \frac{x_t}{\hat{S}_t} \quad (8\text{-}7)$$

这样,就可以得到每月(季)的季节指数。

第3步,预测。根据"预测值=该月(季)直线趋势值×该月(季)季节比率"的思路,对 x_t 进行预测。例如,对于未来一个周期内的数据,预测方程为

$$\hat{x}_t = (\hat{a} + \hat{b}t)\hat{I}_{t-nL} \quad (8\text{-}8)$$

其中, $t = nL+1, \cdots, (n+1)L$ 。

对历史数据的拟合以及未来更长时间的预测,也可以采取类似的方法。

例 8-2 以表 8-1 中 2017—2018 年的数据为基础,采用直接比率法对 2017—2018 年的数据进行拟合,并预测 2019 年我国各月发电量。

首先,确定线性趋势方程。和例 8-1 一样,以表 8-1 中 2017—2018 年的数据为基础估计线性趋势方程。

然后,计算季节比率。将 $t=13,14,\cdots,24$ 代入式(8-6),可以得到 2018 年 1—12 月的线性趋势值,如表 8-2 所示。并通过表 8-1 所示的 2018 年 1—12 月实际值及表 8-2 所示的 2018 年 1—12 月线性趋势值,计算各月季节比率,列于表 8-4 中。

表 8-4 直接比率法计算得到的季节比率

月份	1	2	3	4	5	6	7	8	9	10	11	12
季节比率	0.964	0.958	0.963	0.925	0.98	0.994	1.140	1.134	0.965	0.933	0.965	1.073

最后,拟合及预测。将 $t=1,2,\cdots,36$ 代入式(8-6)中,可以得到 2017 年 1 月—2019 年 12 月的线性趋势值(例 9-1 已求出)。将上述趋势值及各月对应的季节比率代入式(8-8),可以得到 2017 年 1 月—2018 年 12 月我国发电量的拟合值以及 2019 年各月我国发电量的预测值,列于表 8-5 中。

表 8-5 直接比率法对我国月发电量的拟合值及预测值

单位:1×10^8 kW·h

年月	2017年1月	2017年2月	2017年3月	2017年4月	2017年5月	2017年6月	2017年7月	2017年8月	2017年9月	2017年10月	2017年11月	2017年12月
拟合值	4853	4856	4910	4749	5063	5166	5958	5965	5109	4968	5169	5784

续表

年月	2018年1月	2018年2月	2018年3月	2018年4月	2018年5月	2018年6月	2018年7月	2018年8月	2018年9月	2018年10月	2018年11月	2018年12月
拟合值	5227	5227	5283	5108	5443	5551	6400	6405	5483	5330	5543	6200
年月	2019年1月	2019年2月	2019年3月	2019年4月	2019年5月	2019年6月	2019年7月	2019年8月	2019年9月	2019年10月	2019年11月	2019年12月
预测值	5601	5598	5656	5467	5823	5936	6842	6845	5857	5692	5917	6616

直接比率法适用于随机影响较小，数据波动比较规律的时间序列。当随机影响较大，数据波动的规律性被干扰时，可以考虑采用下面的平均季节比率法。

8.3.2 平均季节比率法

平均季节比率法与直接比率法的算法相近，区别仅在于对季节比率的处理方法。前述直接比率法中直接采用预测年前一年的季节比率作为预测的基础，而平均季节比率法则采用多年季节比率的平均值作为预测的基础，从而在一定程度上减弱随机因素的影响。

例 8-3 以表 8-1 中 2017—2018 年的数据为基础，采用平均季节比率法对 2017—2018 年的数据进行拟合，并预测 2019 年我国各月发电量。

首先，确定线性趋势方程。和例 8-1 一样，以表 8-1 中 2017—2018 年的数据为基础估计线性趋势方程。

然后，计算平均季节比率。在例 8-2 中，已经计算得到了 2018 年 1—12 月的季节比率。采用同样的方法，计算 2017 年 1—12 月的季节比率，并计算同月季节比率的平均值，列于表 8-6 中。

表 8-6 平均季节比率计算结果

月份	1	2	3	4	5	6	7	8	9	10	11	12
平均季节比率	0.945	0.939	0.988	0.927	0.969	0.998	1.148	1.132	0.976	0.939	0.967	1.065

最后，拟合及预测。用平均季节比率替换式(8-6)中的季节比率，并通过与直接比率法相同的方法得到 2017 年 1 月—2018 年 12 月我国发电量的拟合值以及 2019 年各月我国发电量的预测值，列于表 8-7 中。

表 8-7　平均季节比率法对我国月发电量的拟合值及预测值

单位：1×10^8 kW·h

年月	2017年1月	2017年2月	2017年3月	2017年4月	2017年5月	2017年6月	2017年7月	2017年8月	2017年9月	2017年10月	2017年11月	2017年12月
拟合值	4756	4757	5039	4758	5005	5184	6003	5956	5164	5003	5182	5741
年月	2018年1月	2018年2月	2018年3月	2018年4月	2018年5月	2018年6月	2018年7月	2018年8月	2018年9月	2018年10月	2018年11月	2018年12月
拟合值	5122	5121	5422	5118	5381	5571	6448	6395	5543	5367	5557	6154
年月	2019年1月	2019年2月	2019年3月	2019年4月	2019年5月	2019年6月	2019年7月	2019年8月	2019年9月	2019年10月	2019年11月	2019年12月
预测值	5488	5485	5806	5477	5756	5958	6893	6833	5921	5732	5932	6567

8.4 Holt-Winters 方法

Holt-Winters 方法最早由 Holt(1957 年)和 Winters(1960 年)提出，迄今为止已经发展出许多不同的形式，本节主要介绍其中最具代表性的两种。

8.4.1 Holt-Winters 加法模型

与 8.2 节介绍的季节性叠加趋向模型一样，Holt-Winters 加法模型[3]适用于既有长期线性变化趋势又含有季节波动，且季节波动幅度不随长期线性趋势的增减而变化的时间序列。

Holt-Winters 加法模型以下面 3 个描述季节性时间序列特征的方程为预测基础：

$$S_t = \alpha(x_t - d_{t-L}) + (1-\alpha)(S_{t-1} + b_{t-1}) \tag{8-9}$$

$$b_t = \gamma(S_t - S_{t-1}) + (1-\gamma)b_{t-1} \tag{8-10}$$

$$d_t = \beta(x_t - S_t) + (1-\beta)d_{t-L} \tag{8-11}$$

其中，S_t 为 t 时刻的线性趋势值；b_t 为 $t\sim t+1$ 时刻线性趋势的增量；d_t 为 t 时刻季节增量；L 为周期长度，对于月度数据而言 $L=12$，对于季度数据而言则 $L=4$；α、β 和 λ 为平滑参数，均取 $0\sim1$ 的值。

对于未来一个周期内的数据，预测值为

$$\hat{x}_{t+m} = S_t + mb_t + d_{t+m-L} \quad m=1,2,\cdots,L \tag{8-12}$$

需要说明的是，Holt-Winters 加法模型通常情况下不会采用式(8-12)对未

第8章 季节性能源需求预测模型

来较长时间的时间序列值进行预测,而且是仅预测未来少数几个数据,并且采用新得到观测值通过式(8-9)~式(8-11)不断对式(8-12)的参数进行修正。

显然,式(8-9)~式(8-11)具有相互嵌套的迭代结构,必须确定迭代的起始值才可使用。设有 $n(n \geqslant 2)$ 个周期的历史数据,将这些数据进行连续编号。即 x_1 表示第一个周期第一个数据,则最后一个周期最后一个数据为 $x_{n \cdot L}$,初始值的确定方法如下:

第1步,确定线性趋势值 S 和线性趋势增量 b 的初始值。

令 $\overline{P}_j (j=1,2,\cdots,n)$ 表示第 j 个周期历史数据的平均值,即

$$\overline{P}_j = \frac{1}{L} \sum_{t=(j-1)L+1}^{j \cdot L} x_t$$

为了尽量减少随机干扰的影响,采用第一个周期和最后一个周期的平均值计算 b 和 S 的初始值,即

$$b_{nL} = \frac{\overline{P}_n - \overline{P}_1}{(n-1)L} \tag{8-13}$$

$$S_{nL} = \overline{P}_n + \frac{L-1}{2} b_{nL} \tag{8-14}$$

第2步,确定季节增量的初始值。

首先,计算每个时点对应的初始季节增量

$$d_{i,j} = x_{i+(j-1)L} - \left[V_j - \left(\frac{L+1}{2} - i\right) b_{nL}\right] \quad i=1,2,\cdots,L; j=1,2,\cdots,n \tag{8-15}$$

接下来,计算初始季节增量对应月的平均值

$$\mathrm{md}_i = \frac{1}{n} \sum_{j=1}^{n} d_{i,j} \tag{8-16}$$

最后,将上述平均值正态化,得到季节增量

$$d_{(n-1) \cdot L+i} = \mathrm{md}_i - \frac{1}{L} \sum_{i=1}^{L} \mathrm{md}_i \tag{8-17}$$

这样就可以得到式(8-9)~式(8-11)的迭代起始值。

例8-4 以表8-1中2017—2018年的数据为基础,采用 Holt-Winters 加法模型预测2019年我国各月发电量。

(1) 计算线性趋势值 S 和线性趋势增量 b 的初始值。计算得到 2017—2018 年的月发电量平均值分别为 $5212.3 \times 10^8 \mathrm{kW \cdot h}$ 和 $5600.0 \times 10^8 \mathrm{kW \cdot h}$。因此,$b_{24} = (5600.0 - 5212.3)/12 \times 10^8 \mathrm{kW \cdot h} \approx 32.31 \times 10^8 \mathrm{kW \cdot h}$,$S_{24} = 5212.3 +$

$(12-1)/2 \times 32.31 \times 10^8 \text{kW} \cdot \text{h} \approx 5777.7 \times 10^8 \text{kW} \cdot \text{h}$。

（2）计算季节增量的初始值。根据式(8-15)计算 2017—2018 年的初始季节增量。将初始季节增量的计算结果代入式(8-16)，得到这两年各月初始季节增量平均值。通过式(8-17)将初始季节增量平均值正态化，得到用于预测方程的季节增量。上述结果列于表 8-8 中。

表 8-8　Holt-Winters 加法模型季节增量初始值的计算结果

单位：$\times 10^8 \text{kW} \cdot \text{h}$

变量	月份											
	1月	2月	3月	4月	5月	6月	7月	8月	9月	10月	11月	12月
2017年初始季节增量	−376.7	−409	69.7	−364.6	−216.9	6.8	818.5	685.2	−73.1	−287.4	−161.7	309
2018年初始季节增量	−195.3	−227.6	−203.9	−411.2	−108.5	−32.6	783.8	756.5	−197.8	−383.1	−202.4	422.3
初始季节增量平均值	−286	−318.3	−67.1	−387.9	−162.7	−13	801.2	720.9	−135.4	−335.2	−182	365.7
季节增量	−286	−318.3	−67.1	−387.9	−162.7	−13	801.2	720.9	−135.4	−335.2	−182	365.7

注：这里季节增量 d_t 中，t 应该依次为 $25,26,\cdots,36$；

因为这里仅采用 2017 年和 2018 年的数据确定季节增量，因此初始季节增量的平均值经过正态调整后结果不变。

（3）预测。Holt-Winters 加法模型一般不对历史数据进行拟合，因此在此只对 2019 年的月发电量进行预测。预测时，这里仅通过式(8-12)对未来一期（一个月）的数据进行预测。每次预测结束后，用预测期的实际值通过式(8-9)~式(8-11)对式(8-12)的参数进行修正（α、β、λ 这 3 个参数均取 0.5），然后再进行下一期的预测，表 8-9 显示了预测结果。

表 8-9　Holt-Winters 加法模型对我国月发电量的预测值

单位：$1 \times 10^8 \text{kW} \cdot \text{h}$

年月	2019年1月	2019年2月	2019年3月	2019年4月	2019年5月	2019年6月	2019年7月	2019年8月	2019年9月	2019年10月	2019年11月	2019年12月
预测值	5524	5499	5768	5417	5664	5768	6623	6513	5779	5714	5937	6520

8.4.2　Holt-Winters 乘法模型

与 8.3 节介绍的季节性交乘趋向模型一样,Holt-Winters 乘法模型[3]适用于既有长期线性变化趋势又含有季节波动,且季节波动幅度随长期线性趋势的增减而同步变化的时间序列。

Holt-Winters 乘法模型以下面 3 个描述季节性时间序列特征的方程为预测基础:

$$S_t = \partial \frac{x_t}{I_{t-L}} + (1-\partial)(S_{t-1} + b_{t-1}) \tag{8-18}$$

$$b_t = \gamma(S_t - S_{t-1}) + (1-\gamma)b_{t-1} \tag{8-19}$$

$$I_t = \beta \frac{x_t}{S_t} + (1-\beta)I_{t-L} \tag{8-20}$$

其中,S_t 为 t 时刻的线性趋势值;b_t 为从 t 时刻到 $t+1$ 时刻线性趋势的增量;I_t 为 t 时刻季节比率(季节指数);L 为周期长度,对于月度数据而言 $L=12$,对于季度数据而言则 $L=4$;α、β、λ 为平滑参数,均取 $0\sim1$ 的值。

对于未来一个周期内的数据,预测结果为

$$\hat{x}_{t+m} = (S_t + m \cdot b_t)I_{t+m-L} \quad m=1,2,\cdots,L \tag{8-21}$$

需要说明的是,Holt-Winters 乘法模型与加法模型类似,通常情况下不会采用式(8-21)对未来较长时间的时间序列值进行预测,而且是仅预测未来少数几个数据,并且采用新得到观测值通过式(8-18)~式(8-20)不断对式(8-21)的参数进行修正。

与 Holt-Winters 加法模型类似,Holt-Winters 乘法模型也需要确定式(8-18)~式(8-20)的迭代起始值,具体方法如下。

第 1 步,确定线性趋势值 S 和线性趋势增量 b 的初始值。方法与 Holt-Winters 加法模型相同。

第 2 步,确定季节比率的初始值。

(1) 计算每个时点对应的初始季节比率:

$$I_{i,j} = \frac{x_{i+(j-1)L}}{V_j - \left(\frac{L+1}{2} - i\right)b_{nL}} \quad i=1,2,\cdots,L;j=1,2,\cdots,n \tag{8-22}$$

(2) 计算初始季节比率对应月的平均值:

$$mI_i = \frac{1}{n}\sum_{j=1}^{n} I_{i,j} \tag{8-23}$$

(3) 将上述平均值正态化,得到季节指数:

$$I_{(n-1)\cdot L+i} = \frac{mI_i}{\frac{1}{L}\sum_{i=1}^{L}mI_i}$$

$$= \frac{L\cdot mI_i}{\sum_{i=1}^{L}mI_i}$$

(8-24)

这样就可以得到式(8-18)～式(8-20)的迭代起始值。

例 8-5 以表 8-1 中 2017—2018 年的数据为基础,采用 Holt-Winters 乘法模型预测 2019 年我国各月发电量。

(1) 计算线性趋势值 S 和线性趋势增量 b 的初始值。计算方法与结果与例 8-4 相同。

(2) 计算季节比率的初始值。根据式(8-22)计算 2017—2018 年的初始季节比率。将初始季节比率的计算结果代入式(8-23),得到这两年各月初始季节比率平均值。通过式(8-24)将初始季节比率平均值正态化,得到用于预测方程的季节比率。上述结果列于表 8-10 中。

表 8-10　Holt-Winters 乘法模型季节比率初始值的计算结果

变量	月 份											
	1月	2月	3月	4月	5月	6月	7月	8月	9月	10月	11月	12月
2017年初始季节比率	0.925	0.919	1.014	0.929	0.958	1.001	1.157	1.13	0.986	0.946	0.97	1.057
2018年初始季节比率	0.964	0.958	0.963	0.925	0.98	0.994	1.14	1.134	0.965	0.933	0.965	1.073
初始季节比率平均值	0.945	0.939	0.988	0.927	0.969	0.998	1.148	1.132	0.976	0.939	0.967	1.065
季节比率	0.945	0.939	0.989	0.928	0.97	0.998	1.149	1.133	0.976	0.94	0.968	1.066

注:这里季节比率 I_t 中,t 应该依次为 25,26,…,36。

(3) 预测。与例 8-4 类似,这里也只对 2019 年的月发电量进行预测。同样的,预测时仅通过式(8-21)对未来一期(一个月)的数据进行预测。每次预测结束后,用预测期的实际值通过式(8-18)~式(8-20)对式(8-21)的参数进行修正(α、β 和 λ 这 3 个参数均取 0.5),然后再进行下一期的预测,表 8-11 显示了预测结果。

表 8-11 Holt-Winters 乘法模型对我国月发电量的预测值

单位:$1\times10^8 \text{kW}\cdot\text{h}$

年月	2019年1月	2019年2月	2019年3月	2019年4月	2019年5月	2019年6月	2019年7月	2019年8月	2019年9月	2019年10月	2019年11月	2019年12月
预测值	5491	5488	5811	5404	5681	5791	6690	6512	5699	5651	5932	6587

8.5 其他季节性趋势预测方法

通过前面介绍的几种季节性趋势预测模型可以发现,各种预测方法的基本思路是一致的,都是将实际数据的趋势拆分为主趋势和波动趋势,然后对拆分得到的各趋势分别进行外推,最后再进行组合,从而得到实际趋势的预测值。这样一来,当采用不同的趋势拆分方法以及拆分后各趋势的外推方法时,就会得到各种不同的季节性趋势预测方法。

前面几种预测方法都采用每个周期的平均值作为主趋势值,并进而用其对实际趋势进行拆分。这种方法虽然简单,但对实际数据的利用并不充分。此外,由于得到的主趋势数据太少(每个周期仅获得一个数据),使得后续对主趋势进行较为精准的建模拟合比较困难。在实际工作中,除上述方法外,还可以采用移动平均的方法获得主趋势值。根据周期长度的不同,具体可以分为两种情况:

当周期长度 L 为奇数时(例如以 7 天为周期的变化趋势),可通过简单移动平均的方法得到主趋势的分离结果。这时,第 t 个值的简单移动平均结果可以表示为

$$S_t = \frac{1}{L} \sum_{i=t-\frac{L-1}{2}}^{t+\frac{L-1}{2}} x_t \tag{8-25}$$

当周期长度 L 为偶数时(例如以 12 个月或 4 个季度为周期的变化趋势),可通过中心化移动平均的方法得到主趋势的分离结果。这时需要首先计算两个简单移动平均值作为中间值,即

$$\text{MA}_{t-0.5} = \frac{1}{L} \sum_{i=t-\frac{L}{2}}^{t+\frac{L}{2}-1} x_t \tag{8-26}$$

和

$$\mathrm{MA}_{t+0.5} = \frac{1}{L} \sum_{i=t-\frac{L}{2}+1}^{t+\frac{L}{2}} x_t \tag{8-27}$$

然后,以上述两个简单移动平均值结果为基础计算主趋势值的分离结果,即

$$S_t = \frac{1}{2}(\mathrm{MA}_{t-0.5} + \mathrm{MA}_{t+0.5}) \tag{8-28}$$

得到主趋势值后,很容易通过进一步计算得到波动性趋势值,从而实现对实际趋势的拆分。

除上述移动平均的方法外,还可以采用小波分解或其他滤波方法对实际趋势进行拆分。这类时频分析方法通常具有多分辨率的特点,在时频、频域都具有表征信号局部特征的能力。具体而言,其对实际趋势的拆分结果,除一个主趋势外,还有多个(而不是一个)波动性趋势。更重要的是,以这类方法得到的拆分结果为基础,可以通过进一步的分析识别出随机趋势。这类方法的具体算法比较复杂,在此不再赘述。

对于各类趋势拆分方法,通常可以根据拆分得到的主趋势数据的统计特征评估拆分效果。理论上,如果拆分得到的主趋势能代表原始数据中的大部分信息且较为平滑,则拆分效果较好。因此,可以通过以下两个指标进行衡量。

拟合优度用于衡量拆分得到的主趋势数据对原始数据中所包含信息的代表程度,通常可以表示为

$$R^2 = 1 - \frac{\sum_{t=1}^{n}(S_t - x_t)^2}{\sum_{t=1}^{n}(x_t - \bar{x})^2} \tag{8-29}$$

其中,S_t 为拆分得到的主趋势数据的第 t 个值。显然,R^2 的值越大,说明拆分得到的主趋势数据对原始数据中所包含信息的代表程度越高,反之则越低。

平滑度用于衡量主趋势数据曲线的光滑程度,通常可以表示为

$$H = \sqrt{\frac{1}{n} \sum_{t=1}^{n}(\Delta^2 S_t)^2} \tag{8-30}$$

其中,$\Delta^2 S_t$ 为主趋势数据在第 t 个点的离散二阶导。当主趋势曲线越光滑(波动较少)时,其一阶导数越稳定,二阶导数越接近于 0,因此 H 值就越小。在极端情况下,如果主趋势数据为直线,其一阶导数为常数,二阶导数为 0,这时其 S

值为 0。

对于拆分得到的主趋势，应根据其具体特征采用适当的外推模型。如果主趋势呈现出线性特征，可以采用一元线性回归方程、二次滑动平均或二次指数平滑等方法对其进行趋势外推。如果主趋势呈现出近似的指数增长趋势，则可以参照本书第 9 章介绍的扩展的指数曲线模型、非齐次指数离散灰色模型或其他方法对其进行趋势外推。

对于拆分得到的波动性趋势，可以采用时间序列模型或人工神经网络模型等方法进行外推。一般情况下，时间序列模型需要较大的样本量。但是，拆分得到的波动时间序列的统计特征往往可以减少时间序列模型对样本量的要求（取决于具体拆分方法）。对于人工神经网络而言，适用于不同研究对象的需要，其具有许多不同的种类。其中，适用于趋势外推的主要是前馈神经网络。具有代表性的前馈网络主要有两种：多层前馈（multilayer propagations，MLP）网络和径向基函数（radial-based function，RBF）网络。其中，MLP 网络更常用的名字是以其学习算法命名的反向传递（back propagation，BP）网络。神经网络模型需要的样本量取决于样本数据信息量的多少。当样本数据信息量较多时，需要的样本数量越多，训练时间越长，泛化能力通常也越差。但是，拆分得到的波动性趋势往往信息量较少，这就使得即使较少的样本量往往也能达到不错的趋势外推效果。由于上述方法的具体算法比较复杂，这里并不对其进行详细介绍。

8.6 预测模型的比较分析

在实际预测工作中，通常可以采用多种预测方法对同一个对象进行建模预测。这时，可以采用一些误差分析指标对各预测模型进行比较分析。

8.6.1 误差分析指标

误差指预测值与实际值的差距。严格地说，误差分为预测误差和拟合误差（拟合值与实际值的差距）两种。但由于预测误差的实际意义更为重要，因此一般为默认的误差。

一般而言，误差产生的原因主要有 4 方面。

（1）次要影响因素被模型忽略。例如在对能源消费量进行预测时，由于对能源消费造成影响的因素非常多，影响关系也千差万别，这就使得能源消费量的变化趋势往往非常复杂。然而在实际工作中，人们只能通过模型将主要因素或者预测对象的主要变化趋势考虑在内,其他因素或者变化趋势通常会被模型忽略掉,从而会造成误差。

(2) 预测方法选择不当。有时候,特别是历史数据较少时,对预测对象与影响因素的关系或者预测对象本身的变化趋势往往很难准确把握,这时可能采用不恰当的模型对其进行表示,从而会造成误差。

(3) 资料不准确可靠。几乎所有预测方法都是以对资料的分析与建模为基础。显然,如果用于建模的资料不准确可靠,会使得预测结果也相应的产生偏差。

(4) 意外事件的发生或情况的突然变化。有时候,尽管预测工作做得很完美,但一些意外情况的出现会使得预测对象的实际变化并未按照历史数据所反映的规律发展,从而造成误差。在以上产生误差的 4 种因素中,前 3 种的影响是在预测工作中需要尽量减少甚至消除的,而第 4 种因素的影响则是预测工作无法克服的。

在误差分析指标中,绝对误差(absolute error, AE)是最简单的指标。第 i 个值的绝对误差通常表示为

$$AE_i = \bar{y}_i - y_i \tag{8-31}$$

其中,$\bar{y}_i$ 和 y_i 分别表示第 i 个值的预测值和实际值。

绝对误差虽然计算简单,但其大小除受预测模型优劣的影响外,还受到实际值大小的影响。鉴于此,人们还采用相对误差(relative error, RE)衡量某个预测值的精度,其通常用百分数表示为

$$RE_i = \frac{\bar{y}_i - y_i}{y_i} \times 100\% \tag{8-32}$$

绝对误差和相对误差都是对一个预测值精度的衡量。但是,在对一个预测方法的优劣进行判定时,只考虑一个预测值的精度显然是不合适的,而是应该通过多个预测值的精度进行综合判定。鉴于此,人们又发展出下列误差分析指标[①]:

平均绝对误差(mean absolute error, MAE),通常表示为

$$MAE = \frac{1}{n} \sum_{i=1}^{n} |\bar{y}_i - y_i| \tag{8-33}$$

与绝对误差类似,平均绝对误差也受到预测模型优劣以及实际值大小两方面因素的影响。

平均相对误差(mean absolute percentage error, MAPE),通常表示为

$$MAPE = \frac{1}{n} \sum_{i=1}^{n} \left| \frac{\bar{y}_i - y_i}{y_i} \right| \times 100\% \tag{8-34}$$

---

① 各种误差分析指标的英文名字较为统一,但由于翻译的原因,中文名字在不同文献中可能略有不同。

平均相对误差是应用最广泛的误差分析指标。

在计算平均绝对误差和平均相对误差时,采用了取绝对值的方法解决相对误差有正负值的问题。除了这种方法外,还可以采用计算平方值的方法。采用这种思路的误差分析指标主要有均方误差(mean square error,MSE),通常表示为

$$\mathrm{MSE} = \frac{1}{n}\sum_{i=1}^{n}(\bar{y}_i - y_i)^2 \quad (8\text{-}35)$$

以及均方根误差(root mean square error,RMSE),通常表示为

$$\mathrm{RMSE} = \sqrt{\frac{1}{n}\sum_{i=1}^{n}(\bar{y}_i - y_i)^2} \quad (8\text{-}36)$$

此外,还有一些从其他角度对预测精度进行衡量的误差分析指标。例如最大相对误差(maximal absolute percentage error,MaxAPE),通常表示为

$$\mathrm{MaxAPE} = \max_{i}\left(\left|\frac{\bar{y}_i - y_i}{y_i}\right|\right) \times 100\% \quad (8\text{-}37)$$

从某种程度上讲,最大相对误差反映了预测的风险。

此外,常用的误差分析指标还有中位数相对误差(median absolute percentage error,MdAPE),通常表示为

$$\mathrm{MdAPE} = \underset{i}{\mathrm{median}}\left(\left|\frac{\bar{y}_i - y_i}{y_i}\right|\right) \times 100\% \quad (8\text{-}38)$$

中位数相对误差或许不如平均相对误差那么"精准",却可以剔除少数异常点的影响。

8.6.2 预测结果的比较与解释

以以上误差分析指标为基础,可以对不同预测模型的优劣进行比较分析。以下以一个例子对此进行演示。

例 8-6 表 8-1 列出了我国 2019 年 1—12 月各月发电量的实际值,表 8-3、表 8-5、表 8-7、表 8-9 和表 8-11 分别列出了季节性叠加趋向模型、直接比率法、平均季节比率法、Holt-Winters 加法模型和 Holt-Winters 乘法模型对 2019 年 1—12 月各月发电量的预测值。以上述数据为基础,对 5 种预测方法进行误差分析。

首先,将各种方法的预测值和实际值代入式(8-31)和式(8-32),每种预测方法所得预测值的绝对误差和相对误差列于表 8-12 中。

表 8-12 各种预测方法所得预测值的绝对误差（AE）和相对误差（RE）

年	月	季节性叠加趋向模型		直接比率法		平均季节比率法		Holt-Winters 加法模型		Holt-Winters 乘法模型	
		AE/1×10^8 kW·h	RE/%	AE/1×10^8 kW·h	RE/%	AE/1×10^8 kW·h	RE/%	AE/1×10^8 kW·h	RE/%	AE/1×10^8 kW·h	RE/%
2019年	1月	33	0.6	110	2	−3	−0.05	33	0.6	0	0
2019年	2月	33	0.6	107	1.95	−6	−0.11	8	0.15	−3	−0.05
2019年	3月	110	1.93	−42	−0.74	108	1.9	70	1.23	113	1.98
2019年	4月	79	1.45	27	0.5	37	0.68	−23	−0.42	−36	−0.66
2019年	5月	188	3.36	234	4.19	167	2.99	75	1.34	92	1.65
2019年	6月	125	2.14	102	1.75	124	2.13	−66	−1.13	−43	−0.74
2019年	7月	232	3.53	269	4.09	320	4.87	50	0.76	117	1.78
2019年	8月	75	1.12	163	2.44	151	2.26	−169	−2.53	−170	−2.54
2019年	9月	25	0.42	−51	−0.86	13	0.22	−129	−2.18	−209	−3.54
2019年	10月	52	0.91	−22	−0.39	18	0.32	0	0	−63	−1.1
2019年	11月	61	1.04	27	0.46	42	0.71	47	0.8	42	0.71
2019年	12月	−13	−0.2	72	1.1	23	0.35	−24	−0.37	43	0.66

根据表 8-12 所示的计算结果,在季节性叠加趋向模型、直接比率法和平均季节比率法的预测结果中,绝对误差或相对误差为正值的结果远多于相对误差为负值的结果。也就是说,根据式(8-31)和式(8-32),这 3 种方法的预测结果普遍高于对应的实际值。相对而言,上述情况在 Holt-Winters 加法模型和 Holt-Winters 乘法模型中则表现并不明显。

造成这种现象的原因,是 2019 年的主趋势增量总体上低于线性期望值。季节性叠加趋向模型、直接比率法和平均季节比率法这 3 种方法,在预测主趋势值时,以此前两年数据确定的线性方程进行外推,外推过程中并不会对趋势进行修正。而 Holt-Winters 加法模型和 Holt-Winters 乘法模型则在对主趋势线性外推的过程中,不断根据新出现的实际值对模型参数进行修正。因此,Holt-Winters 加法模型和 Holt-Winters 乘法模型相对而言更能适合主趋势变化的情况。根据表 8-1 所示数据,2017—2018 年我国年发电量的增量为 $4652 \times 10^8 kW \cdot h$,而 2018—2019 年我国年发电量的增量为 $3654 \times 10^8 kW \cdot h$,出现了明显的下降,从而印证了上述结论。

以表 8-12 所示的计算结果为基础,可以计算 MAE、MAPE、MSE、RMSE、MaxAPE 和 MdAPE 指标,列于表 8-13 中。

表 8-13 各种方法的预测误差

预测方法	MAE	MAPE	MSE	RMSE	MaxAPE	MdAPE
季节性叠加趋向模型	85.5	1.44	11513	107.30	3.53	1.08
直接比率法	102.17	1.70	16594.17	128.82	4.19	1.42
平均季节比率法	84.33	1.38	15360.83	123.94	4.87	0.70
Holt-Winters 加法模型	57.83	0.96	5587.50	74.75	2.53	0.78
Holt-Winters 乘法模型	77.58	1.28	9853.25	99.26	3.54	0.92

根据表 8-13 所示的误差分析指标计算结果,Holt-Winters 加法模型和 Holt-Winters 乘法模型的预测精度总体上优于其他 3 种方法,其原因在前面已经进行解释。就 Holt-Winters 加法模型和 Holt-Winters 乘法模型而言,前者的预测精度优于后者。说明随着我国用电规模的增加,季节性波动趋势并未随之扩大,而是更倾向于保持稳定。

表 8-13 所示的误差分析指标虽然都可以用于对预测方法的优劣进行评价,但由于各种指标的计算方法不同,其定性判定结果很可能不一致。例如,季节性叠加趋向模型预测结果的 MAPE 为 1.44,大于平均季节比率法的预测结果

(1.38),但前者的 MSE 为 11513,却小于后者的预测结果(15360.83)。

此外,误差分析中还有一种现象需要注意。有时候,并不是拟合精度越高的预测模型其预测精度也一定越高。理论上,拟合精度越高说明拟合值对历史数据中的信息所包含的比例越高。但是,在历史数据所包含的信息中,除规律性信息以外,还存在随机性干扰信息。如果拟合值提升了对随机性信息的包含量,从而提高了拟合精度,其预测精度反而可能会降低。

8.7 综合案例:新型冠状病毒感染对我国发电量的影响分析

8.7.1 预测思路

2019 年底,新型冠状病毒感染开始在我国出现。从 2020 年 1 月开始,其迅速传染至我国很多地区,给人们的生产生活带来很大影响,月发电量也随之出现了异常波动。本节主要对新型冠状病毒感染对我国 2020 年月发电量的影响进行测算分析。

根据例 8-6 的计算结果,Holt-Winters 加法模型对我国 2019 年月发电量的预测精度总体上最高。因此,本节以表 8-1 所示的 2018 年和 2019 年的月发电量数据为基础,通过 Holt-Winters 加法模型预测 2020 年我国各月发电量。以该发电量的预测值作为没有出现新型冠状病毒感染的期望值,将各月发电量的期望值和实际值之间的差距看作新冠疫情的影响。

需要说明的是,与例 8-4 不同的是,这里在使用 2018 年和 2019 年的月发电量数据得到模型参数的初始值以后,并不会在预测过程中使用实际值对模型参数进行调整,而是直接用模型参数的初始值预测未来 12 个月(2020 年 1—12 月)的发电量。这时,Holt-Winters 加法模型与季节性叠加趋向模型的算法相似。

8.7.2 建模过程及结果分析

根据 8.4.1 节介绍的 Holt-Winters 加法模型建模过程,预测前需要计算模型参数的初始值,具体而言为 2019 年 12 月的线性趋势值 S_{24}、线性趋势增量 b_{24} 和 2019 年 1—12 月的季节增量 $d_{13}-d_{24}$。

首先,根据表 8-1 所示的数据,可以计算得到 2018—2019 年各月发电量的平均值分别为 $5600.00 \times 10^8 \text{kW} \cdot \text{h}$ 和 $5904.50 \times 10^8 \text{kW} \cdot \text{h}$。将其代入式(8-13)和式(8-14),线性趋势值 S_{24} 和线性趋势增量 b_{24} 分别为 $6044.06 \times 10^8 \text{kW} \cdot \text{h}$ 和

$25.38×10^8$ kW·h。然后,将上述结果代入式(8-15),计算得到2018年和2019年各月对应的初始季节增量,并进一步根据式(8-16)得到季节增量 $d_{13} \sim d_{24}$ 的值为[−253.69,−279.06,−172.94,−414.81,−198.19,−47.06,721.56,753.19,−120.19,−319.06,−149.94,480.19]。最后,令 $m=1-12$,将上述结果代入式(8-12),可以得到2020年1—12月的月发电量预测值,列于表8-14中。此外,月发电量的实际值及预测的绝对误差和相对误差(视为新型冠状病毒感染的影响)也在该表中列出。

表8-14 2020年1—12月发电量的预测值、实际值和预测误差

指标		预测值/$1×10^8$kW·h	实际值/$1×10^8$kW·h	绝对误差/$1×10^8$kW·h	相对误差/%
年份	2001	5816	5133	683	13.3
	2002	5816	5133	683	13.3
	2003	5947	5525	422	7.64
	2004	5731	5543	188	3.39
	2005	5973	5932	41	0.69
	2006	6149	6304	−155	−2.45
	2007	6943	6801	142	2.09
	2008	7000	7238	−238	−3.28
	2009	6152	6315	−163	−2.58
	2010	5979	6095	−116	−1.91
	2011	6173	6419	−246	−3.83
	2012	6829	7277	−448	−6.16
平均		6209	6143	293.67	5.05
总计		74508	73715	—	—

根据表8-14所示的计算结果,新型冠状病毒感染对我国2020年月发电量的影响在上半年和下半年截然不同。在上半年,受新型冠状病毒感染的影响,我国实际月用电量明显低于预测值(6月除外)。下半年的情况正相反,新型冠状病毒感染使得我国实际月用电量明显高于预测值(7月除外)。总体而言,受新型冠状病毒感染的影响,我国2020年用电量比期望值少为$(74508−73715)×10^8$kW·h$=793×10^8$kW·h。

8.7.3　主要 MATLAB 程序

主要 MATLAB 程序如下：

```
x2018=[…];          %表 8-1,2018 年月用电量
x2019=[…];          %表 8-2,2019 年月用电量
Mx2018=mean(x2018);
Mx2019=mean(x2019);
b(24)=(Mx2019-Mx2018)/12;
S(24)=Mx2019+(12-1)/2*b(24);
for j=1:12
    d2018(j)=x2018(j)-(Mx2018-(6.5-j)*b(24));
    d2019(j)=x2019(j)-(Mx2019-(6.5-j)*b(24));
end
md=(d2018+d2019)/2;
d(13:24)=md;
for m=1:12
    fx2020(m)=S(24)+m*b(24)+d(24+m-12);
end
x2020=[…];          %2020 年月用电量
AE=fx2020-x2020;
RE=AE./x2020;
M_fx2020=mean(fx2020);
M_x2020=mean(x2020);
MAE=mean(abs(AE));
MAPE=mean(abs(RE));
S_fx2020=sum(fx2020);
S_x2020=sum(x2020);
```

第 9 章

中长期能源需求预测模型

由于能源发展规划及政策调整等工作的需要,人们往往需要对未来若干年的能源需求规模有所了解,本章主要介绍对此进行预测的方法。

9.1 比例系数法

比例系数法是一种比较简单但很常用的趋势外推方法。这种方法的核心思想,是假定未来的能源需求将延续过去的增长趋势,保持与过去相同的增长速度。因此,这种方法将首先计算能源需求在过去一段时间的平均增长率,然后以此为基础进行趋势外推。

设某地区第 m 年的能源消费量为 y_m 吨标准煤,第 n 年的用电量为 y_n 吨标准煤,则从第 m 年至第 n 年($m<n$)能源消费量的平均增长率 r 满足

$$y_n = y_m(1+r)^{n-m} \tag{9-1}$$

因此,有

$$r = \sqrt[n-m]{\frac{y_n}{y_m}} - 1 \tag{9-2}$$

由此预测第 z 年($z>n$)的能源消费量为

$$y_z = y_n(1+r)^{z-n} \tag{9-3}$$

式(9-3)以第 z 年的能源消费量(y_z)为预测起点,这与以第 m 年的能源消费量(y_m)为起点的预测结果是相同的,因为

$$\begin{aligned} y_z &= y_n(1+r)^{z-n} \\ &= y_m(1+r)^{n-m}(1+r)^{z-n} \\ &= y_m(1+r)^{z-m} \end{aligned} \tag{9-4}$$

本质上,比例系数法的预测曲线,是一条穿过 y_m 和 y_n 样本点的、呈等比例

增长趋势的曲线,这也是通常情况下不采用 y_m 和 y_n 以外的样本点作为预测起点的原因。

例 9-1 表 9-1 显示了 2003—2014 年我国年能源消费量。

表 9-1 我国年能源消费量　　　　　　单位：亿吨标准煤

年　份	2003 年	2004 年	2005 年	2006 年	2007 年	2008 年
能源消费量	19.71	23.03	26.14	28.65	31.14	32.06
年　份	2009 年	2010 年	2011 年	2012 年	2013 年	2014 年
能源消费量	33.61	36.06	38.70	40.21	41.69	42.83

注：数据来源于《中国统计年鉴》。

采用比例系数法对我国 2003—2014 年的能源消费量进行拟合并预测 2015—2019 年的能源消费量。

在采用比例系数法计算平均增长率时,为了尽量降低随机干扰的影响,往往尽量使计算平均增长率的样本点在时间间隔上远一些,也就是说采用第一个和最后一个样本点。当然,如果认为数据的变化趋势在某段时间有所不同,可以在选择样本点的时候避开这段时间。这里采用 2003 年和 2014 年的能源消费量计算平均增长率,即

$$r = \sqrt[2014-2003]{\frac{42.83}{19.71}} - 1 \approx 7.31\% \tag{9-5}$$

将 $t=2003-2014$ 和 $t=2015-2019$ 分别代入

$$y = 19.71(1+0.0731)^{t-2003} \tag{9-6}$$

中,可以得到我国能源消费量在 2003—2014 年的拟合值以及 2015—2019 年的预测值。计算结果列于表 9-2 中。

表 9-2 比例系数法对我国年能源消费量的拟合及预测结果

单位：亿吨标准煤

年　份	2003 年	2004 年	2005 年	2006 年	2007 年	2008 年
能源消费量	19.71	21.15	22.7	24.36	26.14	28.05
年　份	2009 年	2010 年	2011 年	2012 年	2013 年	2014 年
能源消费量	30.1	32.3	34.66	37.19	39.91	42.83
年　份	2015 年	2016 年	2017 年	2018 年	2019 年	
能源消费量	45.96	49.32	52.93	56.8	60.95	

比例系数法的主要优点是计算简单。这种方法的主要缺陷有两点。

(1) 仅采用两个样本计算平均增长率,因此计算结果极易受到这两个样本点的影响。也就是说,当这两个样本点中的一个或两个包含较大的随机干扰时,预测结果会产生较大的误差。

(2) 这种方法在本质上要求预测对象保持稳定的增长率,因此式(9-3)为齐次指数函数。然而在经济发展的过程中,包括能源消费量在内的很多经济指标的增长率往往是变化的。

9.2 扩展的指数曲线模型

比例系数法采用齐次指数方程进行预测,这使得该方法的适用范围较窄。如果通过增加常数项构建非齐次指数函数,会极大地提升预测方程的适用范围及预测精度,然而会给参数估计增加一些困难。

9.2.1 扩展的指数曲线函数

扩展的指数曲线函数可以写作

$$y = a + bc^t \tag{9-7}$$

其中,a、b、c 为参数;t 通常表示时间或者按时间排列的数据编号。

实际上,式(9-7)不仅仅有近似指数上升的一种趋势。当参数 a、b、c 取不同值时,其至少有图 9-1 所示的 4 种常见趋势。

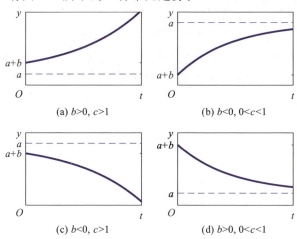

图 9-1 扩展的指数曲线函数的主要趋势

对于任何趋势外推预测方法,在使用前都应对历史数据是否符合期望的变化趋势进行初步判断。对于一组历史数据而言,如何判断其是否适合用式(9-7)进行趋势拟合?或者说,图 9-1 所示的 4 种趋势共同特点是什么?表 9-3 对此进行了解释。

表 9-3　扩展的指数曲线函数的增长特征

t	y	一级增长量	一级增长量环比系数
0	$a+b$	—	—
1	$a+bc$	$b(c-1)$	—
2	$a+bc^2$	$bc(c-1)$	c
3	$a+bc^3$	$bc^2(c-1)$	c
4	$a+bc^4$	$bc^3(c-1)$	c
⋮	⋮	⋮	⋮
n	$a+bc^n$	$bc^{n-1}(c-1)$	c

表 9-3 首先根据式(9-7)计算了 $t=0,1,2,\cdots,n$ 时 y 的取值,然后计算 y 在 t 取不同值时的一级增长量,最后计算了一级增长量的环比系数。可以发现,式(9-7)的一级增长量环比系数为常数。这是图 9-1 所示 4 种趋势的共同特点,也是判断一组历史数据是否适合用式(9-7)进行趋势拟合的重要依据。

9.2.2　参数估计方法

对于式(9-7)可以采用三和法进行参数估计,这是消元法的一个特例。

设有 $N(N=3n,n\geqslant2)$ 组历史数据。用三和法进行参数估计时,习惯上将各数据从 $t=0$ 开始编号。因此,将 $t=0,1,\cdots,n-1$ 时(即前 n 组数据)y 的观测值代入式(9-7)有

$$\begin{cases} y_0 = \hat{a} + \hat{b} + \varepsilon_0 \\ y_1 = \hat{a} + \hat{b}\hat{c} + \varepsilon_1 \\ y_2 = \hat{a} + \hat{b}\hat{c}^2 + \varepsilon_2 \\ \quad\vdots \\ y_{n-1} = \hat{a} + \hat{b}\hat{c}^{n-1} + \varepsilon_{n-1} \end{cases} \quad (9\text{-}8)$$

其中,ε 为残差。

同理,将 $t=n,n+1,\cdots,2n-1$(即中间 n 组数据)和 $t=2n,2n+1,\cdots,3n-1$(即后 n 组数据)分别代入式(9-7)有

$$\begin{cases} y_n = \hat{a} + \hat{b}\hat{c}^n + \varepsilon_n \\ y_{n+1} = \hat{a} + \hat{b}\hat{c}^{n+1} + \varepsilon_{n+1} \\ y_{n+2} = \hat{a} + \hat{b}\hat{c}^{n+2} + \varepsilon_{n+2} \\ \vdots \\ y_{2n-1} = \hat{a} + \hat{b}\hat{c}^{2n-1} + \varepsilon_{2n-1} \end{cases} \qquad (9-9)$$

和

$$\begin{cases} y_{2n} = \hat{a} + \hat{b}\hat{c}^{2n} + \varepsilon_{2n} \\ y_{2n+1} = \hat{a} + \hat{b}\hat{c}^{2n+1} + \varepsilon_{2n+1} \\ y_{2n+2} = \hat{a} + \hat{b}\hat{c}^{2n+2} + \varepsilon_{2n+2} \\ \vdots \\ y_{3n-1} = \hat{a} + \hat{b}\hat{c}^{3n-1} + \varepsilon_{3n-1} \end{cases} \qquad (9-10)$$

当 N 足够大时,参数的估计值应该能保证拟合曲线穿过前 n 组、中间 n 组和后 n 组历史数据的几何中心。这时,$\sum_{i=0}^{n-1}\varepsilon_i = \sum_{i=n}^{2n-1}\varepsilon_i = \sum_{i=2n}^{3n-1}\varepsilon_i = 0$。

将式(9-8)等号两侧分别求和,有

$$\sum_{t=0}^{n-1} y_t = n\hat{a} + \hat{b}(1 + \hat{c} + \hat{c}^2 + \cdots + \hat{c}^{n-1})$$
$$= n\hat{a} + \hat{b}\frac{\hat{c}^n - 1}{\hat{c} - 1} \qquad (9-11)$$

即

$$\hat{a} = \frac{1}{n}\left(\sum_{t=0}^{n-1} y_t - \hat{b}\frac{\hat{c}^n - 1}{\hat{c} - 1}\right) \qquad (9-12)$$

类似的,将式(9-9)和式(9-10)等号两侧分别求和,有

$$\sum_{t=n}^{2n-1} y_t = n\hat{a} + \hat{b}\hat{c}^n \frac{\hat{c}^n - 1}{\hat{c} - 1} \qquad (9-13)$$

和

$$\sum_{t=2n}^{3n-1} y_t = n\hat{a} + \hat{b}\hat{c}^{2n} \frac{\hat{c}^n - 1}{\hat{c} - 1} \qquad (9-14)$$

根据式(9-11)和式(9-13),有

$$\sum_{t=n}^{2n-1} y_t - \sum_{t=0}^{n-1} y_t = \hat{b}(\hat{c}^n - 1)\frac{\hat{c}^n - 1}{\hat{c} - 1}$$
$$= \hat{b}\frac{(\hat{c}^n - 1)^2}{\hat{c} - 1}$$
(9-15)

即

$$\hat{b} = \left(\sum_{t=n}^{2n-1} y_t - \sum_{t=0}^{n-1} y_t\right)\frac{\hat{c} - 1}{(\hat{c}^n - 1)^2} \tag{9-16}$$

同理,根据式(9-13)和式(9-14),有

$$\sum_{t=2n}^{3n-1} y_t - \sum_{t=n}^{2n-1} y_t = \hat{b}\,\hat{c}^n \frac{(\hat{c}^n - 1)^2}{\hat{c} - 1} \tag{9-17}$$

根据式(9-15)和式(9-17),有

$$\frac{\sum_{t=2n}^{3n-1} y_t - \sum_{t=n}^{2n-1} y_t}{\sum_{t=n}^{2n-1} y_t - \sum_{t=0}^{n-1} y_t} = \hat{c}^n \tag{9-18}$$

即

$$\hat{c} = \left[\frac{\sum_{t=2n}^{3n-1} y_t - \sum_{t=n}^{2n-1} y_t}{\sum_{t=n}^{2n-1} y_t - \sum_{t=0}^{n-1} y_t}\right]^{\frac{1}{n}} \tag{9-19}$$

这样就得到参数 c 的估计值。

将式(9-19)代入式(9-16),得

$$\hat{b} = \frac{\left(\sum_{t=n}^{2n-1} y_t - \sum_{t=0}^{n-1} y_t\right)^3 \left\{\left[\dfrac{\sum_{t=2n}^{3n-1} y_t - \sum_{t=n}^{2n-1} y_t}{\sum_{t=n}^{2n-1} y_t - \sum_{t=0}^{n-1} y_t}\right]^{\frac{1}{n}} - 1\right\}}{\left(\sum_{t=2n}^{3n-1} y_t - 2\sum_{t=n}^{2n-1} y_t + \sum_{t=0}^{n-1} y_t\right)^2} \tag{9-20}$$

这样就得到参数 b 的估计值。

将式(9-19)和式(9-20)代入式(9-12),得

$$\hat{a} = \frac{1}{n} \left[\frac{\sum_{t=0}^{n-1} y_t \sum_{t=2n}^{3n-1} y_t - (\sum_{t=n}^{2n-1} y_t)^2}{\sum_{t=0}^{n-1} y_t + \sum_{t=2n}^{3n-1} y_t - 2\sum_{t=n}^{2n-1} y_t} \right] \quad (9\text{-}21)$$

至此,式(9-7)中 3 个参数的估计值全部得到。

例 9-2 采用扩展的指数曲线模型对表 9-1 所示的 2003—2014 年我国能源消费量趋势进行拟合,并预测 2015—2019 年的能源消费量。

首先,将 2003 年设定为 $t=0$,以此类推,2014 年为 $t=11$。由于观测样本组个数为 12,因此 $n=4$。计算在参数估计过程中经常用到的 3 个中间值,即 $\sum_{t=0}^{3} y_t = 97.53$、$\sum_{t=4}^{7} y_t = 132.87$ 和 $\sum_{t=8}^{11} y_t = 163.43$。

接下来,将上述中间值代入式(9-19)、式(9-20)、式(9-21),得到 c、b、a 的估计值分别为 0.9643、-68.9215、89.7024。因此,预测方程为

$$y = 89.7024 - 68.9215 \times 0.9643^t \quad (9\text{-}22)$$

最后,将 $t=0-11$ 代入式(9-22),可以得到 2003—2014 年我国能源消费量的拟合值。将 $t=12-16$ 代入式(9-22),可以得到 2015—2019 年我国能源消费量的预测值。上述计算结果列于表 9-4 中。

表 9-4 扩展的指数曲线模型对我国年能源消费量的拟合及预测结果

单位:亿吨标准煤

年 份	2003 年	2004 年	2005 年	2006 年	2007 年	2008 年
t	0	1	2	3	4	5
能源消费量	20.78	23.24	25.61	27.9	30.1	32.23
年 份	2009 年	2010 年	2011 年	2012 年	2013 年	2014 年
t	6	7	8	9	10	11
能源消费量	34.28	36.26	38.16	40	41.78	43.49
年 份	2015 年	2016 年	2017 年	2018 年	2019 年	
t	12	13	14	15	16	
能源消费量	45.14	46.73	48.26	49.74	51.16	

扩展的指数曲线模型的主要优点,在于相对于比例系数法而言,其能够适合更多的趋势,或者说对数据变化趋势的要求更低。这种方法的主要缺点,在于其三和法参数估计过程需要极大地样本量。严格地说,其样本总量应至少为一般意义上大样本数量的 3 倍。由于这种方法的主要应用对象为年度数据,因

此通常很难收集足够多的样本量。例 9-2 仅为展示这一方法的应用过程，并未考虑样本容量的问题。

9.3 灰色趋势外推模型

灰色预测是灰色系统理论[①]的重要分支，而 GM(1,1)是灰色预测的基础模型。经过约三十年的发展，灰色预测模型已经发展出多种具体方法，非齐次指数离散灰色模型[1]是其中比较适合长期能源需求预测的方法。

9.3.1 GM(1,1)

在 GM(1,1)中，GM 是 grey model(灰色模型)的简称，(1,1)指的是一阶累加生成(1-accumulated generating operation,1-AGO)和单(1 个)变量。因此，GM(1,1)可以理解为单变量一阶累加灰色模型。

设 $x^{(0)} = [x^{(0)}(k) \mid k = 1, 2, \cdots, n]$ 为原始数据数列，其 1-AGO 数列为 $x^{(1)} = [x^{(1)}(k) \mid k = 1, 2, \cdots, n]$，则 $x^{(0)}$ 和 $x^{(1)}$ 满足以下关系

$$x^{(1)}(k) = \sum_{i=1}^{k} [x^{(0)}(i)] \tag{9-23}$$

上述过程的逆运算称为一阶累减还原(1-inverse accumulated generating operation,1-IAGO)，即

$$x^{(0)}(k+1) = x^{(1)}(k+1) - x^{(1)}(k) \tag{9-24}$$

对于很多社会经济指标而言，当样本量比较有限的时候，很难对其趋势进行精准的判断。但是，这些指标通常都是非负值，且总体上具有稳定上升的趋势。这样的指标数据的直接趋势虽然难以判断，但经过 1-AGO 后往往具有近似指数增长的趋势。GM(1,1)的建模逻辑，是通过非齐次指数函数对社会经济指标的 1-AGO 数据进行建模，得到预测方程后再通过 1-IAGO 得到原始数据的预测方程。但是，在样本数量比较有限的情况下，很难对预测方程的参数进行估计，这需要借助微分方程进行。

微分方程

$$\frac{\mathrm{d}x^{(1)}(t)}{\mathrm{d}t} + ax^{(1)}(t) = u \tag{9-25}$$

---

① 灰色系统理论将客观世界分为 3 类：信息完全已知的系统称为白色系统；信息完全未知的系统称为黑色系统；部分信息已知且部分信息未知的系统称为灰色系统。

的解为

$$x^{(1)}(t) = \frac{u}{a} + ce^{-at} \qquad (9\text{-}26)$$

显然,式(9-26)是非齐次指数方程,可以对各种近似指数增长的趋势进行拟合。然而,由于参数 a、u 和 c 并不是线性关系,因此无法通过 OLS 方法进行参数估计。三和法虽然可以对其进行参数估计,但需要大量的样本,而现实情况往往并不满足这一要求。鉴于此,这里通过式(9-25)对参数 a 和 u 的最优值进行估计。由于式(9-25)无法直接代入数据,必须对其进行离散化处理。

根据导数的定义,式(9-25)等号左侧第一项有

$$\frac{\mathrm{d}x^{(1)}(t)}{\mathrm{d}t} = \lim_{\Delta t \to 0} \frac{x^{(1)}(t+\Delta t) - x^{(1)}(t)}{\Delta t} \qquad (9\text{-}27)$$

然而,观测值数列及其 1-AGO 数列都是离散的。因此,将式(9-27)写成与其最接近的离散化形式

$$\begin{aligned}\frac{\mathrm{d}x^{(1)}(t)}{\mathrm{d}t} &\approx \frac{x^{(1)}(k+1) - x^{(1)}(k)}{1} \\ &= x^{(0)}(k+1)\end{aligned} \qquad (9\text{-}28)$$

在对式(9-25)等号左侧第一项进行离散化时,使用了 $x^{(1)}(k)$ 和 $x^{(1)}(k+1)$ 两个数据。理论上,在对第二项 $ax^{(1)}(t)$ 进行离散化时,应使用 $x^{(1)}(k)$ 和 $x^{(1)}(k+1)$ 之间的某一个值,但并不能确定这个值具体应是多少。在这里,为了便于计算,采用了上述两个值的平均值对式(9-25)等号左侧第二项进行处理。即

$$ax^{(1)}(t) = \frac{1}{2}a[x^{(1)}(k) + x^{(1)}(k+1)] \qquad (9\text{-}29)$$

这样一来,式(9-25)就可以近似地写作

$$x^{(0)}(k+1) + \frac{1}{2}a[x^{(1)}(k) + x^{(1)}(k+1)] = u \qquad (9\text{-}30)$$

将原始数据及其 1-AGO 值代入式(9-30),得

$$\begin{cases} x^{(0)}(2) + \frac{1}{2}\hat{a}[x^{(1)}(1) + x^{(1)}(2)] = \hat{u} + \varepsilon_1 \\ x^{(0)}(3) + \frac{1}{2}\hat{a}[x^{(1)}(2) + x^{(1)}(3)] = \hat{u} + \varepsilon_2 \\ \qquad\qquad \vdots \\ x^{(0)}(n) + \frac{1}{2}\hat{a}[x^{(1)}(n-1) + x^{(1)}(n)] = \hat{u} + \varepsilon_{n-1} \end{cases} \qquad (9\text{-}31)$$

注意，当有 n 组历史数据时，会得到 $n-1$ 个方程。

将式(9-31)整理为

$$\begin{bmatrix} x^{(0)}(2) \\ x^{(0)}(3) \\ \vdots \\ x^{(0)}(n) \end{bmatrix} = \begin{bmatrix} -\frac{1}{2}[x^{(1)}(1)+x^{(1)}(2)] & 1 \\ -\frac{1}{2}[x^{(1)}(2)+x^{(1)}(3)] & 1 \\ \vdots & \vdots \\ -\frac{1}{2}[x^{(1)}(n-1)+x^{(1)}(n)] & 1 \end{bmatrix} \begin{bmatrix} \hat{a} \\ \hat{u} \end{bmatrix} + \begin{bmatrix} \varepsilon_1 \\ \varepsilon_2 \\ \vdots \\ \varepsilon_{n-1} \end{bmatrix} \quad (9\text{-}32)$$

令

$$\boldsymbol{Y} = \begin{bmatrix} x^{(0)}(2) \\ x^{(0)}(3) \\ \vdots \\ x^{(0)}(n) \end{bmatrix}, \quad \boldsymbol{B} = \begin{bmatrix} -\frac{1}{2}[x^{(1)}(1)+x^{(1)}(2)] & 1 \\ -\frac{1}{2}[x^{(1)}(2)+x^{(1)}(3)] & 1 \\ \vdots & \vdots \\ -\frac{1}{2}[x^{(1)}(n-1)+x^{(1)}(n)] & 1 \end{bmatrix},$$

$$\hat{\boldsymbol{A}} = \begin{bmatrix} \hat{a} \\ \hat{u} \end{bmatrix}, \quad \boldsymbol{E} = \begin{bmatrix} \varepsilon_1 \\ \varepsilon_2 \\ \vdots \\ \varepsilon_{n-1} \end{bmatrix}$$

则式(9-32)可以简记为

$$\boldsymbol{Y} = \boldsymbol{B}\hat{\boldsymbol{A}} + \boldsymbol{E} \quad (9\text{-}33)$$

定义

$$\begin{aligned} Q &= \|\boldsymbol{Y} - \boldsymbol{B}\hat{\boldsymbol{A}}\|^2 \\ &= (\boldsymbol{Y} - \boldsymbol{B}\hat{\boldsymbol{A}})^\mathrm{T}(\boldsymbol{Y} - \boldsymbol{B}\hat{\boldsymbol{A}}) \\ &= \boldsymbol{Y}^\mathrm{T}\boldsymbol{Y} - \hat{\boldsymbol{A}}^\mathrm{T}\boldsymbol{B}^\mathrm{T}\boldsymbol{Y} - \boldsymbol{Y}^\mathrm{T}\boldsymbol{B}\hat{\boldsymbol{A}} + \hat{\boldsymbol{A}}^\mathrm{T}\boldsymbol{B}^\mathrm{T}\boldsymbol{B}\hat{\boldsymbol{A}} \end{aligned} \quad (9\text{-}34)$$

当 Q 取极小值时，式(9-25)的曲线总体上距离所有样本点最贴近。因此，要求

$$\begin{aligned} \frac{\partial Q}{\partial \hat{\boldsymbol{A}}} &= -2\boldsymbol{B}^\mathrm{T}\boldsymbol{Y} + 2\boldsymbol{B}^\mathrm{T}\boldsymbol{B}\hat{\boldsymbol{A}} \\ &= 0 \end{aligned} \quad (9\text{-}35)$$

即
$$\hat{A} = (B^T B)^{-1} B^T Y = \begin{bmatrix} \hat{a} \\ \hat{u} \end{bmatrix} \quad (9\text{-}36)$$

这样,式(9-25)和式(9-26)中的参数 a 和 u 的估计值就已经得到,只剩参数 c 的估计值未知。

为了得到参数 c 的估计值,必须将 a 和 u 的估计值以及一个特解代入式(9-26)。实际上,将 k 取不同值时的 $x^{(1)}(k)$ 作为特解所计算得到的 c 的估计值可能会略有不同,而且在这里无法确定 k 的取值等于多少时最好。为了计算简单,这里取 $k=1$,即将 $x^{(1)}(1) = x^{(0)}(1)$ 作为特解代入式(9-26)。这时有

$$x^{(0)}(1) = \frac{\hat{u}}{\hat{a}} + \hat{c} e^{-\hat{a} \cdot 1} \quad (9\text{-}37)$$

即

$$\hat{c} = \left[x^{(0)}(1) - \frac{\hat{u}}{\hat{a}} \right] e^{\hat{a}} \quad (9\text{-}38)$$

将上述 a、u、c 的估计值代入式(9-26),可以得到对 1-AGO 数列的预测方程为

$$\hat{x}^{(1)}(k+1) = \left[x^{(0)}(1) - \frac{\hat{u}}{\hat{a}} \right] e^{-\hat{a} \cdot k} + \frac{\hat{u}}{\hat{a}} \quad (9\text{-}39)$$

为了得到对原始数列的预测方程,需要对式(9-39)进行 1-IAGO 运算,即

$$\begin{aligned}
\hat{x}^{(0)}(k+1) &= \hat{x}^{(1)}(k+1) - \hat{x}^{(1)}(k) \\
&= \left[x^{(0)}(1) - \frac{\hat{u}}{\hat{a}} \right] \left[e^{-\hat{a} \cdot k} - e^{-\hat{a}(k-1)} \right] \\
&= (1 - e^{\hat{a}}) \left[x^{(0)}(1) - \frac{\hat{u}}{\hat{a}} \right] e^{-\hat{a} \cdot k}
\end{aligned} \quad (9\text{-}40)$$

将 $k=0,1,2\cdots$ 代入式(9-40),即可得到对原始数列第 $1,2,3,\cdots$ 个数值的拟合或预测结果。

式(9-40)的取值仅决定于变量 k,而 k 通常与时间有关,因此其又称为时间响应函数。

例 9-3 采用 GM(1,1)对表 9-1 所示的 2003—2014 年我国年能源消费量趋势进行拟合,并预测 2015—2019 年的能源消费量。

将表 9-1 所示的我国年能源消费量数据记为 $x^{(0)}$，且 2003 年记为 $k=1$，根据式(9-23)计算其 1-AGO 值，记为 $x^{(1)}$，计算结果列于表 9-5 中。

表 9-5　我国年能源消费量的 1-AGO 值　　　　　单位：亿吨标准煤

年　份	2003 年	2004 年	2005 年	2006 年	2007 年	2008 年
k	1	2	3	4	5	6
$x^{(1)}(k)$	19.71	42.74	68.88	97.53	128.67	160.73
年　份	2009 年	2010 年	2011 年	2012 年	2013 年	2014 年
k	7	8	9	10	11	12
$x^{(1)}(k)$	194.34	230.4	269.1	309.31	351	393.83

根据 $x^{(0)}$ 和 $x^{(1)}$ 构造

$$B = \begin{bmatrix} -31.23 & 1 \\ -55.81 & 1 \\ -83.21 & 1 \\ -113.10 & 1 \\ -144.70 & 1 \\ -177.54 & 1 \\ -212.37 & 1 \\ -249.75 & 1 \\ -289.21 & 1 \\ -330.16 & 1 \\ -372.42 & 1 \end{bmatrix}, \quad Y = \begin{bmatrix} 23.03 \\ 26.14 \\ 28.65 \\ 31.14 \\ 32.06 \\ 33.61 \\ 36.06 \\ 38.70 \\ 40.21 \\ 41.69 \\ 42.83 \end{bmatrix}$$

将矩阵 B 和向量 Y 代入式(9-36)得

$$\hat{A} = \begin{bmatrix} \hat{a} \\ \hat{u} \end{bmatrix} = \begin{bmatrix} -0.05647 \\ 23.43817 \end{bmatrix}$$

将上述参数估计值结果代入式(9-40)，得到对 $x^{(0)}$ 的预测方程为

$$\hat{x}^{(0)}(k+1) = 23.8709 e^{0.05647k} \tag{9-41}$$

将 $k=0-11$ 代入式(9-41)，可以得到 2003—2014 年我国能源消费量的拟合值。将 $k=12-16$ 代入式(9-41)，可以得到 2015—2019 年我国能源消费量的预测值。计算结果列于表 9-6 中。

表 9-6　GM(1,1)对我国年能源消费量的拟合及预测结果

单位：亿吨标准煤

年　　份	2003 年	2004 年	2005 年	2006 年	2007 年	2008 年
能源消费量	23.87	25.26	26.73	28.28	29.92	31.66
年　　份	2009 年	2010 年	2011 年	2012 年	2013 年	2014 年
能源消费量	33.5	35.44	37.5	39.68	41.99	44.43
年　　份	2015 年	2016 年	2017 年	2018 年	2019 年	
能源消费量	47.01	49.74	52.63	55.69	58.92	

GM(1,1)的主要优点是，这种方法需要的样本量很少，最少仅需要 3 个样本就可以得到预测方程。这种方法的主要缺点是，与比例系数法一样，这种方法仍采用齐次指数方程对原始数列进行预测，区别只是参数估计方法的不同。

9.3.2　非齐次指数离散灰色模型

非齐次指数离散灰色模型是一种采用较少的样本量并可以对多种趋势进行拟合和预测的方法，具有较强的实用性。

根据式(9-40)，有

$$\frac{\hat{x}^{(0)}(k+1)}{\hat{x}^{(0)}(k)} = e^{-\hat{a}} \tag{9-42}$$

令 $\beta_1 = e^{-\hat{a}}$，则式(9-40)所表示齐次指数函数可以写作

$$\hat{x}^{(0)}(k+1) = \beta_1 \hat{x}^{(0)}(k) \tag{9-43}$$

由于线性函数可以表示为

$$\hat{x}^{(0)}(k+1) = \beta_2 k + \beta_3 \tag{9-44}$$

因此

$$\begin{cases} \hat{x}^{(0)}(k+1) = \beta_1 \hat{x}^{(0)}(k) + \beta_2 k + \beta_3 \\ \hat{x}^{(0)}(1) = x^{(0)}(1) + \beta_4 \end{cases} \tag{9-45}$$

可以表示包含线性趋势和齐次指数趋势的混合趋势。

式(9-45)被称为非齐次指数离散灰色方程[1]，显然当其参数取不同值的时候可以拟合以线性趋势和齐次指数趋势为边界的任何趋势。

对于式(9-45)的参数估计，可以分两步进行。首先估计第一个方程的参

数。将 $x^{(0)}$ 和 k 代入式(9-45)的第一个方程,有

$$\begin{cases} x^{(0)}(2) = x^{(0)}(1)\hat{\beta}_1 + \hat{\beta}_2 + \hat{\beta}_3 + \varepsilon_1 \\ x^{(0)}(3) = x^{(0)}(2)\hat{\beta}_1 + 2\hat{\beta}_2 + \hat{\beta}_3 + \varepsilon_2 \\ \vdots \\ x^{(0)}(n) = x^{(0)}(n-1)\hat{\beta}_1 + (n-1)\hat{\beta}_2 + \hat{\beta}_3 + \varepsilon_{n-1} \end{cases} \tag{9-46}$$

显然,当有 n 组观测样本时,式(9-46)将包含 $n-1$ 个方程。

令

$$\mathbf{Y} = \begin{bmatrix} x^{(0)}(2) \\ x^{(0)}(3) \\ \vdots \\ x^{(0)}(n) \end{bmatrix}, \quad \mathbf{C} = \begin{bmatrix} x^{(0)}(1) & 1 & 1 \\ x^{(0)}(2) & 2 & 1 \\ \vdots & \vdots & \vdots \\ x^{(0)}(n-1) & n-1 & 1 \end{bmatrix}, \quad \hat{\boldsymbol{\beta}} = \begin{bmatrix} \hat{\beta}_1 \\ \hat{\beta}_2 \\ \hat{\beta}_3 \end{bmatrix}, \quad \mathbf{E} = \begin{bmatrix} \varepsilon_1 \\ \varepsilon_2 \\ \vdots \\ \varepsilon_{n-1} \end{bmatrix}$$

则式(9-46)可以简记为

$$\mathbf{Y} = \mathbf{C}\hat{\boldsymbol{\beta}} + \mathbf{E} \tag{9-47}$$

根据式(9-33)~式(9-36),有

$$\hat{\boldsymbol{\beta}} = (\mathbf{C}^\mathrm{T}\mathbf{C})^{-1}\mathbf{C}^\mathrm{T}\mathbf{Y} \tag{9-48}$$

这样就得到了参数 $\beta_1 \sim \beta_3$ 的估计值。

参数 β_4 的估计值可以通过建立一个无约束优化模型[1]

$$\min_{\beta_4} \sum_{k=1}^{n} [\hat{x}^{(1)}(k) - x^{(1)}(k)]^2 \tag{9-49}$$

求出

$$\beta_4 = \frac{\sum_{k=1}^{n-1}\left[x^{(0)}(k+1) - \beta_1^k x^{(0)}(1) - \beta_2 \sum_{j=1}^{k} j\beta_1^{k-j} - \frac{1-\beta_1^k}{1-\beta_1}\beta_3\right]\beta_1^k}{1 + \sum_{k=1}^{n-1}(\beta_1^k)^2}$$

$$\tag{9-50}$$

至此,式(9-45)的参数估计值全部确定。

例 9-4 采用非齐次指数离散灰色模型对表 9-1 所示的 2003—2014 年我国年能源消费量趋势进行拟合,并预测 2015—2019 年的能源消费量。

将表 9-1 所示的我国年能源消费量数据记为 $x^{(0)}$,且 2003 年记为 $k=1$,构造

$$C = \begin{bmatrix} 19.71 & 1 & 1 \\ 23.03 & 2 & 1 \\ 26.14 & 3 & 1 \\ 28.65 & 4 & 1 \\ 31.14 & 5 & 1 \\ 32.06 & 6 & 1 \\ 33.61 & 7 & 1 \\ 36.06 & 8 & 1 \\ 38.70 & 9 & 1 \\ 40.21 & 10 & 1 \\ 41.69 & 11 & 1 \end{bmatrix}, \quad Y = \begin{bmatrix} 23.03 \\ 26.14 \\ 28.65 \\ 31.14 \\ 32.06 \\ 33.61 \\ 36.06 \\ 38.70 \\ 40.21 \\ 41.69 \\ 42.83 \end{bmatrix}$$

并将其代入式(9-48),有

$$\hat{\boldsymbol{\beta}} = [\hat{\beta}_1 \quad \hat{\beta}_2 \quad \hat{\beta}_3]^{\mathrm{T}} = [0.5837 \quad 0.7151 \quad 11.0960]^{\mathrm{T}}$$

将参数 $\beta_1 \sim \beta_3$ 的估计值和 $x^{(0)}$ 代入式(9-50),可以得到 β_4 的估计值为 -0.0781。因此,对 $x^{(0)}$ 的预测方程为

$$\begin{cases} \hat{x}^{(0)}(k+1) = 0.5837 \hat{x}^{(0)}(k) + 0.7151k + 11.0960 \\ \hat{x}^{(0)}(1) = x^{(0)}(1) - 0.0781 \end{cases} \quad (9\text{-}51)$$

根据式(9-51)的第二个方程,可以得到 $x^{(0)}(1)$(2003 年)的拟合值为 19.63。将上述拟合值代入式(9-51)的第一个方程并令 $k=1\sim11$,则可以得到 $x^{(0)}(2) \sim x^{(0)}(12)$(2004—2014 年)的拟合值。同理,令 $k=12\sim16$,则可以得到 $x^{(0)}(13) \sim x^{(0)}(17)$(2015—2019 年)的预测值。上述结果列于表 9-7 中。

表 9-7 非齐次指数离散灰色模型对我国年能源消费量的拟合及预测结果

单位:亿吨标准煤

年 份	2003 年	2004 年	2005 年	2006 年	2007 年	2008 年
能源消费量	19.63	23.27	26.11	28.48	30.58	32.52
年 份	2009 年	2010 年	2011 年	2012 年	2013 年	2014 年
能源消费量	34.37	36.16	37.92	39.67	41.4	43.13
年 份	2015 年	2016 年	2017 年	2018 年	2019 年	
能源消费量	44.85	46.57	48.29	50.01	51.72	

9.4 几种预测模型的比较分析

表 9-1 列出了 2003—2014 年我国年能源消费量。表 9-2、表 9-4、表 9-6 和表 9-7 分别列出了比例系数法、扩展的指数曲线模型、GM(1,1) 和非齐次指数离散灰色模型采用表 9-1 中的数据建立模型,并对 2003—2014 年的能源消费量进行拟合以及对 2015—2019 年的能源消费量进行预测的结果。此外,查阅《中国统计年鉴》可知,我国 2015—2019 年的能源消费量实际值为 43.41 亿吨标准煤、44.15 亿吨标准煤、45.58 亿吨标准煤、47.19 亿吨标准煤和 48.74 亿吨标准煤。图 9-2 展示了上述几种预测方法的拟合及预测效果。

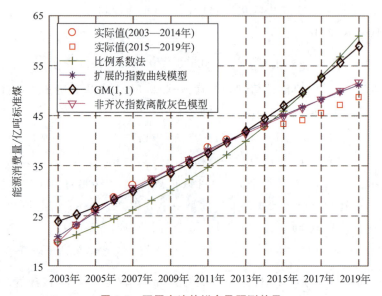

图 9-2 不同方法的拟合及预测效果

根据图 9-2 所示的效果,比例系数法和 GM(1,1) 采用齐次指数函数作为预测方程,这使得它们无法适应历史数据增长率逐渐下降的趋势,因而出现较大的拟合及预测误差。而扩展的指数曲线模型和非齐次指数离散灰色模型由于更强的适应性,因而在拟合和预测阶段均与实际值更为贴近。

这里采用最大相对误差(MaxAPE)、平均相对误差(MAPE)和中位数百分误差(MdAPE)作为误差分析指标,表 9-8 显示了上述方法的拟合及预测精度。

表 9-8　不同方法的拟合及预测误差

预测方法	拟合误差			预测误差		
	MaxAPE	MAPE	MdAPE	MaxAPE	MAPE	MdAPE
比例系数法	16.06	9.00	10.43	25.05	15.83	16.13
扩展的指数曲线模型	5.43	1.76	1.47	5.88	5.22	5.40
GM(1,1)	21.11	4.20	1.99	20.89	15.06	15.47
非齐次指数离散灰色模型	2.26	1.06	0.87	6.11	5.37	5.95

根据表 9-8 所示的结果，总体而言比例系数法和 GM(1,1) 的拟合及预测效果较为接近，扩展的指数曲线模型和非齐次指数离散灰色模型的拟合及预测效果更为接近。此外，上述方法的预测精度都不是很高。根本原因在于，实际能源消费数据从 2015 年（预测期第一年）起，出现了反常的低速增长。这种增长趋势的突然变化，会对趋势外推方法的预测精度造成极大的影响，这是这类方法无法解决的问题。

9.5　综合案例：我国 2030 年电力需求预测

本节以前述预测方法为基础，对我国 2030 年前的用电量进行预测分析。

9.5.1　预测思路及变量选择

我国的年电力需求由各个产业部门（包括居民生活，以下也视为一个产业部门）的电力需求加总而成。由于各产业部门电力需求的变化趋势不同，因此这里对其分别进行预测，然后加总得到整个国家的电力需求预测结果。

每个产业部门的电力需求可以分解为两方面因素的影响：一是产业规模，可以用产业增加值（居民生活用居民可支配收入，以下同）进行表示；二是电力强度，可以用单位增加值的电力消费量进行表示。显然，一个产业部门的用电量为上述两因素的乘积。在预测时，首先对各产业部门的增加值和电力强度进行趋势外推，然后再结合二者的预测结果对各产业部门的电力需求进行预测，即

$$ED = EI \cdot AV \tag{9-52}$$

其中，ED、EI 和 AV 分别指电力需求（electricity demand）、电力强度（electricity

intensity)和增加值(added value)的预测值。

在对各产业部门的增加值和电力强度进行趋势外推时,考虑到比例系数法和 GM(1,1)所适用的趋势比较单一,而并不能保证上述指标趋势一定符合这两个模型的要求,因此在这里不予采用。此外,由于扩展的指数曲线模型需要大量样本数据用于参数估计,而稳定的年度数据有限,因此也没有被采用。因此,经过综合考虑,这里采用非齐次指数离散灰色模型用于上述指标的趋势外推。

参照《中国能源统计年鉴》中的行业用电分类和《中国统计年鉴》中的行业增加值分类,这里将全国的用电需求分为 9 类,具体如下。

S1 居民生活。居民可支配收入＝城镇人口×城镇居民人均可支配收入＋农村人口×农村居民人均可支配收入。

S2 农林牧渔业。国家统计局《三次产业划分规定》(2018 年)中的"第一产业"＋"农、林、牧、渔服务业",上述产业部门都执行农业生产用电电价。

S3 采矿业。包括煤炭开采和洗选业、石油和天然气开采业、黑色金属矿采选业、有色金属矿采选业、非金属矿采选业和其他采矿活动。

S4 制造业。包括有色金属冶炼和压延加工业、黑色金属冶炼和压延加工业、化学原料和化学品制造业、非金属矿物制品业和金属制品业等。

S5 电力、热力、燃气及水的生产和供应业。包括电力、热力生产和供应业、燃气生产和供应业以及水的生产和供应业。

S6 建筑业。包括房屋建筑业、土木工程建筑业、建筑安装业、建筑装饰、装修和其他建筑业。

S7 交通运输、仓储和邮政业。包括铁路运输业、道路运输业、水上运输业、航空运输业、管道运输业、多式联运和运输代理业、装卸搬运和仓储业以及邮政业等。

S8 批发、零售业和住宿餐饮业。充换电服务业包含在其中。

S9 其他。未进一步区分的第三产业部门。

9.5.2 数据选择及预处理

2002 年底,我国对电力工业进行了市场化改革,形成了延续至今的基本电力实体框架。因此,样本的选取起始于 2003 年。考虑到 2020 年开始的新型冠状病毒感染可能会对用电量造成冲击,因此样本的选取终止于 2019 年。

用电量相关数据来源于《中国能源统计年鉴》中的"分行业电力消费总量"数据表,列于表 9-9 中。

表 9-9　各产业部门用电量　　　单位：$1\times 10^8 \text{kW}\cdot\text{h}$

部门	年　份								
	2003年	2004年	2005年	2006年	2007年	2008年	2009年	2010年	2011年
S1	2238	2464	2825	3252	4063	4396	4872	5125	5620
S2	773	809	876	947	879	887	940	976	1013
S3	1277	1387	1480	1479	1590	1701	1762	1940	2245
S4	9517	11303	13095	15372	17833	18589	19686	22870	25527
S5	3173	3605	3915	4401	4868	5098	5407	6061	6919
S6	190	222	234	271	309	367	422	483	572
S7	397	450	430	467	532	572	617	735	848
S8	623	735	752	847	930	1017	1137	1292	1503
S9	911	1037	1341	1556	1709	1913	2190	2452	2753

部门	年　份							
	2012年	2013年	2014年	2015年	2016年	2017年	2018年	2019年
S1	6219	6989	7176	7565	8421	9072	10058	10637
S2	1013	1027	1013	1040	1092	1175	1243	1336
S3	2392	2573	2595	2378	2291	2404	2577	2777
S4	26822	28987	31641	31178	32132	34679	36936	38109
S5	7018	7677	8013	7994	8574	8962	9582	9813
S6	608	675	722	699	726	789	888	991
S7	915	1001	1059	1126	1251	1418	1609	1752
S8	1691	1877	1996	2122	2324	2527	2900	3187
S9	3084	3398	3615	3919	4395	4881	5716	6264

上述产业部门的增加值相关数据来源于《中国统计年鉴》。其中，在计算"S_1居民生活"的居民可支配收入时，城镇人口和农村人口来源于"人口数及构成"数据表，城镇居民人均可支配收入和农村居民人均可支配收入来源于"居民人均可支配收入和指数"数据表。S2～S9的增加值来源于"分行业增加值"数据表，其中"S9其他"的数据需要由多个部门合并获得。

此外，以人民币为单位的增加值数据，容易受到价格水平波动的影响。也就是说，价格水平的变化会影响上述指标的增加值数据，并进而影响预测结果。由于选自《中国统计年鉴》的这些增加值数据是以当年价格表示的名义数据，因此需要在引入模型前通过价格指数剔除价格波动的影响，将以名义价格表示的数值调整为以实际价格表示的结果。对应的调整指标如下：

（1）城镇居民人均可支配收入用"城市居民消费价格指数"（urban consumer price index，UCPI）进行调整。

（2）农村居民人均可支配收入用"农村居民消费价格指数"（rural consumer price index，RCPI）进行调整。

（3）"S2 农林牧渔业""S6 建筑业""S7 交通运输、仓储和邮政业""S8 批发、零售业和住宿餐饮业""S9 其他"用"商品零售价格指数"（retail price index，RPI）进行调整。

（4）"S3 采矿业""S4 制造业""S5 电力、热力、燃气及水的生产和供应业"采用"工业生产者出厂价格指数"（producer price index for industrial products，PPIIP）进行调整。

上述各物价指数选自《中国统计年鉴》的"各种价格定基指数"数据表。具体的调整方法是，首先将上述价格指数调整为以 2019 年为基期的价格指数（2019＝1），然后用选自统计年鉴的名义数据除以调整后的价格指数，即可得到以实际价格表示的结果。调整后的各产业部门增加值数据列于表 9-10 中。

表 9-10 各产业部门增加值　　　　　　　　　单位：亿元

部门	年　份								
	2003 年	2004 年	2005 年	2006 年	2007 年	2008 年	2009 年	2010 年	2011 年
S1	98894	108341	120725	135351	154159	169794	189532	210243	233521
S2	23444	28322	30268	31227	35824	39827	42135	47029	52522
S3	7005	9324	12021	13667	14770	20148	18147	21530	26410
S4	54497	63252	70041	80550	95969	105251	119475	134019	146081
S5	6150	7130	7917	9066	10543	8305	9108	9729	10328
S6	11124	11499	13296	16119	19143	22150	26792	30933	35331
S7	10694	12306	14217	15825	18272	19337	20008	22197	24812
S8	18379	21320	23259	27698	33144	38759	43184	50835	57526
S9	42397	51767	58868	71509	87930	97115	113882	128378	144630

续表

部门	年份							
	2012年	2013年	2014年	2015年	2016年	2017年	2018年	2019年
S1	261120	285119	310519	337120	362353	392356	420543	447758
S2	56790	60929	63707	63318	65610	67197	68904	70113
S3	24761	25620	24011	20814	20309	22062	22522	24631
S4	167562	182952	200580	215718	229815	241336	255148	279151
S5	13821	15091	15195	17620	19068	20497	22490	25149
S6	40011	43736	47522	50526	54104	60178	66797	72490
S7	25769	27851	30178	32286	34700	38579	41140	43991
S8	64380	71129	77913	84659	91751	99989	107523	114471
S9	172494	195150	214935	249379	280168	312829	346133	375729

9.5.3 预测结果分析

根据表 9-9 和表 9-10 所列的用电量和增加值数据,可以计算得到各产业部门的电力强度。采用非齐次指数离散灰色模型对各产业部门的电力强度进行趋势拟合,表 9-11 显示了式(9-45)的参数估计结果。此外,根据预测需要,这里对各产业部门的增加值也采用了同样的方法进行了趋势拟合,参数估计结果也列于表 9-11 中。

表 9-11 各产业部门电力强度和增加值趋势外推方程的参数估计结果

变量	参数估计结果$[\beta_1 - \beta_4]$
S1 电力强度	$[0.618335 \quad -0.00005.4 \quad 0.009680 \quad -0.000325]$
S2 电力强度	$[0.823034 \quad 0.000028 \quad 0.002753 \quad 0.000594]$
S3 电力强度	$[0.623945 \quad 0.000938 \quad 0.029809 \quad 0.001544]$
S4 电力强度	$[0.376503 \quad -0.002361 \quad 0.120621 \quad -0.001075]$
S5 电力强度	$[0.633373 \quad -0.004318 \quad 0.215702 \quad -0.032919]$
S6 电力强度	$[-0.110496 \quad -0.000372 \quad 0.020290 \quad -0.000138]$
S7 电力强度	$[0.621587 \quad 0.000337 \quad 0.010159 \quad 0.000417]$
S8 电力强度	$[0.959107 \quad 0.000133 \quad -0.000372 \quad 0.000036]$
S9 电力强度	$[0.212755 \quad -0.000316 \quad 0.017023 \quad -0.000163]$

续表

变 量	参数估计结果 $[\beta_1 - \beta_4]$
S1 增加值	[0.8634 4188.9727 18575.7960 84.6464]
S2 增加值	[0.9463 24.2529 5315.5747 −135.5968]
S3 增加值	[0.7363 96.3994 5217.4704 −757.0922]
S4 增加值	[0.6974 4821.1486 17824.1886 864.3170]
S5 增加值	[0.8635 250.3850 795.7787 381.3105]
S6 增加值	[0.7886 1062.7572 2060.8858 35.6550]
S7 增加值	[1.0410 19.2274 925.8999 22.6590]
S8 增加值	[0.7763 1676.5444 4499.6171 107.1789]
S9 增加值	[0.9822 2130.1731 5589.5579 12.2568]

首先,根据表 9-11 所示的式(9-45)参数,根据第二个方程计算得到 2003 年上述指标的拟合值。然后,将 $k(1\sim16)$ 代入第一个方程得到上述指标的拟合值(2004—2019 年);将 $k(17\sim27)$ 代入方程得到上述指标的预测值(2020—2030 年)。最后,将各产业部门的增加值和电力强度的拟合值/预测值代入式(9-52),即可得到各产业部门电力需求的拟合值/预测值。计算表明,2003—2019 年电力需求拟合结果的平均相对误差为 1.86%,是一个比较好的结果。2020—2030 年电力需求预测结果列于表 9-12 中。

表 9-12 各产业部门电力需求预测结果

单位:1×10^8 kW·h

部门	年份										
	2020 年	2021 年	2022 年	2023 年	2024 年	2025 年	2026 年	2027 年	2028 年	2029 年	2030 年
S1	11048	11647	12244	12837	13426	14010	14588	15161	15727	16287	16840
S2	1314	1350	1388	1425	1463	1500	1538	1576	1613	1650	1687
S3	2929	3037	3146	3257	3369	3484	3599	3717	3836	3957	4080
S4	38512	39432	40233	40914	41474	41914	42234	42433	42512	42470	42308
S5	10794	11156	11485	11779	12038	12261	12445	12590	12696	12762	12788
S6	963	998	1029	1057	1083	1104	1123	1138	1150	1159	1164
S7	1907	2081	2267	2467	2679	2906	3148	3406	3680	3971	4281
S8	3480	3801	4150	4526	4932	5369	5838	6341	6878	7451	8061
S9	6122	6488	6846	7192	7526	7845	8147	8430	8693	8933	9148

为展示预测效果,图 9-3 显示了各产业部门 2003—2019 年电力需求实际值和 2020—2030 年电力需求预测值的变化趋势。

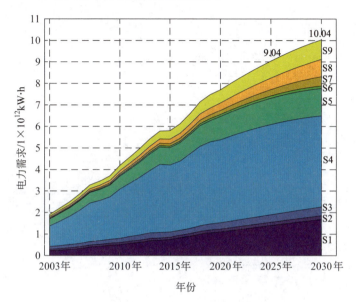

图 9-3 2003—2030 年我国电力需求变化趋势

根据图 9-3 所示的结果,我国电力需求在 2030 年前将持续增长,但是增速将持续下降。根据表 9-12 显示的预测结果,我国电力需求在 2025 年将超过 $9×10^{12}$ kW·h,2030 年超过 $10×10^{12}$ kW·h。

在 2030 年前,S4 制造业始终是电力需求最大的产业部门,其电力需求规模在 2028 年前增速逐渐降低,并于该年达到峰值($4.25×10^{12}$ W·h),之后将缓慢下降。在整个预测期间,该产业部门电力需求所占比例是逐步下降的。

在所有产业部门中,电力需求增长较快的产业部门有 S1 居民生活、S7 交通运输、仓储和邮政业、S8 批发、零售业和住宿餐饮业和 S9 其他。也就是说,我国未来的电力需求增长主要来源于居民生活和服务业。

9.5.4 主要 MATLAB 程序

主要 MATLAB 程序如下:

```
ED=[];              %表 9-9,用电量,2003-2019 年,9 部门×17 年
AV=[];              %表 9-10,增加值,2003-2019 年,9 部门×17 年
EI=ED./AV;          %电力强度
```

```
%以下为各产业部门电力强度拟合/预测
for i=1:9
    x0=EI(i,:);x0=x0';
    Y=x0(2:17);B=[x0(1:16) [1:16]' ones(16,1)];
    bet=(B'*B)^(-1)*B'*Y;
    bet1=bet(1);bet2=bet(2);bet3=bet(3);
    fz1=0;fz2=0;fz3=0;fz4=0;fm=0;
    for k=1:16
        fz1=fz1+x0(k+1)*bet1^k;
        fz2=fz2+bet1^k^2*x0(1);
        l=0;
        for j=1:k
            l=l+j*bet1^(k-j);
        end
        fz3=fz3+bet2*l*bet1^k;
        fz4=fz4+(1-bet1^k)*bet3*bet1^k/(1-bet1);
        fm=fm+bet1^k^2;
    end
    bet4=(fz1-fz2-fz3-fz4)/(1+fm);
    EbetEI(i,:)=[bet1 bet2 bet3 bet4];
    Fx0(1)=x0(1)+EbetEI(i,4);
    for j=1:27
        Fx0(j+1)=EbetEI(i,1)*Fx0(j)+EbetEI(i,2)*j+EbetEI(i,3);
    end
    FEI(i,:)=Fx0;
end
%以下为各产业部门增加值拟合/预测
for i=1:9
    x0=AV(i,:);x0=x0';
    Y=x0(2:17);B=[x0(1:16) [1:16]' ones(16,1)];
    bet=(B'*B)^(-1)*B'*Y;
    bet1=bet(1);bet2=bet(2);bet3=bet(3);
    fz1=0;fz2=0;fz3=0;fz4=0;fm=0;
    for k=1:16
        fz1=fz1+x0(k+1)*bet1^k;
        fz2=fz2+bet1^k^2*x0(1);
        l=0;
        for j=1:k
            l=l+j*bet1^(k-j);
        end
        fz3=fz3+bet2*l*bet1^k;
        fz4=fz4+(1-bet1^k)*bet3*bet1^k/(1-bet1);
```

```
            fm=fm+bet1^k^2;
        end
        bet4=(fz1-fz2-fz3-fz4)/(1+fm);
        EbetAV(i,:)=[bet1 bet2 bet3 bet4];
        Fx0(1)=x0(1)+EbetAV(i,4);
        for j=1:27
            Fx0(j+1)=EbetAV(i,1)*Fx0(j)+EbetAV(i,2)*j+EbetAV(i,3);
        end
        FAV(i,:)=Fx0;
end
FED=FEI.*FAV;            %2003—2030年用电需求拟合/预测结果
FED01=FED(:,1:17);       %2003—2019年电力需求拟合值
FED02=FED(:,18:28);      %2020—2030年电力需求预测值
%以下为电力需求拟合结果的平均相对误差
PE=(sum(FED01)-sum(ED))./sum(ED);
MAPE=mean(abs(PE));      %2003—2019年电力需求拟合值的平均相对误差
%以下为电力需求变化趋势图
FED03=[ED FED02];
area([2003:2030],FED03'/10000)        %万亿千瓦时
axis([2002.5 2031.5 0 11]);
set(gca,'XTick',[2003  2010 2015  2020 2025 2030])
set(gca,'XTicklabel',{'2003', '2010', '2015', '2020', '2025', '2030'})
grid on
```

9.6 逻辑斯谛模型

本章前面几节介绍的预测模型曲线都没有拐点,也就是说其二阶导数(如果存在的话)在整个考察期间的正负符号不会发生变化。而逻辑斯谛曲线则与此不同,其存在拐点和极值,因此其所适用的预测对象通常与前述模型不同。

9.6.1 逻辑斯谛增长

逻辑斯谛增长最早由比利时数学家 Verhulst 在 1838—1847 年发表的三篇论文中提出,本意在于通过参数调整对人口增长过程进行拟合和预测,因为其可以涵盖人口增长的 3 个阶段:指数增长阶段(初始阶段的人口呈几何趋势迅速增长)、线性增长阶段(增速逐渐放缓接近于线性趋势);停滞阶段(后期增速继续降低使得人口规模几乎保持稳定)。在后期的实践中,这个函数被用于拟合一定空间内某个物种的数量变化以及某种产品(例如电动汽车)的普及率等,

甚至用于对能源消费量等指标的长期预测。逻辑斯谛增长的线性函数有很多种具体形式,其最具代表性的一种为

$$x_t = \frac{1}{c + a e^{bt}} \tag{9-53}$$

其中,t 通常表示时间变量;a、b、c 为模型参数;当趋势比较完整时,$a>0$,$b<0$,$c>0$。

如图 9-4 所示,式(9-53)的曲线呈 S 形,因此其也被称为 S 形曲线函数。

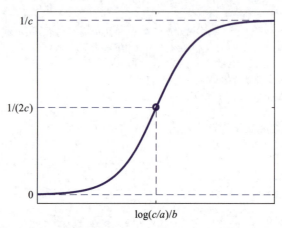

图 9-4 逻辑斯谛函数曲线示意图

根据式(9-53),逻辑斯谛函数有上下渐近线。当 $t \to -\infty$ 时,$x_t \to 0$;当 $t \to +\infty$ 时,$x_t \to 1/c$。

此外,为考察式(9-53)的增长特征,对其求一阶导数得

$$\frac{\mathrm{d}x_t}{\mathrm{d}t} = \frac{-ab e^{bt}}{(c + a e^{bt})^2} > 0 \tag{9-54}$$

因此,式(9-53)是单调递增的函数。

将式(9-54)继续对 t 求导数,得到式(9-53)的二阶导数为

$$\frac{\mathrm{d}^2 x_t}{\mathrm{d}t^2} = \frac{ab^2 e^{bt}(a e^{bt} - c)}{(c + a e^{bt})^3} \tag{9-55}$$

令 $\frac{\mathrm{d}^2 x_t}{\mathrm{d}t^2} = 0$,得 $t = \frac{1}{b}\ln\frac{c}{a}$,且 $x_t = \frac{1}{2c}$,所以 $\left(\frac{1}{b}\ln\frac{c}{a}, \frac{1}{2c}\right)$ 为式(9-53)的拐点。当 $t < \frac{1}{b}\ln\frac{c}{a}$ 时,$\frac{\mathrm{d}^2 x_t}{\mathrm{d}t^2} > 0$,此时 x_t 的增速增加;相反,当 $t > \frac{1}{b}\ln\frac{c}{a}$ 时,$\frac{\mathrm{d}^2 x_t}{\mathrm{d}t^2} < 0$,此时 x_t 的增速降低。

渐近线和拐点的位置也已在图 9-4 中标出。

9.6.2 参数估计方法

由于式(9-53)并非是一个线性函数,因此不能直接通过 OLS 的方法进行参数估计。当前,已经发展出一些适用于该函数的参数估计方法,主要有三和法、Yule 法、Rhodes 法、Nair 法[2]和灰色算法等,以下分别进行介绍。

1. 三和法

在 9.2 节中,三和法被用于扩展的指数曲线函数的参数估计。采用类似的思路,根据式(9-53),有

$$\frac{1}{x_t} = c + a\mathrm{e}^{bt} \tag{9-56}$$

令 $y = \frac{1}{x_t}$, $b_1 = \mathrm{e}^b$,则式(9-53)可化作与式(9-7)完全相同的结构,这时可以参照 9.2 节介绍的三和法进行参数估计。

2. Yule 法

根据式(9-53),有

$$\begin{aligned}\frac{x_{t+1} - x_t}{x_{t+1}} &= 1 - \frac{c + a\mathrm{e}^{b(t+1)}}{c + a\mathrm{e}^{bt}} \\ &= \frac{(a\mathrm{e}^{bt} + c - c)(1 - \mathrm{e}^b)}{c + a\mathrm{e}^{bt}} \\ &= (1 - \mathrm{e}^b) - c(1 - \mathrm{e}^b)x_t\end{aligned} \tag{9-57}$$

令 $z_t = \frac{x_{t+1} - x_t}{x_{t+1}}$, $\gamma = 1 - \mathrm{e}^b$ 且 $\beta = -c(1 - \mathrm{e}^b)$,则式(9-57)可以化为线性方程 $z_t = \gamma + \beta x_t$。通过 OLS 方法,即可得到这个线性方程参数的估计值。

然后,根据

$$\begin{cases}1 - \mathrm{e}^{\hat{b}} = \hat{\gamma} \\ -\hat{c}(1 - \mathrm{e}^{\hat{b}}) = \hat{\beta}\end{cases} \tag{9-58}$$

有

$$\begin{cases}\hat{b} = \ln(1 - \hat{\gamma}) \\ \hat{c} = -\dfrac{\hat{\beta}}{\hat{\gamma}}\end{cases} \tag{9-59}$$

这样即可得到参数 b 和 c 的估计值。

为了得到参数 a 的估计值,根据式(9-53),有

$$\ln\left(\frac{1}{x_t}-c\right)=\ln\hat{a}+\hat{b}t \qquad(9-60)$$

将 n 组观测样本代入得

$$\begin{cases}\ln\left(\dfrac{1}{x_1}-c\right)=\ln\hat{a}+\hat{b}+\varepsilon_1\\ \ln\left(\dfrac{1}{x_2}-c\right)=\ln\hat{a}+2\hat{b}t+\varepsilon_2\\ \vdots\\ \ln\left(\dfrac{1}{x_n}-c\right)=\ln\hat{a}+n\hat{b}+\varepsilon_n\end{cases} \qquad(9-61)$$

其中,ε 为残差。

为了使得到的曲线通过所有观测样本的几何中心点,必须通过调整参数 c 的估计值使得残差的和为 0。因此,对式(9-61)等号两侧分别求和得

$$\sum_{t=1}^{n}\ln\left(\frac{1}{x_t}-\hat{c}\right)=n\ln\hat{a}+\frac{n(n+1)}{2}\hat{b} \qquad(9-62)$$

解式(9-62)所示的方程,可以得到参数 a 的估计值为

$$\hat{a}=\exp\left\{\frac{1}{n}\left[\sum_{t=1}^{n}\ln\left(\frac{1}{x_t}-\hat{c}\right)-\frac{n(n+1)}{2}\hat{b}\right]\right\} \qquad(9-63)$$

这样,就可以得到式(9-53)的全部 3 个参数的估计值。

3. Rhodes 法

这种算法的逻辑与 Yule 算法类似,只是线性化处理的方法不同。

根据式(9-53),有

$$\begin{aligned}\frac{1}{x_{t+1}}&=c+a\mathrm{e}^{b(t+1)}\\ &=c-c\mathrm{e}^{b}+c\mathrm{e}^{b}+a\mathrm{e}^{b(t+1)}\\ &=c(1-\mathrm{e}^{b})+\frac{\mathrm{e}^{b}}{x_t}\end{aligned} \qquad(9-64)$$

令 $z_t=\dfrac{1}{x_{t+1}}$、$s_t=\dfrac{1}{x_t}$、$\gamma=c(1-\mathrm{e}^b)$ 且 $\beta=\mathrm{e}^b$,则式(9-64)可以写为 $z_t=\gamma+\beta s_t$。通过普通最小二乘方法,即可得到这个线性方程参数的估计值。

根据

$$\begin{cases}\hat{\gamma}=c(1-\mathrm{e}^b)\\ \hat{\beta}=\mathrm{e}^b\end{cases} \qquad(9-65)$$

有

$$\begin{cases} \hat{b} = \ln \hat{\beta} \\ \hat{c} = \dfrac{\hat{\gamma}}{1-\hat{\beta}} \end{cases} \qquad (9\text{-}66)$$

这样就可以得到参数 b 和 c 的估计值。而参数 a 的估计值可以采用与式(9-60)~式(9-63)相同的方法得到。

4. Nair 算法

这也是一种线性化算法,只是线性化处理的方法与前面两种有所不同。

由式(9-57)继续变型得

$$\frac{x_{t+1}-x_t}{x_{t+1}} = (1-\mathrm{e}^b)(1-cx_t) \qquad (9\text{-}67)$$

即

$$\frac{1}{1-\mathrm{e}^b} = \frac{x_{t+1}(1-cx_t)}{x_{t+1}-x_t} \qquad (9\text{-}68)$$

根据式(9-68),有

$$\begin{aligned}\frac{1+\mathrm{e}^b}{1-\mathrm{e}^b} &= \frac{2}{1-\mathrm{e}^b}-1 \\ &= \frac{2x_{t+1}(1-cx_t)}{x_{t+1}-x_t}-1 \\ &= \frac{x_{t+1}-2cx_{t+1}x_t+x_t}{x_{t+1}-x_t} \\ &= \frac{\dfrac{1}{x_t}+\dfrac{1}{x_{t+1}}-2c}{\dfrac{1}{x_t}-\dfrac{1}{x_{t+1}}} \end{aligned} \qquad (9\text{-}69)$$

式(9-69)可以进一步写为

$$\frac{1}{x_t}-\frac{1}{x_{t+1}} = \frac{1-\mathrm{e}^b}{1+\mathrm{e}^b}\left(\frac{1}{x_t}+\frac{1}{x_{t+1}}\right)-\frac{2c(1-\mathrm{e}^b)}{1+\mathrm{e}^b} \qquad (9\text{-}70)$$

令 $z_t = \dfrac{1}{x_t}-\dfrac{1}{x_{t+1}}$,$s_t = \dfrac{1}{x_t}+\dfrac{1}{x_{t+1}}$,$\gamma = -\dfrac{2c(1-\mathrm{e}^b)}{1+\mathrm{e}^b}$ 且 $\beta = \dfrac{1-\mathrm{e}^b}{1+\mathrm{e}^b}$,则式(9-70)可以写为 $z_t = \gamma + \beta s_t$。通过 OLS 方法,即可得到这个线性方程参数的估计值。

根据

$$\begin{cases} \hat{\gamma} = -\dfrac{2c(1-\mathrm{e}^b)}{1+\mathrm{e}^b} \\ \hat{\beta} = \dfrac{1-\mathrm{e}^b}{1+\mathrm{e}^b} \end{cases} \quad (9\text{-}71)$$

有

$$\begin{cases} \hat{b} = \ln\dfrac{1-\hat{\beta}}{1+\hat{\beta}} \\ \hat{c} = -\dfrac{\hat{\gamma}}{2\hat{\beta}} \end{cases} \quad (9\text{-}72)$$

这样就可以得到参数 b 和 c 的估计值。而参数 a 的估计值可以采用与式(9-60)~式(9-63)相同的方法得到。

5. 灰色算法

考虑式(9-56),由于该式不是线性结构,因此不能直接采用 OLS 方法进行参数估计。参照 9.3.1 节 GM(1,1) 的参数估计过程,考虑采用其微分方程的形式进行参数估计。根据式(9-56),有

$$\dfrac{\mathrm{d}\left(\dfrac{1}{x_t}\right)}{\mathrm{d}t} - \dfrac{b}{x_t} = -cb \quad (9\text{-}73)$$

由于式(9-73)等号左侧存在导数项,无法直接代入观测样本值,因此必须对其进行离散化处理。

根据导数的定义,式(9-73)等号左侧第一项可以写作

$$\begin{aligned}
\dfrac{\mathrm{d}\left(\dfrac{1}{x_t}\right)}{\mathrm{d}t} &= \lim_{\Delta t \to 0} \dfrac{\dfrac{1}{x_{t+\Delta t}} - \dfrac{1}{x_t}}{\Delta t} \\
&\approx \dfrac{\dfrac{1}{x_{k+1}} - \dfrac{1}{x_k}}{k+1-k} \\
&= \dfrac{1}{x_{k+1}} - \dfrac{1}{x_k}
\end{aligned} \quad (9\text{-}74)$$

由于在式(9-73)中,对于每一项而言,在同一时刻 t 只能取一个相同的固定值,而在式(9-74)中,t 取的是 k 和 $k+1$ 两个值,为了能在式(9-73)等号左侧第二项中尽量与第一项保持一致,第二项中的 $\dfrac{1}{x_t}$ 可以近似地取为 $\dfrac{1}{x_k}$ 和 $\dfrac{1}{x_{k+1}}$ 的

平均值。因此,式(9-73)等号左侧第二项可以写作

$$\frac{b}{x_t} \approx \frac{b}{2}\left(\frac{1}{x_k}+\frac{1}{x_{k+1}}\right) \quad (9-75)$$

这样,式(9-73)可以离散化为

$$\frac{1}{x_{k+1}}-\frac{1}{x_k}-\frac{b}{2}\left(\frac{1}{x_k}+\frac{1}{x_{k+1}}\right)=-cb \quad (9-76)$$

将 n 组观测样本代入式(9-76)得

$$\begin{cases} \dfrac{1}{x_2}-\dfrac{1}{x_1}=\dfrac{\hat{b}}{2}\left(\dfrac{1}{x_1}+\dfrac{1}{x_2}\right)-\hat{c}\,\hat{b}+\varepsilon_1 \\ \dfrac{1}{x_3}-\dfrac{1}{x_2}=\dfrac{\hat{b}}{2}\left(\dfrac{1}{x_2}+\dfrac{1}{x_3}\right)-\hat{c}\,\hat{b}+\varepsilon_2 \\ \quad\vdots \\ \dfrac{1}{x_n}-\dfrac{1}{x_{n-1}}=\dfrac{\hat{b}}{2}\left(\dfrac{1}{x_{n-1}}+\dfrac{1}{x_n}\right)-\hat{c}\,\hat{b}+\varepsilon_{n-1} \end{cases} \quad (9-77)$$

简记为

$$\boldsymbol{D}=\boldsymbol{G}\hat{\boldsymbol{Z}}+\boldsymbol{E} \quad (9-78)$$

其中,$\boldsymbol{D}=\begin{bmatrix}\dfrac{1}{x_2}-\dfrac{1}{x_1}\\[2pt]\dfrac{1}{x_3}-\dfrac{1}{x_2}\\\vdots\\\dfrac{1}{x_n}-\dfrac{1}{x_{n-1}}\end{bmatrix},\boldsymbol{G}=\begin{bmatrix}\dfrac{1}{2}\left(\dfrac{1}{x_1}+\dfrac{1}{x_2}\right) & -1\\[2pt]\dfrac{1}{2}\left(\dfrac{1}{x_2}+\dfrac{1}{x_3}\right) & -1\\\vdots & \vdots\\\dfrac{1}{2}\left(\dfrac{1}{x_{n-1}}+\dfrac{1}{x_n}\right) & -1\end{bmatrix},\hat{\boldsymbol{Z}}=\begin{bmatrix}\hat{b}\\\hat{c}\hat{b}\end{bmatrix};\boldsymbol{E}=\begin{bmatrix}\varepsilon_1\\\varepsilon_2\\\vdots\\\varepsilon_{n-1}\end{bmatrix}$。

定义残差的平方和

$$Q=\|\boldsymbol{D}-\boldsymbol{G}\hat{\boldsymbol{Z}}\|^2 \quad (9-79)$$

为了使残差的平方和取极小值,式(9-79)必须对所有参数的偏导同时等于0,即

$$\frac{\partial Q}{\partial \hat{\boldsymbol{Z}}}=\boldsymbol{G}^{\mathrm{T}}\boldsymbol{D}-\boldsymbol{G}^{\mathrm{T}}\boldsymbol{G}\hat{\boldsymbol{Z}}=0 \quad (9-80)$$

因此

$$\hat{\boldsymbol{Z}}=(\boldsymbol{G}^{\mathrm{T}}\boldsymbol{G})^{-1}\boldsymbol{G}^{\mathrm{T}}\boldsymbol{D} \quad (9-81)$$

根据式(9-78)的替换过程,有

$$\hat{b}=\hat{\boldsymbol{Z}}^{(1)} \quad (9-82)$$

$$\hat{c} = \frac{\hat{Z}^{(2)}}{\hat{Z}^{(1)}} \tag{9-83}$$

这样,就可以得到参数 b 和 c 的估计值。而参数 a 的估计值可以采用与式(9-60)~式(9-63)相同的方法得到。

以上给出了式(9-53)的 5 种参数估计方法。但是,这 5 种方法均不是很完美。通常情况下,不仅各种方法的估计结果不同,而且均存在较大的误差。主要原因在于,上述方法在参数估计的过程中均存在线性替换。例如,在采用三和法进行参数估计时,将 $\dfrac{1}{x_t}$ 替换为 y。然而,使 y 的拟合残差最小的参数估计值并不能保证使 x_t 的拟合残差最小,这就造成了参数估计结果的不准确。

附录 A

MATLAB 程序设计基础

本章对 MATLAB 程序设计的基础知识进行介绍，以满足本书前述各章节模型计算的需要，同时也为深入学习 MATLAB 奠定基础。熟悉 MATLAB 程序设计的读者可直接略过本章的学习。

A.1　MATLAB 简介

本节对 MATLAB 的发展历史、主要工作界面和运行方式进行介绍，使读者对 MATLAB 有初步的了解。

A.1.1　MATLAB 的发展历史

1965—1970 年，J. H. Wilkinson 及 18 个同事发表的一系列研究论文，后被收集到 J. H. Wilkinson 和 C. Reinsch 编辑的《自动化计算手册(第二卷)：线性代数》(*Handbook for Automatic Computation*, *Volume* Ⅱ, *Linear Algebra*)中。它们阐述了解决矩阵线性方程和特征值问题的算法，用 Algol 60 (1960 年发明的算法语言)实现，这可以看作 MATLAB 的数学基础和最早起源。

1970 年，美国阿贡国家实验室的一组研究人员建议美国国家科学基金会(NSF)"调研满足研发、测试和推广高质量数学软件所需要的方法、成本和资源，并进行测试、认证、分发和支持在特定问题领域的数学软件包"。该科研组将手册中解决特征值问题的 Algol 转换为 Fortran，并在测试和可移植性方面做了大量研究，最终开发出 EISPACK(求解特征值的程序库)。EISPACK 的首个版本于 1971 年发布，1976 年推出了第 2 版。

1975 年，Cleve Moler、Jack Dongarra、Pete Stewart、Jim Bunch 4 人提交另一个研究项目到 NSF，调研数学软件的开发方法。副产品将是软件本身，称为 LINPACK(求解线性方程)的软件包。LINPACK 源于 Fortran，不涉及

Algol[1]。

20世纪70年代后期，Cleve Moler教授在新墨西哥大学任计算机系主任，向学生讲授线性代数和数值分析课程。为了减轻学生的编程负担，方便地使用LINPACK和EISPACK，而不必编写Fortran程序，他设计了一组调用LINPACK和EISPACK程序库的接口，即用Fortran编写了初版MATLAB。初版MATLAB只是一个交互式矩阵计算器，并不具备其他功能。

1983年，在Cleve Moler的鼓励下，Jack Little用C语言编写了MATLAB新的扩展版本，Steve Bangert也对新版本做了许多重要的修改和提高。自此以后，MATLAB的内核采用C语言编写。MATLAB新的扩展版本在包括了初版功能的同时，增加了数据可视化的功能。

1984年，Cleve Moler和Jack Little成立了MathWorks公司，MATLAB开始进入商业化运营阶段。自此以后，MATLAB的技术开发和市场推广均主要由该公司负责。

1992年MathWorks公司推出了MATLAB 4.0版本。从这个版本开始，MATLAB从DOS操作系统走向Windows操作系统。此外，这个版本还增加了图像处理功能、符号计算工具箱和交互式的动态系统建模、仿真和分析集成环境，并通过DDE和OLE，实现了与Microsoft Word的无缝连接。

2003年，MATLAB 7.0问世。从这个版本开始，MATLAB增加了对中文的支持，开始有汉化版。

从2006年开始，MATLAB开始以年份为版本号。从这时起，MathWorks公司在每年的3月和9月对MATLAB进行两次产品发布。3月发布的版本称为"a"，9月发布的版本称为"b"。例如，R2006a和R2006b。

MATLAB的名字实际上是由matrix（矩阵）和laboratory（实验室）两个英文单词前3个字母组成，因此可以直译为"矩阵实验室"。正如其名字和发展历史所揭示的那样，MATLAB起源且擅长于对矩阵的处理和运算。但实际上，该软件的功能在经过多年的扩展后已经远远超越了"矩阵实验室"的范畴，广泛地应用于工业研究与开发、系统仿真、数理化科学和生物学等自然科学，以及经济学等社会科学领域。

A.1.2　MATLAB的主要工作界面

MathWorks公司最近几个MATLAB版本的工作界面变化不大，使用体验对于普通用户而言也区别很小。本书以MATLAB R2017a版本为例进行介绍，使用其他版本的读者也完全可以参照学习。

MATLAB 启动后,其默认的工作界面如图 A-1 所示。如果与此有明显差别,可通过选择"主页"|"布局"|"默认"选项,恢复成图 A-1 所示的默认状态。

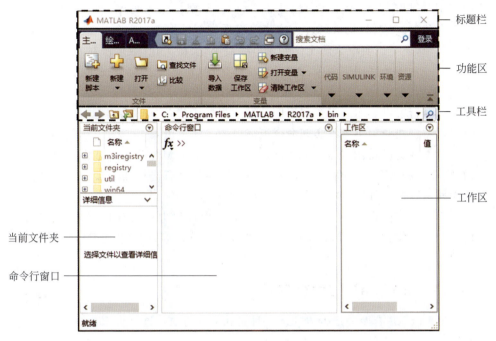

图 A-1 MATLAB 的启动界面

如图 A-1 所示,MATLAB 的默认工作界面可以分为标题栏、功能区、工具栏、当前文件夹、命令行窗口和工作区,以下分别进行介绍。

标题栏位于工作界面的最上方。左侧 MATLAB R2017a 显示的是软件图标、名称和版本号。右侧的 、 和 3 个按钮分别为"最小化""最大化""关闭"按钮,其作用分别为最小化、最大化和关闭工作界面。当工作界面处于最大化状态时,"最大化"按钮变为"向下还原"按钮 ,单击可还原工作界面的大小。

功能区共有"主页""绘图"和 APP 3 个选项卡,以平铺的形式显示了各种常用的功能命令。"主页"选项卡显示了一些常用的基本操作,例如对文件的新建、打开以及查找等。"绘图"选项卡显示了数据可视化的编辑命令。APP 选项卡则显示了多种应用程序命令。

工具栏以图标的形式显示了常用的操作命令。← 和 → 为撤销和恢复上一次操作。 为向上一级文件夹。 为浏览文件夹,可以对当前文件夹进行设定。 ▶ C: ▶ Program Files ▶ MATLAB ▶ R2017a ▶ bin ▶ 为当前文件夹设置栏,显示了当前文件夹的位置,也可以在这里对当前文件夹进行设定。

当前文件夹窗口显示了当前文件夹下所有的子文件夹及文件。在该窗口中右击,可以在当前文件夹中新建子文件夹或文件,也可更改当前文件夹。单击右上角的⊙按钮,也可通过下拉菜单实现类似的操作。此外,通过⊙按钮的下拉菜单,还可以实现当前文件夹窗口的最小化、最大化、取消停靠和关闭的效果。这一功能也适用于命令行窗口和工作区窗口(命令行窗口按钮的下拉菜单中无"关闭"选项)。

命令行窗口是输入指令和返回计算结果的窗口,也是 MATLAB 最重要的窗口。右键快捷菜单可以实现命令行窗口的一些常用操作。

工作区窗口展示当前内存中已存在的所有的 MATLAB 变量名、数据结构、字节数和类型。当刚启动 MATLAB 时,因为没有进行任何操作,当前内存中无任何数据,所以图 A-1 所示的工作区窗口空白。

除上述工作界面外,MATLAB 在实际使用过程中还会有其他工作窗口出现,例如 M 文件编辑窗口和图形窗口等,在后续内容涉及相关窗口时再进行介绍。

A.1.3　MATLAB 的运行方式

MATLAB 有两种运行方式。一种是在命令行窗口逐行输入命令,按 Enter 键后运行。这种运行方式的优点是操作简单,缺点是不利于命令的保存、修改和转移,因此主要适用于一些较简单的编程。另一种是建立一个命令语句集文件,MATLAB 按照文件中排好的命令和语句执行。和在命令行窗口逐行输入命令的运行方式相反,这种运行方式操作较为复杂,但是容易对命令进行保存、修改和转移,因此主要适用于一些较复杂的编程,本节主要对这种运行方式的操作方法及编程习惯进行介绍。

命令语句集文件以".m"为扩展名,因此通常称为 M 文件。M 文件由一系列命令和语句组成,可以从中调用其他 M 文件,甚至可以递归调用自身。M 文件分为两类:一类是程序文件,它自动执行多行的语句和命令;另一类是函数文件,它把用户自建的函数加入到现存的函数库中。考虑到本书所涉及的编程内容,这里仅对前一类 M 文件进行介绍。以下介绍使用程序文件的几种场景。

(1) 新建 M 文件。在命令行窗口输入"edit <文件名>",如果当前文件夹和搜索路径文件夹中均没有该文件名的 M 文件,将有一个弹出窗口,提示该文件不存在,是否需要创建它,单击"是"按钮,即可弹出 M 文件编辑窗口。这时,该文件将创建在当前文件夹中。如果在命令行窗口只输入"edit",则直接弹出

M 文件编辑窗口,等保存文件时才需要输入文件名。在功能区中单击"新建脚本"按钮或单击"新建"按钮,从下拉菜单中选中"脚本"选项,也可以实现同样的效果。此外,还可以在当前文件夹窗口中右击,从弹出的快捷菜单中选中"新建文件"|"脚本"选项,也能实现新建 M 文件的功能。

（2）编辑 M 文件。在命令行窗口输入"edit＜文件名＞",如果当前文件夹或搜索路径文件夹中有该文件名的 M 文件(MATLAB 将首先搜索当前文件夹,然后按顺序搜索设定的搜索路径文件夹,并定位于第一个搜索到的该文件名的 M 文件,以下同),将打开 M 文件编辑器窗口。如果要编辑的 M 文件位于当前文件夹内,可在当前文件夹窗口中右击该文件,在弹出的快捷菜单中选中"打开"选项。此外,还可以单击功能区中的"打开"按钮打开 M 文件进行编辑。

（3）运行 M 文件。在命令行窗口输入文件名,如果当前文件夹或搜索路径文件夹中有该文件名的 M 文件,将直接运行该文件。如果要运行的 M 文件位于当前文件夹内,可在当前文件夹窗口中右击该文件,在弹出的快捷菜单中选中"运行"选项。此外,在 M 文件编辑窗口中单击▷按钮,也可运行该 M 文件。

搜索路径的设置可以通过单击功能区"设置路径"按钮,在弹出的对话框中添加、删除文件夹或调整文件夹的搜索顺序。注意,在命令行窗口输入"pathtool",也会弹出该对话框。

例 A-1 中国古代数学著作《张丘建算经》曾提出一个"百鸡问题"：鸡翁一值钱五,鸡母一值钱三,鸡雏三值钱一。百钱买百鸡,问鸡翁、母、雏各几何？建立一个名为 abc 的程序文件,要求运行该文件时输出该问题的解。

在命令行窗口中输入"edit abc",弹出消息,询问是否要创建该文件,单击"是"按钮,进入 M 文件编辑窗口。在 M 文件编辑窗口中输入以下内容：

```
for coc=0:20                    %公鸡最多 20 只
    for hen=0:33                %母鸡最多 33 只
        for chi=0:300           %雏鸡最多 300 只
            if coc+hen+chi==100&coc*5+hen*3+chi/3==100
                [coc hen chi]   %依次返回公鸡、母鸡和雏鸡的数量
            end
        end
    end
end
```

在 M 文件编辑窗口中单击 按钮进行保存,然后在命令行窗口中输入"abc"(或者直接在 M 文件编辑窗口中单击▷按钮),即可在命令行窗口返回该问题的解。

注意：

① 上述命令行的含义将在后续章节中进行介绍。

② 在 MATLAB 程序中，"％"为注释符号，每行注释符号之后的内容将不参与运行。

③ 除注释的内容外，MATLAB 程序的所有字符均为英文字符。

④ 习惯上，在程序文件的开始位置会添加 clear 和 clc 命令（如果在一行需用"；"隔开）。clear 命令用于清除工作区中已有的数据。clc 是清屏命令，清除命令行窗口中已有的信息。上述两个命令是为了在程序运行时有一个干净整洁的环境。在本章后续例题的程序中，为节省篇幅，在非必要的情况下将省略这两个命令。在实际工作中建议添加。

⑤ 在每一行的最后可以有"；"。实际上，有无该符号都将不影响程序运行。区别在于，如果没有该符号，在每一行运行结束后，命令行窗口将显示该行运行的结果；如果有该符号，则不显示（实际上也进行了运行）。

⑥ 当程序中涉及的变量较多时，可以在写程序前对变量的命名设定一个规律（命名的语法规则将在下一节进行介绍），这样容易理解变量，不容易出现混乱。

⑦ 养成写注释的好习惯。

A.2 数据及运算

本章对数据、运算符和函数进行介绍，这是编写 MATLAB 程序的基本要素。

A.2.1 数据类型

MATLAB 的数值类型包括整型（字符型、无符号字符型、短整型等）、浮点型（十进制数形式和指数形式）和复数型。数值是构成各种 MATLAB 对象的基本元素。

从对象结构分，MATLAB 的数据类型包括矩阵、向量、数字、字符串、单元型数据及结构型数据。矩阵是 MATLAB 最基本的数据类型。本质上，其他数据类型都视作矩阵。例如，向量可视作一行或者一列的矩阵；数字可视作一行一列的矩阵；字符串也可以视作（或者组成）矩阵；单元型数据和结构型数据可视作多维矩阵。

从对象数值的可变性（或者说是否有提前设定）分，MATLAB 的数据类型包括常量和变量,这一点和其他程序语言类似。

在使用变量时,与其他多数程序语言不同的是,MATLAB 的变量不需要事先对所需要使用的变量进行声明,也不需要指定变量的类型。在使用过程时,MATLAB 会自动根据所赋予变量的数值或者对变量所进行的操作来识别变量的类型。需要注意的是,MATLAB 的变量命名需要遵循一定的规则:

(1) 变量名必须以字母开头,即变量名的第一个字符必须是字母,其后可以跟字母、数字或下画线。

(2) 变量名的字母区分大小写。

(3) 变量名的字符长度不超过 63 个字符,第 63 个字符以后的字符将被自动忽略。

按照上述规则,a1、B_2 和 c0d 等都是正确的变量名,3a 和_b 则是错误的变量名。此外,a1 和 A1 是两个变量。此外,由于 M 文件在 MATLAB 中调用时会视同变量,因此其命名最好也遵循以上规则。

常见的变量赋值方式有两种。

(1) 直接赋值,基本格式如下:

变量名=表达式

例如:

```
a1=1;
b_2='MATLAB'
```

输入行向量时,需要将向量数据放置在"[]"中,并且数据之间用","或者空格隔开。例如:a2=[1 2 3]或 a2=[1,2,3]。输入列向量时,可先按行向量输入,然后再通过"'"转置即可。例如:a3=[1 2 3]'或 a3=[1,2,3]'。输入矩阵时,需要逐行输入,每一行输入完毕后,通过";"标识换行。例如:a4=[1 2 3;4 5 6]。

有时候,需要从矩阵中截取一部分进行运算或赋值给一个新矩阵。例如,若 a1=[1 2 3 4 5],b1=a1(2:4),则 b1 的值为[2 3 4];若 a2=[1 2 3;4 5 6;7 8 9],b2=a2(2:3,1:2),则 b2 的值为[4 5;7 8];若 b3=a2(2,:),则 b3 的值为[4 5 6];若 b4=a2(2:end,3),则 b4 的值为[6 9]'。

(2) 函数调用赋值,基本格式如下:

[返回变量列表]=函数名(输入变量列表)

例如,[a,b]=eig(c),a 和 b 将分别被赋值为矩阵 c 的特征向量和特征值。

一些常用的特殊矩阵赋值语句。

(1) 等间隔向量。直接赋值时,基本格式如下:

> 变量名=起点:取值间隔:终点

例如,a1=0:0.1:0.5 表示向量 a1 以 0 为起点(第一个值),0.1 为取值间隔,0.5 为终点值,即 a1=[0 0.1 0.2 0.3 0.4 0.5]。当取值间隔为 1 时,可以省略,即 a2=1:1:5 可以写作 a2=1:5。此外,也可以通过调用 linspace 函数进行赋值,基本格式如下:

> 变量名=linspace(起点,终点,取值个数)

例如,a3=linspace(1,5,5)表示 a3 的赋值以 1 为起点,以 5 为终点,等间隔地取 5 个值(包括起点和终点值在内),即 a3=[1 2 3 4 5]。

(2) 填充矩阵。有些矩阵是以特殊数值进行填充的,例如,a1=ones(3)表示 a1 是以 1 为填充的三阶方阵;a2=ones(2,3)表示 a2 是以 1 为填充的 2 行 3 列的矩阵。zeros()函数生成的矩阵以 0 为填充,rand()函数生成随机数矩阵,这些函数的使用规则与 ones()函数相同。

(3) 其他。例如,diag()函数用于生成对角矩阵,a=diag([1 2 3])表示矩阵 a 的对角线元素为[1 2 3],其他元素为 0;eye 函数用于生成单位矩阵,b=eye(3)表示矩阵 b 为三阶单位矩阵。

常量是指 MATLAB 预定义的变量。也就是说,一些变量在 MATLAB 启动时就已经预先进行了赋值。MATLAB 经常使用的常量列于表 A-1 中。

表 A-1 MATLAB 经常使用的常量

常量名称	说明
pi	圆周率 π
Inf	$+\infty$,可写作 inf,$-\infty$可表示为 $-$Inf 或 $-$inf
eps	MATLAB 定义的一个非常小的值,具体为 2.2204×10^{-16}
NaN	不定式,代表"非数值量",通常由 0/0 或 Inf/Inf 得出
lastwarn	存放最新的警告信息。若未出现警告,则此变量为空字符串
i 和 j	若 i 和 j 不被定义,则表示纯虚数量 i

需要说明的是,常量可以通过重新赋值进行修改,但这种修改在重新启动 MATLAB 后就会恢复为预定义值。

A.2.2 运算符

MATLAB的运算符主要有算术运算符、关系运算符和逻辑运算符3种,以下分别进行介绍。

1. 算术运算符

MATLAB的算术运算符主要有以下几种。

+:算术加。数字和数字直接相加;数字和矩阵相加等于矩阵的每个元素均加上数字;同维度矩阵相加等于对应元素相加。

−:算术减。用法与算术加运算符类似。

*:算术乘。数字和数字直接相乘;数字和矩阵相加等于矩阵的每个元素均乘以数字;矩阵相乘需遵循矩阵乘积的运算法则。

^:算术乘方。数字直接乘方;矩阵乘方相当于多个相同的矩阵连乘。

/:算术右除。a和b表示数字时,a/b表示a除以b;a和b表示矩阵时,a/b表示X*b=a的解。

\:算术左除。a和b表示数字时,a\b表示b除以a;a和b表示矩阵时,a\b表示a*X=b的解。

.与*、^、/和\组合使用,即.*、.^、./和.\,表示矩阵对应元素的运算,要求参与运算的矩阵在结构上必须是可行的。对于MATLAB的初学者而言,组合运算符是经常犯错的地方,建议每次遇到乘、除或乘方的问题时都仔细考虑,区分矩阵运算和矩阵元素的运算。

例 A-2 计算二次函数 $y=0.5x^2-2x+4$ 在 $x=-2,-1.5,-0.5,0,1$ 和 2.5 时的取值。

```
x=[-2, -1.5, -0.5, 0, 1];
y=0.5*x.^2-2*x+4        %注意乘方是对向量元素的运算,应使用".^"
```

2. 关系运算符

MATLAB的关系运算符主要有以下几种:

==:等于。注意,"="是赋值符号,"=="是关系运算符。

~=:不等于。

>:大于。

>=:大于或等于。

<:小于。

<=:小于或等于。

当关系运算的结果为真时,返回值为1,否则返回值为0。例如"1>2"的返回值为0,"1<2"的返回值为1。

3. 逻辑运算符

MATLAB的逻辑运算符通常与关系运算符结合使用,主要有以下几种。

"&"或and():逻辑与。两个操作数同时为非0值时,返回值为1,否则为0。例如"1<2&2<3"或"and(1<2,2<3)"的返回值为1,"1>2&2<3"或"and(1>2,2<3)"的返回值为0。

"|"或or():逻辑或。两个操作数同时为0时,返回值为0,否则为1。例如"1>2|2>3"或"or(1>2,2>3)"的返回值为0,"1<2|2>3"或"or(1<2,2>3)"的返回值为1。

"~"或not():逻辑非。当操作数为0时,返回值为1,否则为0。例如"~(1>2)"或"not(1>2)"的返回值为1,"~(1<2)"或"not(1<2)"的返回值为0。

xor():逻辑异或。两个操作之一为非0值时,返回值为1,否则为0。例如"xor(1<2,2>3)"的返回值为1,"xor(1>2,2>3)"的返回值为0。

any():用于对向量(矩阵)的判断。当向量中有非0元素时返回值为1,否则返回值为0。例如"any([0 1 2])"的返回值为1,"any([0 0 0])"的返回值为0。

all():用于对向量(矩阵)的判断。当不含0元素时返回值为1,否则返回值为0。例如"all([1 2 3])"的返回值为1,"all([0 1 2])"的返回值为0。

当一行程序中涉及多个运算符时,必须考虑运算符的优先级问题。MATLAB主要运算符的优先级从高到低排列如下[2]:

① 括号"()"。

② 乘方"^"".^"和转置"'"。

③ 一元加法"+"(即对输入值取正)、一元减法"-"(即对输入值取负)和逻辑非"~"。

④ 乘和除,即"*"".*""/""./""\"".\"。

⑤ 加和减,即"+"和"-"。

⑥ 小于"<"、小于或等于"<="、大于">"、大于或等于">="、等于"=="、不等于"~="。

⑦ 逻辑与"&"。

⑧ 逻辑或"|"。

处于同一优先级的运算符具有相同的运算优先级,将从左至右依次进行计算。初学者对运算符的优先级把握不准时,可以通过广泛使用括号指定期望的语句优先级。

A.2.3 函数

算术运算符可以实现矩阵的四则运算。但是,有时候还需要一些更为复杂的数学运算。MATLAB 将一些常用的、较复杂的数学运算做成函数,可以比较方便地实现期望的运算效果。当然,函数的作用不仅如此。除数学运算外,函数还可以实现前面介绍的特殊矩阵生成等很多其他功能。表 A-2 总结列出了 MATLAB 经常使用的函数。

表 A-2 MATLAB 经常使用的函数

函 数 名 称	说　明
abs()	绝对值函数。如果 x 是实数,abs(x)的返回值为 x 的绝对值。如果 x 是复数,则 abs(x)的返回值为复数的模
max()	最大值函数。如果 x 是向量,max(x)的返回值为向量的最大值。如果 x 是矩阵,max(x,[],1)等同于 max(x),返回值为 x 中每列的最大值;max(x,[],2)的返回值为 x 每行的最大值
min()	最小值函数,用法与 max()相同
mean()	平均值函数。如果 x 是向量,mean(x)的返回值为向量的平均值。如果 x 是矩阵,mean(x,1)等同 mean(x),返回值为 x 中每列的平均值;mean(x,2)的返回值为 x 每行的平均值
median()	中位数函数,用法与 mean()相同
sum()	和函数,用法与 mean()相同
prod()	积函数,用法与 mean()相同
cumsum()	累加生成函数。若 x 为一个向量,y=cumsum(x),则向量 y 的第 i 个值等于向量 x 前 i 个值的和。如果 x 是矩阵,则按列运算
cumprod()	累乘生成函数,用法与 cumsum()相同
mod()	取模函数。mod(x,y)返回 x 除以 y 后的余数
round()	四舍五入取整函数。例如:round(2.4)的返回值为 2;round(2.5)的返回值为 3;round(−2.4)的返回值为−2;round(−2.5)的返回值为−3
floor()	向下取整函数。例如:floor(2.5)的返回值为 2;floor(−2.5)的返回值为−3

续表

函数名称	说　　明
ceil()	向上取整函数。例如：ceil(2.5)的返回值为3；ceil(−2.5)的返回值为−2
fix()	向0取整函数。例如：fix(2.5)的返回值为2；fix(−2.5)的返回值为−2
roundn()	四舍五入函数。例如：roundn(3.14159,−3)的返回值为3.142，其中"−3"表示保留3为小数
exp()	指数函数。$\exp(x)$表示e^x
log()	以 e 为底的对数函数
log10()	以 10 为底的对数函数
sin()	正弦函数
cos()	余弦函数
tan()	正切函数
asin()	反正弦函数
acos()	反余弦函数
atan()	反正切函数
ones()	生成以 1 填充的矩阵
zeros()	生成以 0 填充的矩阵
rand()	生成以随机数填充的矩阵
diag()	生成对角矩阵
eye()	生成单位矩阵
repmat()	复制和平铺矩阵。例如，x=［1 2］,则 repmat(x,3,2)的返回值为［1 2 1 2；1 2 1 2；1 2 1 2］
flipud()	矩阵沿 x 轴方向上下翻转
fliplr()	矩阵沿 y 轴方向左右翻转
det()	行列式函数。det(x)返回 x 的行列式
eig()	特征值和特征向量函数。［a,b］=eig(x),a 和 b 将分别被赋值为矩阵 x 的特征向量和特征值
corrcoef()	相关系数函数。x 和 y 是相同维度的向量，corrcoef(x,y)的返回值为 x 和 y 的相关系数矩阵。z 为矩阵，corrcoef(z)的返回值为矩阵 z 中各列的相关系数矩阵(每一列视为一个变量，每一行视为一个样本)

续表

函数名称	说　　明
cov()	协方差函数。x 和 y 是相同维度的向量，$cov(x,y,0)$ 等同 $cov(x,y)$，返回值为样本协方差矩阵（以 $n-1$ 为底）；$cov(x,y,1)$ 的返回值为协方差矩阵（以 n 为底）。z 为矩阵，$cov(z,0)$ 等同 $cov(z)$，返回值为矩阵 z 中各列的样本协方差矩阵；$cov(z,1)$ 的返回值为矩阵 z 中各列的协方差矩阵
var()	方差函数。若 x 为一个向量，$var(x,0)$ 等同 $var(x)$，返回值为向量的样本方差（以 $n-1$ 为底）；$var(x,1)$ 的返回值为 x 的方差（以 n 为底）。若 x 为一个向量，$var(x,0)$ 等同于 $var(x)$，返回值为矩阵 x 中各行的样本方差；$var(x,1)$ 的返回值为矩阵 z 中各列的方差
std()	标准差函数。用法与 var() 相同

MATLAB 内置了非常详细的帮助系统。当知道一个函数的名字，但不知道其具体用法时，可以在命令行窗口输入：

```
help 函数名
```

MATLAB 将在命令行窗口返回对该函数的介绍。

函数的使用，可以极大地减轻编程工作量，使程序变得简洁，以下通过两个例子进行展示。

例 A-3　计算 $x=1+1/2+1/3+1/4+\cdots+1/100$ 的值。

```
x=1:1:100;
y=sum(1./x)          %注意使用"./"算术运算符
```

例 A-4　表 A-3 列出了 A、B、C 3 位学生数学、英语、物理和化学 4 门课程的成绩。计算每位学生的最高分、最低分和平均分，每门课程的最高分、最低分和平均分，所有学生所有课程的最高分、最低分、平均分和中位数成绩。

表 A-3　3 位学生的考试成绩

学　生	数　学	英　语	物　理	化　学
A	95	85	90	88
B	90	86	92	88
C	88	90	85	94

```
x=[95 85 90 88;90 86 92 88;88 90 85 94];
Max_Stu=max(x,[],2)           %每位学生的最高分
Min_Stu=min(x,[],2)           %每位学生的最低分
```

```
Mean_Stu=mean(x,2)              %每位学生的平均分
Max_Cou=max(x)                  %每门课程的最高分
Min_Cou=min(x)                  %每门课程的最低分
Mean_Cou=mean(x)                %每门课程的平均分
Max_All=max(x(:))               %所有学生所有课程的最高分
Min_All=min(x(:))               %所有学生所有课程的最低分
Mean_All=mean(x(:))             %所有学生所有课程的平均分
Median_All=median(x(:))         %所有学生所有课程的中位数成绩
```

A.3 程序文件的编写与调试

本节对 MATLAB 程序文件的结构、调试方法和编写技巧进行介绍。通过本节的学习,读者将能够完成对本书各模型的编程。

A.3.1 流程控制语句

与大多数高级程序语言一样,MATLAB 的程序结构除顺序结构(逐行依次运行程序)以外,还有循环结构和分支结构。

1. 循环结构

MATLAB 循环结构主要有两种:for⋯end 循环和 while⋯end 循环,以下分别进行介绍。

① for⋯end 循环。for⋯end 循环一般用于循环次数已知的情况,除非用其他语句提前终止循环,其结构如下:

```
for 控制变量=表达式
    语句集
end
```

在 for⋯end 循环中,"表达式"通常为一个向量。"控制变量"在第一轮循环时等于向量的第一个值,第二轮循环时等于向量的第二个值,以此类推。在没有其他语句提前终止循环的情况下,"控制变量"在最后一次循环时等于向量的最后一个值,之后便结束循环,运行循环结构之后的程序语句。

② while⋯end 循环。while⋯end 循环一般用于循环次数未知的情况,其结构如下:

```
while 表达式
    语句集
end
```

在 while…end 循环中,表达式一般是由关系运算符或(和)逻辑运算符组成的判断语句。当判断语句为真时,即返回值为 1 时,运行语句集。当判断语句为假时,即返回值为 0 时,结束循环,运行循环结构之后的程序语句。

在 MATLAB 循环结构中,经常使用两个辅助控制命令:continue 和 break。在循环结构中遇到 continue 时,执行下一次循环,不管其后指令如何。在循环结构中遇到 break 时,跳出该循环,不管其后的指令如何。如果是多层嵌套的循环结构,break 只跳出所在的一层循环,即继续执行上一层循环。

2. 分支结构

分支结构也称为选择结构或条件转移结构,即根据表达式值的情况来选择执行哪些语句。MATLAB 分支结构主要有两种:if…else(elseif)…end 分支和 switch…case…end 分支,以下分别进行介绍。

① if…else(elseif)…end 分支结构。if…else(elseif)…end 分支结构主要有 3 种:单分支、双分支和多分支。其中,单分支结构如下:

```
if 表达式
    语句集
end
```

在 if…end 单分支结构中,表达式一般是由各种运算符组成的判断语句。当判断语句为真时,即返回值为 1 时,运行语句集,然后运行 end 以后的内容。当判断语句为假时,即返回值为 0 时,直接运行 end 语句之后的内容。

双分支结构如下:

```
if 表达式
    语句集 1
else
    语句集 2
end
```

同 if…end 单分支结构一样,双分支结构的表达式一般是由各种运算符组成的判断语句。当判断语句为真时,即返回值为 1 时,运行语句集 1,然后运行 end 以后的内容。当判断语句为假时,即返回值为 0 时,运行语句集 2,然后运行 end 以后的内容。if…end 单分支结构可以看作是将双分支结构中的 else 语句省略掉以后的结果。

多分支结构如下:

```
if 表达式 1
    语句集 1
```

```
    elseif 表达式 2
        语句集 2
    elseif 表达式 3
        语句集 3
    ...
    else
        语句集 n
    end
```

在多分支结构中,表达式 1、表达式 2……都是判断语句。运行该结构时,MATLAB 将依次判断上述语句是否为真。当出现第一个判断语句为真时,运行该判断语句对应的语句集,然后运行 end 以后的内容。当所有判断语句都为假时,运行"语句集 n",然后运行 end 以后的内容。这种多分支结构经常被 switch…case 所取代。

② switch…case…end 分支结构。大多数时候,这种分支结构也可以由 if…else(elseif)…end 多分支结构实现,但后者通常会使程序变得复杂且不易维护。switch…case…end 分支结构如下:

```
switch 变量或表达式
    case 常量或表达式 1
        语句集 1
    case 常量或表达式 2
        语句集 2
    ...
    otherwise
        语句集 n
end
```

在这种结构中,switch 后面的"变量或表达式"可以是任何类型的变量或表达式。运行该结构时,MATLAB 将依次判断该"变量或表达式"是否与 case 后面的检测值(即"常量或表达式")相等。当出现第一个相等的检测值时,运行该检测值对应的语句集,然后运行 end 以后的内容。如果"变量或表达式"与所有的检测值均不相等时,则运行"语句集 n",然后运行 end 以后的内容。

例 A-5 珠穆朗玛峰的海拔高度约为 8848m。假定一张打印纸的厚度为 0.02cm,那么,一张纸对折多少次以后,其高度可以超过珠穆朗玛峰?试通过多种循环和分支结构进行编程。

```
%for…end 和 if…else(elseif)…end
x=0.02/100;                          %将0.02厘米的单位换算成米
for i=1:100
    if x*2^i>8848
        i
        break
    end
end
%for…end 和 switch…case…end
x=0.02/100;                          %将0.02厘米的单位换算成米
for i=1:100
    switch x*2^i>8848
        case 1
            i
            break
    end
end
%while…end
x=0.02/100;                          %将0.02厘米的单位换算成米
i=1;
while x*2^i<=8848
    i=i+1;
end
i
```

例 A-6 使用对分法(二分法)求解 $f(x)=x^3+x^2+x-2$ 在区间 $[0,1]$ 上的根。因为 $f(0)=-2, f(1)=1$,且 $f(x)$ 为连续函数,所以一定存在 $x_0 \in [0,1]$,使 $f(x_0)=0$。

```
xL=0;xR=1;
for i=1:500
    fL=xL^3+xL^2+xL-2;
    fR=xR^3+xR^2+xR-2;
    xM=(xL+xR)/2;
    fM=xM^3+xM^2+xM-2;
    if abs(fM)<1e-6                  %满足停止条件;1e-6=0.000001
        i
        xM
        fM
        break
    else
```

```
            if fM*fL>0
                xL=xM;
            else
                xR=xM;
            end
        end
end
```

A.3.2 程序文件的调试

对于初学者而言,或者编程的问题较为复杂时,程序难免出现错误。程序错误可以分为两类:一类是语法错误;另一类是逻辑错误。不管是哪种错误,都将无法得到正确的运行结果,需要对程序进行调试修改。MATLAB 对程序进行调试的方法主要有两种:一种是根据程序运行时系统给出的错误信息或警告信息进行修改;另一种是通过设置断点对程序进行调试。

1. 根据错误信息或警告信息进行调试

当程序运行时,如果 MATLAB 发现程序存在或可能存在问题时,会发出错误信息或警告信息。错误信息和警告信息的区别在于,前者会停止程序的运行,而后者不会,且可以通过更改设置消除。

新建一个名为 abc 的 M 文件,并且输入

```
clear;clc
x=[1 2 3; 4 5 6];
y=[7 8 9;10 11 12];
x*y
```

运行程序时,MATLAB 命令行窗口会显示:

```
错误使用  *
内部矩阵维度必须一致。
出错 abc (line 4)
x * y
```

这就是错误信息。MATLAB 不仅给出了出错的原因"错误使用 *",因为"内部矩阵维度必须一致",而且给出了出错的位置"出错 abc (line 4)"和内容"x*y"。只需要根据编程的本意,将"x*y"改成"x'*y""x*y'""x.*y"即可。

2. 通过设置断点进行调试

当程序的运行结果和期望结果相差很大,或者出现运行错误时,需要根据程序运行的进程进行检查。MATLAB 具有对程序进行跟踪调试的功能,使用

户能直观方便地跟踪调试程序代码,而设置断点是最常用的方法。断点是指临时中断程序运行的标志。当程序运行到断点位置时,会临时中断运行。观察程序临时中断运行时各个变量的值是否符合期望,可以判断程序是否有误。

例如,输入一个随机的 5×4 矩阵,计算各列之间的相关系数,并计算相关系数矩阵的特征值和特征向量。新建一个 M 文件,并且输入

```
x=rand(5,4);
y=corrcoef(x);
[a,b]=eig(y);
```

在 M 文件编辑器窗口中,将光标放在第 3 行的任意位置,单击功能区中的"设置/清除"按钮,或者按 F12 键,编辑器第 3 行前将出现●标志,表示断点设置成功。

断点设置成功后,单击 M 文件编辑器功能区的▷按钮,则程序一直运行到断点处,并在断点前出现➡图标。这时 MATLAB 进入程序调试模式,命令行窗口的提示符变为"K>>"。这时,可以检查断点前程序运行的结果。如果没有问题,可以单击 M 文件编辑器功能区的"步进"按钮,实现逐行运行。或者单击"继续"按钮,运行到下一个断点(如果有)。单击"退出调试"按钮,则可以退出程序调试模式。将光标放在断点行,重复设置断点的操作,即可取消断点。

A.3.3　程序文件的编写技巧

尽管当前计算机的硬件已经非常先进,但在进行运算量较大的编程时,仍需要考虑提高硬件的使用效率,节省程序的运行时间。

1. 测定程序的运行时间

MATLAB 测定程序运行时间的方法主要有两种:一种是组合使用 tic 和 toc 命令。当程序运行到 tic 命令时,启动秒表开始计时;当程序运行到 toc 命令时,停止秒表计时并返回计时结果。例如,在例 A-6 的程序中,第一行程序之前加上"clear;clc"(确保干净的运行环境)和"tic",最后一行程序之后加上"toc",即

```
clear;clc
tic
…
toc
```

运行程序,将会返回:

> 时间已过 0.002341 秒。

这就是该程序在作者的个人计算机上的运行时间。

另一种方法是使用 cputime 命令。程序运行到该命令时,可以获取自启动以来使用的总 CPU 时间,单位为秒。因此,理论上可以根据 CPU 使用时间的变化计算程序的运行时间。例如,在例 A-6 的程序中,第一行程序之前加上"clear;clc"(确保干净的运行环境)和"t=cputime",最后一行程序之后加上"cputime-t",即

```
clear;clc
t=cputime
…
cputime-t
```

运行程序可以发现,cputime-t 的返回值为 0。原因在于,cputime 的时间较为粗略,没有测出很短的程序运行时间。

2. 充分发挥速度和利用内存

对同一个问题,采取不同的编程思路,可能运行时间具有很大的区别。例如,MATLAB 内部的向量和矩阵操作要比它的解释器要快一个数量级以上。也就是说,要使 MATLAB 以最快的速度工作,必须尽一切可能把 M 文件中的计算工作变成向量或矩阵运输,特别是 for…end 循环和 while…end 循环。

如果循环不可避免,对于在循环过程中需要不断填充的向量或矩阵,可事先对矩阵进行定义,例如定义为以 0 为填充的矩阵。这样一来,在循环前就已经为向量或矩阵分配了足够的单元,循环时只需要向内填入数据,而不需要每次循环时对矩阵进行扩充,可以节省程序的运行时间。

此外,在进行数据可视化操作时,特别是对于三维图形的绘制,需要在视觉效果与数据点密度之间进行平衡。当视觉效果已经满足需要后,没有必要进一步通过提升数据点密度而过于追求细腻效果,因为这样会增加程序的运行时间。

A.4 数据可视化

数据可视化是指将数据规律通过一定的图形展示出来,直观易懂,使人印象深刻,从而达到"一图胜千言"的效果。

A.4.1 二维图形

MATLAB 二维图形有线图、柱状图、填色图和饼状图等,其中线图是使用最为广泛的图形,以下分别进行介绍。

1. 二维线图

包括 MATLAB 在内,多数数据可视化软件在绘制二维图形时都采用了相同的逻辑,即先在二维平面内将线图的关键点描绘出来,然后再将关键点连接在一起。例如:2016—2020 年我国年能源消费总量分别为 44.15 亿吨标准煤、45.58 亿吨标准煤、47.19 亿吨标准煤、48.75 亿吨标准煤、49.83 亿吨标准煤,如果用年份作为 x 轴,能源消费量作为 y 轴,绘制折线图的逻辑如下:首先在平面内描出点(2016,44.15)、(2017,45.58)、(2018,47.19)、(2019,48.75)和(2020,49.83),然后用线将上述各点依次连接起来。绘制二维线图最常用的命令是 plot,其语法规则如下:

```
plot(横坐标向量1,纵坐标向量1,'参数',横坐标向量2,纵坐标向量2,'参数',
    …)
```

plot 可以绘制一条,也可以同时绘制多条数据线。其中,"横坐标向量 1"记录了第一条数据线所有关键点的横坐标;"纵坐标向量 1"记录了第一条数据线所有关键点的纵坐标;"横坐标向量 2"记录了第二条数据线所有关键点的横坐标;"纵坐标向量 2"记录了第二条数据线所有关键点的纵坐标;以此类推;"参数"包括对线型、颜色和标记符号的限定。

根据 plot 的语法规则,"横坐标向量"和"纵坐标向量"的维度应该一致。"参数"可以省略。省略后,plot 将按默认参数绘制。如果通过"参数"对线型进行设置,表 A-4 显示了可选的参数内容。

表 A-4 线型参数

参　　数	说　　明	参　　数	说　　明
'—'	实线:—	':'	点线:…
'— —'	虚线:— —	'—.'	虚点线:—.—.

表 A-5 显示了常用的颜色参数。

在表 A-5 列出的颜色参数中,除黑色'k'以外,其他颜色均为英文单词的首字母。而黑色(black)因为和蓝色(blue)的首字母重复,所以选择了'k'。

表 A-5　颜色参数

参　数	说　　明	参　数	说　　明
'b'	蓝色	'c'	青色
'g'	绿色	'k'	黑色
'm'	品红色	'r'	红色
'w'	白色	'y'	黄色

表 A-6 显示了常用的标记符号。

表 A-6　标记符号

参　数	说　　明	参　数	说　　明
'.'	点	's'	方块符
'*'	星号	'<'	朝左三角
'x'	叉号	'>'	朝右三角
'^'	朝上三角	'd'	菱形符
'v'	朝下三角	'p'	五角星
'o'	圆圈	'h'	六角星
'+'	十字符		

例 A-7　表 A-7 列出了北京、天津、河北和山西 4 省（直辖市）2016—2020 年全社会年用电量的数据。

表 A-7　五省市的全社会年用电量

单位：$1\times 10^8\,\text{kW}\cdot\text{h}$

省（直辖市）	2016	2017	2018	2019	2020
北京	1020	1067	1142	1166	1140
天津	808	806	861	878	875
河北	3265	3442	3666	3856	3934
山西	1797	1991	2161	2262	2342

数据来源：《中国电力统计年鉴 2021》"3-1 分地区全社会用电量"数据表。

用折线图展示各省市的用电量变化趋势。其中，北京市使用红色实线，用圆圈作为标记符；天津市使用蓝色虚线，用十字符作为标记符；河北省使用品红色点线，用菱形符作为标记符；山西省使用绿色虚点线，用五角星作为标记符。

代码如下:

```
x=2016:2020;
y=[…];                                              %表 A-7
plot(x,y(1,:),'r-o',x,y(2,:),'b--+',x,y(3,:),'m:d',x,y(4,:),'g-.p')
%以下为对图形的显示效果进行修饰的命令,会在后续进行介绍。没有这些命令也不
%影响绘图
axis([2015.8 2020.2 0 4000])
L=legend('北京','天津','河北','山西','Orientation','horizontal',...
    'Location','south')
set(L,'FontName','宋体','FontSize',10)
set(gca,'XTick',2016:2020)
set(gca,'XTicklabel',{'2016','2017','2018','2019','2020'})
set(gca,'YTick',0:1000:4000)
set(gca,'YTicklabel',{'0','1000','2000','3000','4000'})
set(gca,'Fontname','Times New Roman','Fontsize',12)
xlabel('年份','FontName','宋体','FontSize',12);
ylabel('用电量','FontName','宋体','FontSize',12)
```

新建一个 m 程序文件,输入上述程序并运行(或者直接在命令行窗口输入上述程序并回车),将弹出图 A-2 所示的图形可视化窗口展示绘图效果。在后续绘图实例中,为节省版面,将只展示绘图效果,而忽视可视化窗口界面。对于该窗口界面的使用,将在后续进行介绍。

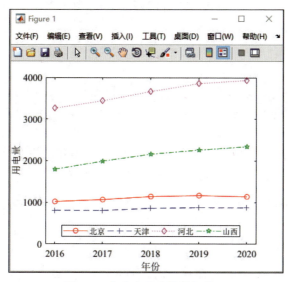

图 A-2　各省市用电量的折线图

在上述第 3 行程序中，MATLAB 一次性画出了全部 4 条数据线。除这种方式外，还可以逐条绘制。例如，可以把第三行程序替换为

```
plot(x,y(1,:),'r-o')
hold on                          %注意此行
plot(x,y(2,:),'b--+')
plot(x,y(3,:),'m:d')
plot(x,y(4,:),'g-.p')
```

需要注意的是，在同一坐标系（axes）下，多次绘制图形时（不限于同类图形），需要在绘图前或者绘制完第一幅图形后，添加 hold on 命令。否则，将会只保留最后绘制的一幅图形。可以通过 hold off 取消这一设定。

除对特定数据进行绘图以外，plot 命令还经常用于函数绘图。通常的做法是，在特定区间内等间隔取值，形成关键点的横坐标向量，然后计算这些取值的函数值，作为关键点的纵坐标向量，最后进行绘图。绘制函数图形时，自变量（横坐标数据）的取值间隔越小，或者说在一定区间内的取值数量越多，作出的图形越平滑细腻，视觉效果越好，但这时 MATLAB 的工作量越大。反之，自变量的取值间隔越大，或者说在一定区间内的取值数量越少，作出的图形越棱角明显，视觉效果越差，但这时 MATLAB 的工作量越小。这一点在三维图形中尤为明显。

例 A-8 在 $[0, 2\pi]$ 范围内分别等间隔取 1000 和 20 个值绘制 $y = \sin(x^2)$ 的图形。代码如下：

```
x=linspace(0,2*pi,1000);         %x=linspace(0,2*pi,20)
y=sin(x.^2);
plot(x,y,'r-')                   %红色实线
axis([0 2*pi -1 1])
```

图 A-3 展示了不同取值数量的作图效果。

在绘制函数曲线时，除 plot 外，fplot 也是一个常用的命令。fplot 是一个专门绘制一元函数图形的命令，其常用的调用格式如下：

```
fplot(函数,[取值范围],'参数')
```

在调用 fplot 命令时，"函数"采用"@（变量）函数形式"的结构；"[取值范围]"指自变量的取值范围，如果没有设定，默认为[−5 5]；"参数"的设置涉及线型、颜色和标记符号，与 plot 命令相同。例如，用红色实线绘制 $[0, 2\pi]$ 范围正弦函数图形，标记符号为圆圈，绘图命令如下：

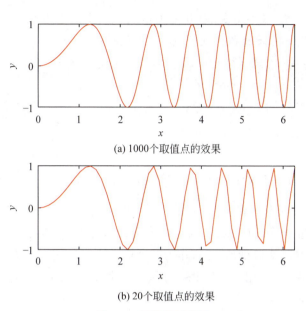

(a) 1000个取值点的效果

(b) 20个取值点的效果

图 A-3　函数作图效果

```
fplot(@(x)sin(x),[0 2*pi],'ro-')
```

相对于 plot 命令而言，fplot 命令的存在有其特殊的意义。在使用 plot 命令绘图时，需要人为的给定横坐标（自变量）的取值点，一般为等间隔取值。而在实际工作中，可能并不清楚函数的具体情况，因此依据取值点作图可能会忽略真实函数的某些重要特征，而 fplot 命令则可以弥补这一情况。

实际上，对图形属性（例如线图的线型、颜色和标记符号等）除了在程序中进行设定外，还可以通过数据可视化窗口的"编辑"|"图形属性"菜单选项进行设置，后续图形也一样。

2. 其他二维图形

1）柱状图

bar()是绘制柱状图最常用的命令，有多种调用格式。

调用格式1：

```
bar(横坐标向量,纵坐标向量,宽度,'颜色参数')
```

其中，"横坐标向量"可以省略，省略时横坐标默认为[1 2 3…]。"宽度"为[0,1]的数字，数字越大，柱状图越宽，默认宽度为0.8。"颜色参数"设置柱状图的填充色,参照表 A-5。例如,采用柱状图展示表 A-7 中北京市 2016—2020 年用电量,柱状图宽度 0.5,填充色为红色,程序如下:

```
x=2016:2020;
y=[1020 1067 1142 1166 1140]
bar(x,y,0.5,'r')
```

绘图效果显示在图 A-4(a)中。

调用格式 2:

```
bar(矩阵,'形状参数')
```

按矩阵的行进行绘制,即每行作为一个堆积或分组变量。"形状参数"有两种选择:'grouped'和'stacked'。'grouped'分组显示矩阵的值,每行作为一组。'grouped'堆积显示矩阵的值,每行作为一个堆积柱。当"形状参数"省略时,默认为'grouped'。例如,采用'grouped'和'stacked'分别展示表 A-7 中每年各省市的用电量,程序如下:

```
z=[…]'           %表 A-7 按行绘制,需要每年作为一组或一个堆积柱,因此要转置
bar(z, 'grouped')    %bar(z, 'stacked')
```

绘图效果显示在图 A-4(b)和 4(c)中。

bar()命令绘制的图形,都是以 x 轴为基线,纵向进行绘制。实际上,还可以 y 轴为基线,横向进行绘制,这时只需将 bar()替换为 barh(),调用格式相同。例如,用横向堆积图展示表 A-7 中每年各省市的用电量的程序如下:

```
barh(z, 'stacked')
```

绘图效果显示在图 A-4(d)中。

2) 填色图

fill()函数用于绘制填色图,其调用格式如下:

```
fill(横坐标向量,纵坐标向量,'颜色参数')
```

需要注意的是,fill()函数是在一个封闭的二维空间内填色。也就是说,第一个关键点和最后一个关键点应该为一个点。否则,fill()函数在绘图时将用直线连接第一个关键点和最后一个关键点,从而形成一个封闭的二维空间。

例 A-9 用红色实线绘制$[0,3\pi/2]$范围内 $y=\sin(x)$ 和 $y=\cos(x)$ 的函数曲线,并将两条曲线围成的封闭空间填为绿色。

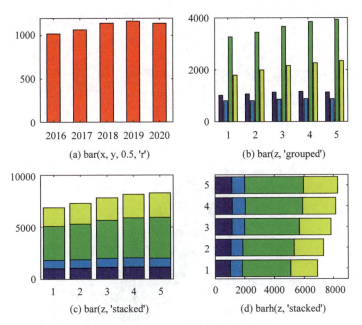

图 A-4 bar/barh 命令的绘图效果

```
fplot(@(x)sin(x),[0 3*pi/2],'b-');hold on
fplot(@(x)cos(x),[0 3*pi/2],'b-')
x1=linspace(pi/4,5*pi/4,100);
y_x1=sin(x1);
x2=fliplr(x1);
y_x2=cos(x2);
fill([x1 x2],[y_x1 y_x2],'g')
%以下为对图形的显示效果进行修饰的命令,会在后续进行介绍。没有这些命令也不
%影响绘图
axis([-0.2 0.2+3*pi/2 -1.1 1.1])
title('正弦和余弦曲线形成的封闭区域','FontName','宋体')
set(gca,'XTick',[0 pi/2 pi 3*pi/2])
set(gca,'XTicklabel',{'0','\pi/2','\pi','3\pi/2'})    %注意\pi的输入
%xtickangle(45)
set(gca,'YTick',[-1 -0.5 0 0.5 1])
set(gca,'YTicklabel',{'-1','-0.5','0','0.5','1'})
ytickangle(45)
```

```
grid on
set(gca,'GridLineStyle','--')
set(gca,'GridColor','k')
set(gca,'LineWidth',0.5)
set(gca,'GridAlpha',0.8)
```

图 A-5 显示了绘图效果。

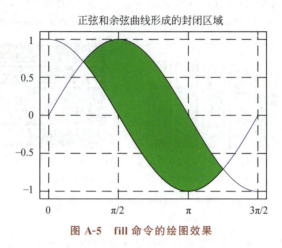

图 A-5　fill 命令的绘图效果

3) 饼状图

pie()是绘制饼状图最常用的命令,其主要调用格式如下:

```
pie(数据向量,explode 向量,{'扇区标注'})
```

其中,"数据向量"一般为非负值构成的向量。如果"数据向量"元素之和大于 1,则按比例分配饼状图各个扇区的面积。explode 向量是一个由与数据向量维数相同的由零值和非零值组成的向量。如果该向量某个元素为非零值时,其对应的扇区向外偏移一定位置。explode 向量元素默认为 0。例如:

```
x=[2,3,1,4];
pie(x,[0 0 1 0])
```

图 A-6(a)显示了绘图效果。

如果"数据向量"元素之和小于或等于 1,"数据向量"元素直接指定饼状图扇区的面积。特别的,如果数据向量元素之和小于 1,则只绘制部分饼状图。例如:

```
x=[0.2,0.3,0.4];
pie(x)
```

图 A-6(b)显示了绘图效果。

"扇区标注"默认为扇区所占的百分比,当然也可以有其他设定。需要注意的是,当既有"explode 向量"设定,又有"扇区标注"设定时,"explode 向量"设定必须在"扇区标注"设定的前面。例如:

```
x=[2,3,1,4];
pie(x,[0 1 0 0],{'一','二','三','四'})
```

图 A-6(c)显示了绘图效果。

除 pie()函数外,pie3()函数也是绘制饼状图的命令,其用法与 pie()函数类似。不同的是,pie3()函数绘制的饼状图具有立体效果。例如:

```
x=[2,3,1,4];
pie3(x,[1 0 0 0],{'一','二','三','四'})
```

图 A-6(d)显示了绘图效果。

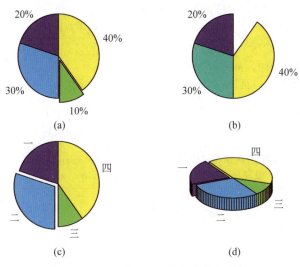

图 A-6　pie()和 pie3()命令的绘图效果

除柱状图、填色图和饼状图外,还有其他几种常用的图形,列于表 A-8 中。

表 A-8 其他几种常用图形

命 令	说 明	举 例
stairs()	阶梯图	x=linspace(0,2*pi,30); stairs(x,sin(x),'b') axis([−0.2 2*pi+0.2,−1.1 1.1])
stem()	火柴杆图	x=linspace(0,2*pi,30); stem(x,cos(x),'r') axis([−0.2 2*pi+0.2,−1.1 1.1])

area()	面积图	x=linspace(0,2*pi,30);
		y1=sin(x)*0.6
		y2=sin(x)*0.3;
		y3=sin(x)*0.1;
		area(x',[y1;y2;y3]')
		title('(c)面积图')
		axis([−0.2 2*pi+0.2,−1.2 1.2])

compass()	罗盘图。绘制从原点出发的箭头,调用格式为 compass(箭头位置的横坐标向量,箭头位置的纵坐标向量)	x=rand(10,1)−0.5; y=rand(10,1)−0.5; compass(x,y) title('(d)罗盘图')

errorbar()	误差棒图。调用格式为 errorbar(横坐标向量,纵坐标向量,取值点下方误差棒长度,取值点上方误差棒长度)	x=linspace(0,2*pi,30);
		y=sin(x);
		y_L=rand(1,30)*0.5;
		y_U=rand(1,30)*0.5;
		errorbar(x,y,y_L,y_U)
		axis([−0.2 2*pi+0.2,−1.5 1.5])

polar()	极坐标图。调用格式为 polar(极角向量,极径向量,'参数')	x=linspace(0,2*pi,50); polar(x,cos(x).*sin(x),'m−')

图 A-7 显示了上述程序的绘图效果。

3. 二维图形调整

MATLAB 在绘制图形后,通常需要对其进行调整以适应实际工作的需要。

1) 导出和保存

在图形可视化窗口中,选中"文件"|"导出设置"菜单选项,可以对导出图形的大小、分辨率和字体等进行设置。设置完毕后,单击"文件"|"保存"菜单选项,输入文件名并选择保存的文件夹以后,可以将图形在适当位置保存为需要的格式。

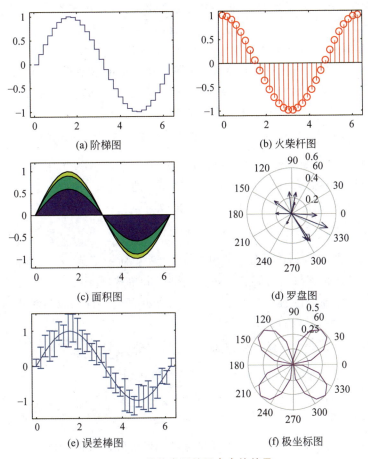

图 A-7　其他常用绘图命令的效果

在 MATLAB 提供的图形格式中，.fig 是 MATLAB 图形文件，保存后可以通过 MATLAB 重新打开并进行编辑。在学术文献出版中，由于分辨率及可编辑性等原因，.tif、.eps 和 .pdf 是较为常用的图形格式。

2）坐标系标题

添加坐标系标题的方式如下：

```
title('坐标系标题')
```

例 A-9 展示了 title 命令的用法。需要注意的是，有些字体（例如 Times New Roman）并不支持中文，所以如果将中文设置成这些字体时就会出现乱码。若要正常显示，必须设置成支持中文的字体，其他涉及中文的字符串也是一样。

此外,添加坐标系标题也可以通过数据可视化窗口的"插入"|"标题"菜单选项完成。

3)坐标轴显示范围及标签

在 MATLAB 进行数据可视化绘图时,对图形的显示范围,坐标轴的刻度及标签都是自动设置的。有时候,由于图形显示效果的需要,需要对上述元素进行调整。坐标轴显示范围的设置方式如下:

```
axis([x轴显示的起点, x轴显示的终点, y轴显示的起点, y轴显示的终点])
```

例 A-7、例 A-8 和例 A-9 都展示了 axis 命令的用法。此外,对于三维图形的显示范围调整而言,只需要再加上"z 轴显示的起点,z 轴显示的终点"即可。

添加坐标轴标签的方式(以 x 轴为例)如下:

```
xlabel('坐标轴标签')
```

例 A-7 展示了 xlabel 命令的用法。此外,添加 x、y 或(和)z 轴标签也可以通过数据可视化窗口的"插入"|"x/y/z 标签"菜单选项完成。

对于坐标轴刻度标签的设置,通常分两步完成。首先设置刻度标签的位置,以 x 轴为例,其设置方式如下:

```
set(gca,'XTick',[标签位置向量])
```

然后设置刻度标签的显示内容,其设置方式如下:

```
set(gca,'XTicklabel',{'标签位置 1 显示的内容','标签位置 2 显示的内容',
    …})
```

例 A-7 和例 A-9 都展示了上述坐标轴刻度标签设置命令的用法。此外,上述图形显示范围和坐标轴刻度的设置,也可以通过图形可视化窗口中的"编辑"|"坐标轴属性"菜单选项完成。

坐标轴刻度标签可以进行旋转,以 x 轴为例,其设置方式如下:

```
xtickangle(旋转角度)
```

例 A-9 展示了坐标轴刻度标签的旋转方法。

4)图例

常用的图例设置方式如下:

```
legend('标签 1','标签 2',…,'Orientation','方向属性','Location','位置
    属性')
```

'方向属性'决定了图例的排列方式,有两种:'vertical'(竖直,默认属性)和

'horizontal'(水平)。

'位置属性'决定了图例的位置,表 A-9 显示了该属性的可选项。

表 A-9　Legend 命令的位置属性

内　　容	说　　明	内　　容	说　　明
north	绘图框内顶部居中	northoutside	绘图框外顶部居中
south	绘图框内底部居中	southoutside	绘图框外底部居中
west	绘图框内左侧居中	westoutside	绘图框外左侧居中
east	绘图框内右侧居中	eastoutside	绘图框外右侧居中
northwest	绘图框内顶部居左	northwestoutside	绘图框外顶部居左
northeast	绘图框内顶部居右	northeastoutside	绘图框外顶部居右
southwest	绘图框内底部居左	southwestoutside	绘图框外底部居左
southeast	绘图框内底部居右	southeastoutside	绘图框外底部居右
best	绘图框内恰当位置	bestoutside	绘图框外恰当位置

例 A-7 展示了 legend 命令的用法。此外,还可以通过图形可视化窗口的"插入"—"图例"进行图例的插入操作,并通过选中"编辑"|"图形属性"菜单选项后,选定图例进行属性修改。

5) 网格线

添加(去除)网格线的命令如下:

```
grid on %grid off
```

当添加网格线后,可以对网格线进行设置。主要设置的项目包括线型、颜色、线宽和透明度。

对网格线的线型进行如下设置:

```
set(gca,'GridLineStyle','线型')
```

线型参数参照表 A-4。

对网格线的颜色进行如下设置:

```
set(gca,'GridColor','颜色')
```

颜色参数参照表 A-5。

对网格线的颜色进行如下设置:

```
set(gca,'LineWidth',宽度)
```

其中,宽度是一个数字,数字越大,网格线越宽,一般约为 0.5。

```
set(gca,'GridAlpha',透明度)
```

其中,透明度是[0,1]范围内的数字。越靠近 0,透明度越高;越靠近 1,透明度越低。

例 A-9 展示了网格线的设定方法。此外,还可以单击图形可视化窗口的"编辑"|"坐标轴属性"菜单选项,在属性编辑器窗口单击"更多属性"按钮,在跳出的菜单窗口中通过更改 XGrid、YGrid、GridColor、GridAlpha 和 GridLineStyle 等属性对网格线进行设置。

A.4.2 三维图形

相对于二维图形而言,三维图形在实际工作中使用较少,但是却往往具有更直观的效果。

1. 简单的三维图形

1) 三维线图

绘制三维线图的命令是 plot3(),其用法与绘制二维线图的 plot()命令类似,主要格式如下:

```
plot3(x轴向量,y轴向量,z轴向量,'参数')
```

其中,参数的设定参照表 A-4~表 A-6。

例 A-10 绘制方程

$$\begin{cases} x = \sin t \\ y = \cos t \\ z = t \end{cases} \quad (A-1)$$

在 $t \in [0, 4\pi]$ 的图形。代码如下:

```
t=linspace(0,4*pi,1000);
plot3(sin(t),cos(t),t,'r-')
grid on
set(gca,'GridLineStyle','--','GridColor','k','LineWidth',0.5, ...
    'GridAlpha',0.8)
axis([-1 1 -1 1 0 4*pi])
set(gca,'ZTick',[0 pi 2*pi 3*pi 4*pi])
set(gca,'ZTicklabel',{'0','\pi','2\pi','3\pi','4\pi'})
```

```
title('(a) plot3 命令绘图效果')
xlabel('sin(\itt\rm)')           %t 为斜体字
ylabel('cos(\itt\rm)')
zlabel('\itt')
view(45,15)
```

图 A-8(a)显示了绘图效果。

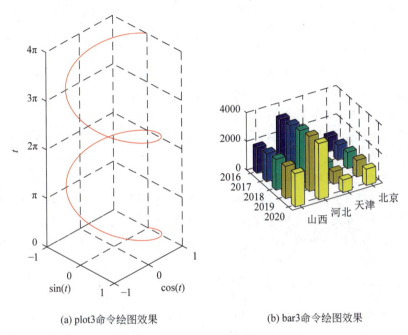

(a) plot3命令绘图效果　　　　(b) bar3命令绘图效果

图 A-8　简单的三维图形的绘图效果

2) 三维柱状图

三维柱状图的命令为 bar3(),其用法与绘制二维柱状图的 bar()命令类似,主要格式如下:

```
bar3(矩阵,宽度,'颜色')
```

例 A-11　将表 A-7 所示的五省市的全社会年用电量用三维柱状图表示出来。代码如下:

```
x=[…];           %表 A-7
bar3(x,0.4)
grid on
```

```
set(gca,'GridLineStyle','--','GridColor','k','LineWidth',0.5,...
    'GridAlpha',0.8)
axis([0.6 5.4 0.6 4.4 0 4000])
title('(b) bar3命令绘图效果')
set(gca,'XTick',[1 2 3 4 5])
set(gca,'XTicklabel',{'2016','2017','2018','2019','2020'})
set(gca,'YTick',[1 2 3 4])
set(gca,'YTicklabel',{'北京','天津','河北','山西'})
view(60,30)
```

图 A-8(b)显示了绘图效果。

在绘制三维柱状图时,如果中部某行或列的数据柱过高,可能会挡住其相邻行或列的数据柱,如图 A-8(b)所示。这时,往往需要对行或列的顺序进行调整,以便于完整地显示所有数据柱。

除三维线图和三维柱状图外,stem3()和 fill3()命令可以绘制三维火柴杆图和三维填色图。

2. 三维网格图和三维曲面图

三维网格图是由一些四边形相互连接在一起所构成的曲面,而四边形是由其 4 个顶点所决定的。根据高度(z 轴取值)的不同,各四边形的边框均以不同颜色绘制,但是四边形的内部并没有颜色。绘制三维网格图的命令为 mesh(),其调用格式如下:

```
mesh(x 矩阵, y 矩阵, z 矩阵)
```

其中,x、y 和 z 为同阶矩阵,$x(i,j)$、$y(i,j)$ 和 $z(i,j)$ 构成了网格的顶点。

在绘制三维网格图时,经常用到 meshgrid()函数。这个函数用于根据 x 轴取值和 y 轴取值生成 x 矩阵和 y 矩阵,其调用格式如下:

```
[x,y]= meshgrid(x 轴向量, y 轴向量)
```

绘制三维曲面图的命令是 surf(),其用法与 mesh()类似。绘图效果的区别在于,surf()命令绘制的三维图形,不仅四边形的边框有颜色,四边形的内部也有颜色填充。

例 A-12 绘制二元函数

$$z = \frac{\sin\sqrt{x^2+y^2}}{\sqrt{x^2+y^2}} \tag{A-2}$$

在 $x \in [-10,10]$ 且 $y \in [-10,10]$ 时的三维网格图和三维曲面图。其中,三维网格图有透视效果,三维曲面图没有透视效果。

```
[x,y]=meshgrid(-10:0.5:10,-10:0.5:10);
t=(x.^2+y.^2).^0.5;
z=sin(t)./(t+eps);          %eps 为一极小值,参见表 A-1。+eps 避免分母为 0
mesh(x,y,z)                 %三维曲面图用 surf(x,y,z)
hidden off                  %打开透视效果。关闭透视效果用 hidden on
grid on
set(gca,'GridLineStyle','--','GridColor','k','LineWidth',0.5, ...
    'GridAlpha',0.8)
```

图 A-9(a)和(b)分别显示了 mesh()命令(透视状态)和 surf()命令(非透视状态)的绘图效果。

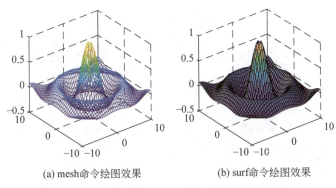

(a) mesh命令绘图效果　　(b) surf命令绘图效果

图 A-9　三维网格图和三维曲面图的绘图效果

3. 三维图形调整

三维图形大多数属性的调整方式与二维图形类似,这里不再进行重复介绍。但是,三维图形有两个属性是二维图形没有的:透视和视角。

1) 透视效果

通常情况下,三维图形不应具备透视效果。也就是说,被遮挡的图形不应该被看到,这是符合现实情况的。但是,在特殊情况下,人们可能希望看到被遮挡的图形,这就需要打开透视效果。打开透视效果的命令如下:

```
hidden off
```

关闭透视效果的命令如下:

```
hidden on
```

例 A-12 展示了上述两个透视效果命令的用法。

2)视角调整

在绘制三维图形时,为了获得更好的视觉效果,通常需要对视角进行调整。在掌握视角调整的方法之前,需要明白 MATLAB 对视角的定义,如图 A-10 所示[3]。

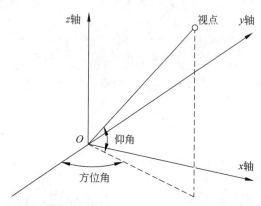

图 A-10　MATLAB 对于三维绘图视角的定义

MATLAB 在绘制三维图形时,对视角进行自动设置。可以通过 view() 命令获取当前的视角数据,其调用格式如下:

```
[方位角数据,仰角数据]=view
```

对视角进行设置时,也需要用 view() 命令,其格式如下:

```
view(方位角数据,仰角数据)
```

或者

```
view([视点的 x 轴坐标, 视点的 y 轴坐标, 视点的 z 轴坐标])
```

例 A-11 展示了 view() 命令的用法。此外,在数据可视化窗口中单击 ◎(三维旋转)按钮,然后将鼠标放置在三维图形上,按住鼠标左键进行拖动,可以任意改变图形视角。

A.4.3　多坐标系图形

有时候,实际工作需要在一个图形中绘制多个坐标系,以下分几种不同情况进行介绍。

1. 双 y 轴图形

双 y 轴图形是指在绘图框的左侧和右侧各有一个 y 轴,分别对应不同的图

形,其中 x 轴为共用。当绘制图形时,输入:

```
yyaxis left
```

后,将用左侧的 y 轴绘制。输入:

```
yyaxis right
```

后,将用右侧的 y 轴绘制。

例 A-13 在同一绘图框中利用双 y 轴绘制

$$y_1 = 200\mathrm{e}^{-0.05x}\sin(x) \tag{A-3}$$

和

$$y_2 = 0.9\mathrm{e}^{-0.5x}\sin(4x) \tag{A-4}$$

在 $x \in [0, 4\pi]$ 的图形。其中,前者用红色实线绘制;后者用蓝色火柴杆图绘制。

```
x=linspace(0,4*pi,100);
y1=200*exp(-0.05*x).*sin(x);
y2=0.9*exp(-0.5*x).*sin(4*x);
yyaxis left
plot(x,y1,'-r')
axis([-0.2 4*pi+0.2 -200 200])
yyaxis right
stem(x,y2,'b')
axis([-0.2 4*pi+0.2 -0.8 0.8])
L=legend('\ity\rm_1=200\ite^{\rm-0.05\itx}\rmsin(\itx\rm)',...
    '\ity\rm_2=0.9\ite^{\rm-0.5\itx}\rmsin(4\itx\rm)')
%注意字符斜体(\it)、正体(\rm)、上标(^)和下标(_)的用法
set(L,'Orientation','vertical','Location','southeast',...
    'FontName','Times New Roman','FontSize',9)
set(gca,'XTick',[0 pi 2*pi 3*pi 4*pi])
set(gca,'XTicklabel',{'0','\pi','2\pi','3\pi','4\pi'})
```

图 A-11 显示了绘图效果。

2. subplot()命令

subplot()命令适用于在一个图形窗口中布置多幅独立的子图,其主要调用格式有两种。

subplot()命令的第一种调用格式如下:

```
subplot(窗口分割的行数,窗口分割的列数,选定的子图编号)
```

假设将窗口分割为 m 行 n 列,则一共产生 $m \times n$ 个子图。为了指定绘图的范围,必须对子图进行编号,然后通过编号选定子图。子图的编号从第 1 行最

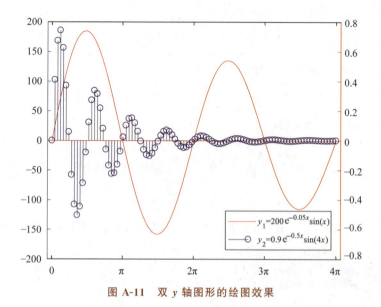

图 A-11 双 y 轴图形的绘图效果

左侧开始,编号为 1;第 1 行左侧第 2 幅子图编号为 2,以此类推。第 2 行最左侧子图编号为 $n+1$,第 2 行左侧第 2 幅子图编号为 $n+2$……第 m 行最右侧子图编号为 $m+n$。

例 A-14 以绘制正弦函数在 $[0,2\pi]$ 内的图形为例,展示 subplot()命令第一种调用格式的用法。

代码如下:

```
x=linspace(0,2*pi,30);
y=sin(x);
subplot(3,3,[1:2,4:5])           %可以选定多个子图
plot(x,y,'r')
axis([-0.2 2*pi+0.2,-1.1 1.1])
set(gca,'XTick',[0 pi/2 pi 3*pi/2 2*pi])
set(gca,'XTicklabel',{'0','\pi/2','\pi','3\pi/2','2\pi'})
subplot(3,3,[3,6])
barh(x,y,0.1,'b')
axis([-1.1 1.1 -0.2 2*pi+0.2])
set(gca,'YTick',[0 pi/2 pi 3*pi/2 2*pi])
set(gca,'YTicklabel',{'0','\pi/2','\pi','3\pi/2','2\pi'})
subplot(3,3,[7 8])
stem(x,y,'m')
```

```
axis([-0.2 2*pi+0.2,-1.1 1.1])
set(gca,'XTick',[0 pi/2 pi 3*pi/2 2*pi])
set(gca,'XTicklabel',{'0','\pi/2','\pi','3\pi/2','2\pi'})
subplot(339)                                              %省略','
polar(x,y,'g')
```

图 A-12 显示了绘图效果。

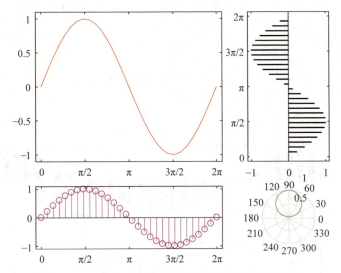

图 A-12 subplot()命令第一种调用格式的绘图效果

subplot()命令的第二种调用格式如下：

```
subplot('Position',[子图原点横坐标,子图原点纵坐标,宽度,高度])
```

这种调用格式直接在图形窗口中开辟子图。将整个窗口的左下角的坐标定为[0,0]，右上角的坐标定为[1,1]。开辟子图时，指定子图左下角原点在图形窗口中的位置（横坐标和纵坐标）和子图的大小（宽度和高度）即可。

例 A-15 以绘制余弦函数在[0,2π]内的图形为例，展示 subplot()命令第二种调用格式的用法。

```
x=linspace(0,2*pi,30);
y=cos(x);
subplot('Position',[0.1 0.1 0.5 0.5])
stairs(x,y,'r')
axis([-0.2 2*pi+0.2,-1.1 1.1])
```

```
set(gca,'XTick',[0 pi/2 pi 3*pi/2 2*pi])
set(gca,'XTicklabel',{'0','\pi/2','\pi','3\pi/2','2\pi'})
subplot('Position',[0.1 0.7 0.9 0.25])
bar(x,y,0.5,'b')
axis([-0.2 2*pi+0.2,-1.1 1.1])
set(gca,'XTick',[0 pi/2 pi 3*pi/2 2*pi])
set(gca,'XTicklabel',{'0','\pi/2','\pi','3\pi/2','2\pi'})
subplot('Position',[0.7 0.1 0.25 0.5])
plot(y,x,'g-')
axis([-1.1 1.1 -0.2 2*pi+0.2])
set(gca,'YTick',[0 pi/2 pi 3*pi/2 2*pi])
set(gca,'YTicklabel',{'0','\pi/2','\pi','3\pi/2','2\pi'})
```

图 A-13 显示了绘图效果。

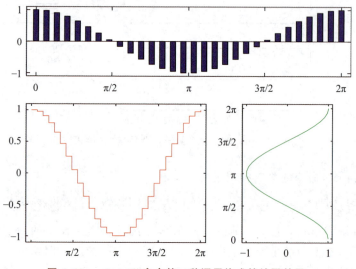

图 A-13　subplot()命令第二种调用格式的绘图效果

使用 subplot 第二种调用格式需要注意两点：第一，开辟多个子图时，需要留出坐标轴刻度标签、x 轴标签、y 轴标签以及坐标系标题的空间。第二，多个子图不能出现覆盖的情况。实际上，即使两个子图之间只有部分的空间重叠，后绘制的子图也会完全擦掉先绘制的子图。

3. axes()命令

axes()命令与 subplot 第二种调用格式类似，即

```
axes('Position',[子图原点横坐标,子图原点纵坐标,宽度,高度])
```

两者的区别在于,axes()命令绘制的子图可以相互覆盖,而subplot则不能。

例A-16 以绘制函数 $y = \cos(4x) + 1/4$ 在 $[0, 2\pi]$ 内的图形为例,展示 axes()命令的用法。代码如下:

```
x=linspace(0,2*pi,30);
y=sin(x)+cos(x);
axes('Position',[0.1 0.1 0.85 0.85])
plot(x,y,'r-')
axis([-0.2 2*pi+0.2 -1.5 1.5])
set(gca,'XTick',[0 pi/2 pi 3*pi/2 2*pi])
set(gca,'XTicklabel',{'0','\pi/2','\pi','3\pi/2','2\pi'})
axes('Position',[0.3 0.4 0.5 0.5]);
bar(x,y,0.4,'g')
hold on
plot(x,y,'m-')
axis([-0.2 2*pi+0.2 -1.5 1.5])
set(gca,'XTick',[0 pi/2 pi 3*pi/2 2*pi])
set(gca,'XTicklabel',{'0','\pi/2','\pi','3\pi/2','2\pi'})
axes('Position',[0.2 0.2 0.3 0.3]);
stem(x,y,'b')
axis([-0.2 2*pi+0.2 -1.5 1.5])
set(gca,'XTick',[0 pi/2 pi 3*pi/2 2*pi])
set(gca,'XTicklabel',{'0','\pi/2','\pi','3\pi/2','2\pi'})
axes('Position',[0.55 0.2 0.3 0.3]);
fill([x fliplr(x)],[y zeros(1,30)],'r')
axis([-0.2 2*pi+0.2 -1.5 1.5])
set(gca,'XTick',[0 pi/2 pi 3*pi/2 2*pi])
set(gca,'XTicklabel',{'0','\pi/2','\pi','3\pi/2','2\pi'})
```

图A-14显示了绘图效果。

对于MATLAB绘制的图形,都可以在单击图形可视化窗口中的"编辑"|"坐标轴属性"菜单选项,用鼠标拖动图形边框,对图形的位置和大小进行调整。

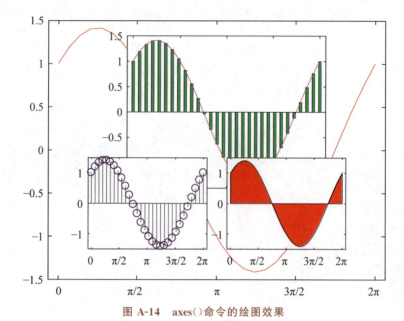

图 A-14 axes()命令的绘图效果

参 考 文 献

[1] BHATTACHARYYA S C. Energy Economics：Concepts，Issues，Markets and Governance[M].2nd.London：Springer,2011.

[2] 魏一鸣,焦建玲,廖华.能源经济学[M].2版.北京：清华大学出版社,2013.

[3] 林伯强,何晓萍.初级能源经济学[M].北京：清华大学出版社,2014.

[4] KAYA Y. Impact of Carbon Dioxide Emission on GNP Growth：Interpretation of Proposed Scenarios[M].Paris：IPCC Energy and Industry Subgroup,1989.

[5] PANAYOTOU T. Empirical Tests and Policy Analysis of Environmental Degradation at Different Stages of Economic Developmen[R]. Geneva：International Labour Offile.

[6] EHRLICH P R. HOLDREN J P. Impact of Population Growth[J].Science,1971,171：1212-1217.

[7] EHRLICH P R,HOLDREN J P. A Bulletin Dialogue on the 'closing circle' Critique：One-dimensional Ecology[J]. Bulletin of the Atomic Scientists,1972,28（5）：16-27.

[8] WAGGONER P E, AUSUBEL J H. A Framework for Sustainability Science：a Renovated IPAT Identity[J].Proceedings of the National Academy of Science,2002,99：7860-7865.

[9] DIETZ T,ROSA E A. Rethinking the Environmental Impacts of Population, Affluence and Technology[J].Human Ecology Review,1994,1：277-300

[10] 王惠文,吴载斌,孟洁.偏最小二乘回归的线性与非线性方法[M].北京：国防工业出版社,2006.

[11] SUN J W. Changes in Energy Consumption and Energy Intensity：a Complete Decomposition Model[J].Energy Economics,1998,20(1)：85-100.

[12] 沈体雁,于瀚辰.空间计量经济学[M].2版.北京：北京大学出版社,2019.

[13] 姜磊.应用空间计量经济学[M].北京：中国人民大学出版社,2018.

[14] 王周伟,崔百胜,张元庆.空间计量经济学现代模型与方法[M].北京：北京大学出版社,2017.

[15] MORAN P A. Notes on Continuous Stochastic Phenomena[J].Biometrika,1950,37(1-2)：17-23.

[16] GETIS A,ORD J K. The Analysis of Spatial Association by Use of Distance Statistics[J].Geographical Analysis,1992,24(3)：189-206.

[17] GEARY R C. The Contiguity Ratio and Statistical Mapping[J].The Incorporated Statistician,1954,5：115-145.

[18] 贾俊平,何晓群,金勇进.统计学[M].7版.北京：中国人民大学出版社,2018.

[19] 张亚刚,张坡,刘伟.能源统计分析与MATLAB实践[M].北京：科学出版社,2021.

[20] 胡永宏,贺思辉. 综合评价方法[M]. 北京：科学出版社,2000.

[21] 何晓群. 多元统计分析[M]. 5版. 北京：中国人民大学出版社,2019.

[22] 高惠璇. 应用多元统计分析[M]. 北京：北京大学出版社,2005.

[23] 朱善利. 微观经济学[M]. 北京：北京大学出版社,1994.

[24] 张维迎. 博弈论与信息经济学[M]. 上海：格致出版社,2012.

[25] 宋承先,许强. 现代西方经济学[M]. 3版. 上海：复旦大学出版社,2006.

[26] 陈锡康,杨翠红. 投入产出技术[M]. 北京：科学出版社,2011.

[27] LEONTIEF W W. Quantitative Input and Output Relations in the Economic System of the United States[J]. The Review of Economics and Statistics,1936,18(3)：105-125.

[28] 易丹辉. 统计预测——方法与应用[M]. 北京：中国统计出版社,2001.

[29] 刘树,孙文生. 经济预测与决策[M]. 北京：中国科学技术出版社,1991.

[30] 高铁梅,王金明,梁云芳,等. 计量经济分析方法与建模 EViews 应用及实例[M]. 2版. 北京：清华大学出版社,2009.

[31] 刘思峰. 灰色系统理论及其应用[M]. 9版. 北京：科学出版社,2021.

[32] 牛东晓,曹树华,卢建昌,等. 电力负荷预测技术及其应用[M]. 2版. 北京：中国电力出版社,2009.

[33] MOLER C. MATLAB 发展简史[OL]. https://ww2.mathworks.cn/company/newsletters/articles/a-brief-history-of-matlab.html.

[34] MathWorks. 运算符优先级[OL]. https://ww2.mathworks.cn/help/matlab/matlab_prog/operator-precedence.html.

[35] 朱衡君,齐红元,邱成,等. MATLAB语言及实践教程[M]. 3版. 北京：北京交通大学出版社,2020.